Souvenir de celui qui n'est plus,

Louise Bordillon

D. 3422

MÉMOIRE

SUR LA

DÉFENSE DE PARIS

PARIS. — IMPRIMERIE DE E. MARTINET, RUE MIGNON, 2.

MÉMOIRE

SUR LA

DÉFENSE DE PARIS

SEPTEMBRE 1870 — JANVIER 1871

PAR

E. VIOLLET-LE-DUC

Ex lieutenant-colonel de la légion auxiliaire du génie.

Vve A. MOREL & Cie, ÉDITEURS
13, RUE BONAPARTE, 13

1871

Tous droits réservés.

27 JANVIER 1871

X... Quel destin fatal pèse donc sur nous? Comment concevoir une succession de pareils désastres, et que va-t-il advenir de notre malheureux pays?

XX... Il n'y a pas, mon cher ami, de fatalité, et, si une nation subit des désastres, il dépend toujours d'elle seule de les réparer. Je dis d'elle seule, vous m'entendez bien. Les destinées d'une nation ne sont que la conséquence logique, inflexible, de ce qu'elle vaut, de ce qu'elle a longuement préparé par ses actes, ses défaillances ou son énergie. Nous sommes vaincus aujourd'hui, et nos désastres étaient prévus de longue date par tous les esprits tant soit peu clairvoyants. Les malheurs qui nous accablent pouvaient être différés ou moins accumulés, ou moins écrasants; ils étaient inévitables, l'état social dans lequel nous vivions étant donné. On peut à coup sûr prédire la ruine à tout père de famille qui remet la gestion de ses affaires entre les mains d'un mandataire. Un pays qui se désintéresse entièrement de tout ce qui touche à son honneur et à son existence ne doit pas s'étonner si, à un moment donné, l'un et l'autre sont compromis par légèreté, maladresse, incapacité ou mauvaise gestion. Il ne doit imputer sa ruine qu'à lui-même.

On s'est plaint, non sans amertume chez nous, de l'attitude indifférente de l'Europe. Mais avions-nous consulté l'Europe ou celles des puissances auxquelles nous avons rendu des services, avant de commencer cette funeste guerre? Ne l'ayant pas fait, le secours qu'eût pu nous donner une ou plusieurs de ces puissances, n'eût-il pas été plus humiliant pour nous que ne peut l'être une défaite? Nous n'eussions jamais pardonné ce bienfait, et celle qui nous l'eût accordé n'aurait cessé de s'en prévaloir. Nous avons fait la guerre d'Italie: depuis lors nous ne cessons de reprocher aux Italiens leur ingratitude, et ceux-ci n'ont pas vu nos récents revers sans une certaine satisfaction, par suite de cet axiome de la politique: qu'on est quitte envers les malheureux, parce qu'ils ne sont plus à craindre.

X... Vous raisonnez à la prussienne, me semble-t-il: la force prime le droit.

XX... Entendons-nous bien, je vous prie : car il est temps, pour nous, de ne plus mêler le sentiment à la politique, ou, si vous aimez mieux, de ne plus faire de la politique de sentiment, de ne plus nous payer de mots, de phrases, fussent-elles bien tournées, de banalités vides de sens. Tâchons de raisonner, surtout en présence d'ennemis qui raisonnent très-serré... A l'origine de toute société, la force seule établit le droit, et il n'y a guère de droits qui n'aient été la conséquence d'une conquête. Droits de propriété, droits politiques, droits civils, droit des gens, sont autant de conquêtes, c'est-à-dire des résultats obtenus par l'emploi de la force sur une force antérieure devenue faible, ou sur le chaos, l'anarchie. Les nations civilisées établissent alors entre elles certaines conventions auxquelles on donne le nom de droits des gens, des neutres, des belligérants, etc., mais il y a aussi le droit de la guerre. Et en ce moment celui-là domine les autres. Si nous avions été devant Berlin, je veux bien croire que nous n'eussions pas commis ces cruautés inutiles, chères aux Prussiens, telles que ces bombardements, ces brûleries de villages; que nous n'eussions pas doublé le soldat d'un exacteur rapace et avide ; mais, en considérant le but de la guerre, nous n'aurions pas raisonné autrement que ne le fait le comte de Bismark, nous y eussions mis seulement des formes plus... académiques. Les Berlinois en eussent-ils été plus satisfaits? Remarquez bien que, depuis 1815, nous n'avons fait autre chose, vis-à-vis de la Prusse, sans parler des autres puissances, que de nous vanter de nos conquêtes du commencement du siècle; de nos victoires, notamment de celle d'Iéna, et de répéter à tout propos que nous reprendrions un jour les provinces rhénanes. Avons-nous invoqué le droit de 1805 à 1812 lorsque nous promenions nos bataillons sur toute l'Europe? Depuis lors nos revers de 1814 et de 1815 nous ont-ils corrigés? Avons-nous désavoué la politique de conquêtes de Napoléon Ier? Ne l'avons-nous pas glorifiée de toutes manières, dans nos livres, dans nos histoires, sur le théâtre? Il fallait être logique. Si nous croyons avoir le droit de nous promener en armes chez nos voisins, ou seulement de leur reprendre des territoires à notre convenance, il fallait de longue main préparer tout pour cette tâche et ne pas nous fier à l'ombre de Napoléon Ier pour nous conduire à Cologne ou à Mayence. Vaincus et abandonnés par nos alliés à Leipzig, vaincus à Waterloo, nous n'avons jamais pris ces défaites comme de justes représailles du droit contre la force.

Il y a six mois nous déclarions la guerre à nos voisins : je conviens qu'ils ont tout fait pour que cette guerre fût inévitable; mais enfin nous l'avons déclarée; ou, si vous l'aimez mieux, le gouvernement que nous avions choisi et soutenu par des plébiscites, l'a déclarée. Nous le désavouons, nous prétendons séparer la nation de ce gouvernement qu'elle s'était donné ; permettez-moi de vous dire que cela est puéril. Si ce gouvernement, agissant de son côté comme la Prusse a fait du sien, eût tout préparé de longue main pour engager avec succès cette lutte inévitable, s'il eût montré de la prévoyance et des capacités au lieu de nous laisser voir son néant, s'il eût fait une campagne heureuse, et si, à cette heure, Mayence se rendait à une armée française, le désavoueriez-vous, ce gouvernement ? Trouverait-on en France mille citoyens qui osassent réclamer en faveur du droit contre la force ?

Il est vrai que, si les choses eussent tourné de cette façon, le roi de Prusse ne serait pas empereur d'Allemagne; ses alliés bavarois, wurtembergeois, hessois, le Hanovre, penseraient que la Prusse les entraîne dans une guerre désastreuse, et prétendraient probablement séparer leur droit de celui de l'Allemagne du Nord. Peut-être y aurait-il une révolution à Berlin, avec le docteur Jacobi comme dictateur. Lui, docteur Jacobi, les gouvernements de Bade, de Bavière et de Saxe, viendraient nous dire : « Ce n'est pas nous dont la politique astucieuse vous a entraînés à porter la guerre en Allemagne, c'est le gouvernement du roi de Prusse, nous en sommes les premières victimes; respectez notre droit et retournez-vous-en d'où vous êtes venus; désolés de tout ce qui arrive, nous n'y sommes réellement pour rien. » Nos journaux, la grande majorité de l'opinion en France, n'auraient pas assez de railleries pour ces bons Allemands qui nous parleraient de leurs droits et de la non-solidarité de leur destinée avec celle du pouvoir qui les aurait ainsi entraînés malgré eux dans une méchante aventure. A cette heure funeste, laissons donc les illusions, fussent-elles patriotiques; voyons les choses de sang-froid, c'est le seul moyen qui nous reste encore de réparer tant de désastres et de retenir notre chère patrie sur le bord de l'abîme.

X... Ainsi, vous admettriez que la Prusse a le droit de garder l'Alsace et la Lorraine.

XX... Je ne dis pas cela; je dis que la Prusse *peut* garder ces provinces, que nous ne pouvons l'en empêcher, et qu'elle *peut*, par conséquent, considérer le pouvoir acquis par elle comme un droit ; de même que nous pourrions considérer comme un droit de garder les provinces rhénanes, si nous en avions chassé les armées allemandes.

X... Cependant une population possède des droits et ne saurait être prise, cédée, ou conquise, au xixe siècle, comme un troupeau de moutons.

XX... Tant que les peuples se conduiront comme des moutons, ils ne sauraient se refuser à être traités comme tels par les bergers et les loups. En France, depuis Louis XIV, premier fauteur de nos malheurs par son esprit de conquête et sa manie de domination sur tout et partout, nous avons accepté des bergers pour nous conduire comme un docile troupeau, bien un, bien parqué, paissant au gré du maître ; on a donné à cela le nom d'unité nationale. C'est très-bien tant que le berger est actif, vigilant et possède de bons chiens ; mais, s'il s'endort, ou si les chiens viennent à faillir à leur besogne, gare aux loups.

L'Allemagne, sous son très-glorieux et très-pieux empereur, veut à son tour passer à l'état de troupeau, c'est son affaire. A nous d'essayer de faire bonne garde sans bergers et sans chiens.

Alors seulement nous pourrons parler de nos droits, parce que nous nous serons nous-mêmes chargés de les garder, et que nous nous serons mis en mesure de le faire sous notre propre responsabilité. Qui dit droits, dit devoirs, et il est malséant à un peuple qui se décharge de tous devoirs, de toute initiative et responsabilité personnelle, sur un gouvernement qu'il délègue à cet effet, de venir, au jour où la délégation a tout compromis par légèreté ou faiblesse, parler de ses droits. En se déchargeant de ses devoirs, il abandonne ses droits.

X... Ne vous semble-t-il pas que les Français accomplissaient passablement leurs devoirs de citoyens en payant régulièrement les impôts, en donnant leurs enfants pour l'armée, en se rendant aux élections, en s'occupant des affaires du département ou de la commune, s'ils étaient nommés conseillers généraux ou municipaux, en allant aux assises, s'ils étaient désignés comme jurés?

XX... Les devoirs du citoyen ne se bornent pas à se soumettre aux lois de son pays. Ce rôle purement passif, considéré comme suffisant par les gouvernements qui aiment à ne pas être dérangés, demande à être complété.
Toute force laissée improductive dans un État civilisé constitue un délit. Le *devoir* rigoureux de chaque citoyen est donc d'utiliser les forces dont il dispose au profit de tous comme au sien. Il n'a pas le *droit*, à mon sens, de ne pas développer ou acquérir ces forces; et il s'agit aussi bien des forces intellectuelles que des forces physiques et matérielles. Vous, homme d'intelligence, vous avez acquis

une haute instruction, votre devoir est de la répandre autour de vous tant qu'il vous reste un peu de vie. Vous, industriel, vous fabriquez beaucoup et à bon marché, votre devoir, comme votre intérêt, est de faire circuler ces produits sur le plus grand nombre de marchés. Vous qui n'avez que de bons bras et un corps robuste, votre devoir est de fournir le plus de travail possible et de ne pas affaiblir par l'oisiveté ou la débauche cette force active qui vous est donnée. Je sais bien qu'on n'entend pas chez nous la liberté ou l'usage de la liberté de cette manière, et que, parce qu'on se dit libre, on se croit le droit de ne rien faire et de se décharger de toute responsabilité ; alors il ne faut pas se plaindre si vos voisins, qui entendent autrement les choses et comprennent autrement les devoirs du citoyen, viennent troubler vos loisirs.

Voyez ce qu'a fait la Prusse. Elle a pensé qu'elle avait des raisons pour nous haïr ; son *objectif* a été notre abaissement, notre humiliation, notre anéantissement, s'il était possible. Qu'a-t-elle fait depuis cinquante ans ? Elle n'a perdu ni un jour ni une heure ; elle y a mis le temps cependant. Enseignement, systèmes scientifiques, théories, industrie, organisation civile et militaire, traités, manœuvres politiques, espionnage sur une vaste échelle, tout a été mis en œuvre, non pas seulement à la suite d'un mot d'ordre donné par son gouvernement, mais par chaque citoyen en son particulier. Chacun a voulu être plus instruit, mieux armé, plus aguerri, plus industrieux, plus souple à la discipline qu'on ne l'était chez nous. La jeunesse allemande voyageait à pied, pointait des cartes, s'instruisait sur toute chose; couvrait des cahiers de notes dans nos usines, sur nos chantiers, dans nos campagnes; s'introduisait dans nos familles en qualité de commis, d'apprentis, de garçons de ferme, de contre-maîtres, pendant que la nôtre se dépêchait de subir quelques examens insignifiants pour acquérir le droit de ne plus rien faire. La haine contre la France a fait la fortune de la Prusse; elle a été le ferment de son activité, elle a produit l'initiative de chacun, elle a été le devoir. Allez donc lui persuader aujourd'hui que l'accomplissement de ce devoir, que ces efforts persistants ne lui constituent pas un droit?... Que plusieurs des moyens employés par la Prusse répugnent à notre caractère, je m'en félicite; que son objectif soit odieux et peu chrétien pour un peuple qui se dit conduit par Dieu lui-même, je l'accorde; il n'en est pas moins certain que chacun de ses citoyens s'est imposé un devoir et qu'il l'a rempli avec une ténacité et une constance dignes d'un plus noble but. C'est un exemple qui nous est donné; à nous de le suivre si nous sommes encore une nation, non pour rendre à la Prusse la haine qu'elle nous porte et pour lui en faire un jour subir les conséquences, mais pour nous relever aux yeux du monde et reprendre un rang digne de notre vieille et belle France.

X... Ne pensez-vous pas que, si l'Allemagne prétend conserver l'Alsace et la Lorraine, il y a là un éternel sujet de luttes et de haines entre les deux peuples, un champ de bataille perpétuellement ouvert?

XX... Je le crois. Il en eût été de même si, victorieux, nous eussions prétendu posséder les provinces rhénanes. Cela eût été de notre part une grande faute politique, comme ce sera pour la Prusse une faute de prétendre conserver l'Alsace et la Lorraine. Mais, de même que, si nous eussions été les plus forts, l'opinion en France eût exigé la réunion à la France des provinces qui bordent le Rhin, de même l'opinion en Allemagne demandera qu'on exige de la France l'abandon de l'Alsace et de la Lorraine. Dans son for intérieur, je suis convaincu que le grand chancelier considère cette acquisition comme un lourd fardeau, comme un de ces cancers incurables attachés aux flancs d'un pays; mais le grand chancelier, si bon politique qu'il soit, se soumettra en ceci à l'opinion de l'Allemagne, qui demande le prix de ses sacrifices et n'entendra probablement pas raison sur ce point. Soyez assuré que, quoi qu'il arrive, les difficultés surgiront pour la Prusse après la rentrée des troupes victorieuses en Allemagne, surtout si, nous repliant sur nous-mêmes pour panser nos blessures et reconstituer le pays, nous abandonnons ces projets de revanche ridicules pour le moment. Le temps se chargera de nous venger, si nous savons être un peuple et profiter activement de la dure leçon que nous venons de recevoir. Le temps seul est le grand justicier contre lequel il n'y a pas d'appel. Il n'est qu'un moyen de ne pas gêner le cours lent, mais sûr, de cette justice, c'est de faire rigoureusement son devoir, tout son devoir ; de ne pas s'abandonner, de ne pas chercher d'autres sauveurs que soi-même ; de développer les facultés qui nous sont dévolues avec persistance et courage ; de mettre au ban de la nation l'oisiveté, l'égoïsme, l'ignorance et bon nombre de vices qui nous rongent.

X... Ce que vous demandez exige un sang-froid, une rectitude dans la conduite générale du pays, qu'il est difficile de réclamer chez une nation dont tous les sentiments patriotiques sont si cruellement froissés, dont les passions surexcitées laissent peu de place à la liberté du jugement.

XX... Oui, voilà le danger. Nous avons en France plus de vanité patriotique que de vrai patriotisme, plus d'imagination que de réflexion. Si un ennemi brûle notre maison, avant de songer à la rebâtir, à mettre notre famille à l'abri et à la bien mûrir pour que pareille chose n'arrive plus, nous laissons femme et enfants sur les ruines pour courir après l'ennemi et nous venger. S'il est encore le plus fort, nous accusons le destin; mais, en attendant, femme et enfants sont morts de misère, et quand nous rentrons chez nous, battu, plein de rage, il ne nous reste ni famille, ni biens, ni armes, et l'ennemi nous raille par-dessus le marché. L'opinion est peut-être plus froissée en France de ce que le roi Guillaume s'est fait couronner empereur d'Allemagne dans la galerie des glaces de Versailles qu'elle ne le serait par l'abandon d'une place forte ou de quelques hectares de territoire. C'est encore une faute que commet la Prusse de vouloir nous humilier dans nos sentiments plus vaniteux que réellement patriotiques. Il ne faut jamais humilier un vaincu, surtout si cette humiliation ne rapporte rien au vainqueur, qui ajoute ainsi à l'actif du vaincu une force dont il charge son passif. Mais nous n'avons pas à montrer à la Prusse ses fautes, il serait à souhaiter qu'elle en fît davantage; il faut nous souvenir des nôtres, les signaler avec la rigueur du chirurgien qui porte le fer dans la plaie gangrenée, les éviter dans l'avenir, et pour ce faire, exactement connaître les causes qui ont fait commettre ces fautes, afin de les supprimer à tout jamais, s'il est possible. Or, l'une des plus funestes parmi les causes, est l'excès de centralisation. Depuis Louis XIV, les provinces françaises ont senti peu à peu la vie se retirer pour affluer vers le centre. La Révolution n'a fait que donner une impulsion violente et brusque à ce mouvement, et Napoléon Ier n'a eu qu'à mettre la main sur le grand ressort si bien préparé pour faire mouvoir toute la machine.

Demander aujourd'hui aux provinces des efforts collectifs, leur demander de prendre l'initiative dans des conjonctures aussi graves, quand, depuis deux siècles, on a tout fait pour détruire l'autonomie chez elles, pour isoler leurs intérêts communs en les centralisant au foyer du gouvernement, c'était demander à des boiteux de courir. Elles ont cependant fait plus qu'on ne pouvait s'y attendre, elles ont noblement fait preuve de patriotisme ; mais, donnant leurs enfants, leur argent, elles ne pouvaient plus donner ce qu'on a pris tant de soin de leur retirer, savoir : la vie, l'initiative, l'organisation collective, l'ordre d'ensemble, l'habitude de se mouvoir d'elles-mêmes en dehors de l'impulsion centrale. Pour comble d'aberration, Paris avait été fortifié ; l'idée centralisatrice à outrance de Napoléon Ier avait été mise à exécution. Il n'avait pas suffi que la capitale eût appelé à elle toutes les forces, toute l'action, on avait armé cette tête en guerre. Enfermée dans un casque, elle ne pouvait ni voir, ni entendre, ni se mouvoir ; elle était complétement séparée du tronc.

X... Ainsi, vous considérez les fortifications de Paris comme une faute ?

XX... Sans doute, comme une des fautes qui ont contribué à nous perdre. Entendons-nous bien : je dis *fortification* et non *défense*. Je vais m'expliquer. Paris fortifié est devenu l'*objectif* du peuple allemand. Tous les ans on donnait, comme programme des concours à l'Académie de Berlin, la prise de Paris. Et comme nous sommes les gens les plus hospitaliers de la terre ; comme nous aimons, par un sentiment de vanité enfantine, à montrer aux étrangers ce que nous possédons, il n'y avait pas un fort, pas un bastion, pas un mouvement du sol autour de Paris qui n'eût été mûrement étudié par les Allemands, et cela pendant des années, avec la préoccupation tenace de venir, à la première occasion, prendre le tout.

Nous n'avons pas de haine, c'est un malheur chez un grand peuple, et ne pouvons croire que les autres en gardent pour nous. L'homme prudent qui se sait entouré d'ennemis ne met plus aujourd'hui tout son avoir dans un coffre de fer exposé aux regards de tous, et n'invite pas ses prétendus amis à venir chaque jour voir comme ce coffre est bien façonné, comme les pênes en sont puissants et les ressorts merveilleusement combinés. S'il aime à recevoir, il ouvre sa maison, d'apparence hospitalière, mais il en a disposé les abords de telle sorte qu'à la moindre apparence d'attaque, il puisse se ruer sur son ennemi avant qu'il ait pénétré chez lui. La fortification permanente de Paris est un reste des idées d'un autre temps. Cela rappelle un peu ces seigneurs du moyen âge qui ne croyaient mieux faire que d'accumuler derrière leurs murailles et dans les profondeurs de leurs donjons, richesses, famille, archives, titres. Un rival venait un jour assiéger le château, rasait les murs, égorgeait la famille, emportait ses richesses, et emmenait le châtelain prisonnier, s'il n'était pas enseveli sous les décombres de sa forteresse. Paris, fortifié d'une manière permanente, à grand bruit et après force discussions et mémoires sur la matière, avait le tort d'être un défi perpétuel à l'adresse de l'Allemagne, et il y avait beaucoup à parier que s'il était attaqué vingt ou trente ans après l'érection de ses forts et murailles, forts et murailles, bien connus et appréciés à leur valeur, ne tiendraient pas contre les engins que l'industrie moderne ne cesse de perfectionner, ou du moins n'en neutraliseraient pas l'effet.

X... Cependant Paris, grâce à ses défenses, n'a pas été pris, il a capitulé faute de vivres, mais non parce que ses murs étaient entamés. Il a tenu en échec quatre mois et plus les armées allemandes, et eût permis pendant ce temps aux provinces de reprendre l'offensive si la chose eût été possible.

XX... Nous tournons dans un cercle vicieux et demeurons sous le coup d'un raisonnement faux dès l'abord. Paris fortifié a pu tenir quatre mois, et eût tenu davantage s'il eût été complétement approvisionné. Mais Paris a été fortifié parce qu'il était la tête du corps français; et ceux qui ont le plus poussé à cette mesure, à commencer par Napoléon Ier, avaient tout fait pour que la France reçût toute impulsion de Paris. Cependant le corps français n'a pu se mouvoir parce que la tête était fortifiée, et que, comme toute place forte construite suivant les données ordinaires, elle n'avait plus elle-même la faculté d'imprimer une impulsion au dehors. Paris fortifié, avec des provinces ayant conservé une administration particulière, avec la non-centralisation, était une place de guerre plus grande qu'une autre et dont la chute n'entraînait pas celle du pays. L'ennemi n'avait pas, à l'investir et à l'attaquer, un intérêt qui fût en rapport avec les efforts que demandaient cet investissement et cette attaque. Avec la non-centralisation gouvernementale, la fortification permanente de Paris avait donc une sorte de raison d'être, était logique. Mais avec le système de centralisation, il était de toute évidence que l'ennemi, connaissant de longue main le dispositif défensif de la capitale, allait tout faire pour neutraliser entièrement son action. La centralisation gouvernementale admise, Paris, grâce à ses environs si admirablement disposés pour la défense sur un grand rayon, pouvait opposer à l'ennemi, non une enceinte autour de laquelle il était facile à cet ennemi de s'établir et qui infailliblement amenait le blocus, mais des défenses que cet ennemi n'eût pu connaître d'avance, qui eussent été faites en raison de ses dispositions militaires, mais qui auraient pu dès lors gravement gêner ses projets.

X... Mais Paris ouvert eût été occupé par l'ennemi trois jours après son investissement et tout aussi incapable de communiquer avec la province ; dès lors je ne vois pas en quoi les fortifications ont pu nuire à la défense générale du territoire.

XX... Voilà la question. Paris dépourvu de fortifications permanentes eût-il été investi ? Oui, s'il n'eût pas eu de défenseurs; non, s'il en eût eu; ou du moins son investissement eût-il été plus difficile. Dans les circonstances où nous nous sommes trouvés après le désastre de Sedan, nous n'avions plus d'armée à mettre en ligne devant l'armée allemande, nous nous sommes fiés à nos défenses permanentes pour empêcher l'ennemi d'entrer dans Paris, nous nous sommes laissé investir sans causer à l'ennemi le moindre embarras. La tête a été paralysée du jour au lendemain, et la province, habituée à n'agir que sur l'impulsion de la tête, a été paralysée à son tour. L'ennemi nous a ainsi tenus bloqués quatre mois, et pendant ce temps il dressait en parfaite sécurité, contre nous, en occupant certains points stratégiques, les nombreuses batteries que nous eussions dû dresser contre lui, si nous n'avions pas considéré nos forts et l'enceinte comme une défense inattaquable, et si dès l'abord nous ne nous y fussions pas retirés. Supposons que Paris eût eu pour deux mois de vivres de plus. L'ennemi continuait à bombarder nos forts et la ville elle-même, que ces forts étaient impuissants à préserver contre les obus. Il eût réduit en poussière, y mettant le temps, deux ou trois de ces forts; il y fût entré, et de là, dressant de nouvelles batteries contre la ville, il étendait son tir jusqu'au centre de la capitale. Je veux bien que Paris ne se fût pas rendu pour cela, car jamais un bombardement ne fait rendre une ville et est toujours une inutile cruauté qui exaspère la résistance. Mais pendant ces deux mois, la province eût-elle été mieux organisée en vue d'une guerre à outrance, eût-elle été en mesure de nous débloquer? Je ne le crois pas, et je ne pense pas qu'aucun homme de guerre le croie.

Il est de plus, dans une grande ville assiégée, un fait moral dont on doit tenir compte et qui se produit toujours. Toute armée bloquée perd une partie de sa valeur. Plus l'armée est nombreuse, plus la démoralisation l'entame. Une garnison de quelques milliers d'hommes, commandée par des chefs en qui elle a pleine confiance, peut conserver son organisation et son moral intacts, encore ne faut-il pas que la défense se prolonge trop. Mais une armée nombreuse, composée d'éléments très-divers, enfermée dans une grande ville, tournant sans cesse sur elle-même, en contact permanent avec l'élément civil, est bientôt attaquée dans son moral. Dans ce mélange du civil et du militaire, la discipline se relâche. La nostalgie de la rue, du foyer, du café, du lieu public, s'empare du soldat, qui n'a qu'une pensée, rentrer dans le sein de cette ville à quelques pas de son cantonnement. La garde de la tranchée pendant la nuit froide lui semble d'autant plus dure qu'il sait qu'à un ou deux kilomètres il pourrait se chauffer au coin du feu ou boire au cabaret; que ses camarades, plus heureux, jouissent à l'heure présente de ces douceurs. Une des fautes des généraux chargés dès l'origine du commandement de l'armée de Paris, ç'a été de laisser pendant des semaines les troupes cantonnées chez l'habitant, traîner sur les boulevards et passer les journées dans des lieux équivoques; les officiers n'ont pas appris à connaître leurs hommes, à s'en occuper, ils étaient étrangers les uns aux autres. L'élection dans la garde mobile a contribué encore à enlever à cette troupe une bonne partie de sa valeur militaire.

X... Vous êtes sévère pour notre malheureux pays!

XX... Non, je suis, je le crois, simplement vrai, et il est bien temps que les hommes qui ont vu de près toutes ces choses montrent la vérité nue. Si notre pays ne peut la regarder en face, il est perdu sans retour. Considérez la triste série de mensonges, d'illusions, de réticences et de faiblesses qui ont contribué à nous précipiter dans le gouffre. Cacher sa tête sous son aile, comme l'autruche, pour ne pas voir l'ennemi, n'est pas le moyen d'éviter ses atteintes.

L'empire nous a ouvert l'abîme par son incapacité et sa légèreté; mais le pouvoir qui lui a succédé, plus sincère, très-honnête, n'a pas eu ou n'a pu avoir, grâce à son origine, l'énergie et l'autorité nécessaires pour nous retenir sur la pente, soit en faisant appel au pays à temps et lorsque l'ennemi nous en laissait la facilité, soit en organisant les forces réelles dont Paris disposait, sur une solide base et au moyen d'une sévère et exacte discipline. Si ce pouvoir n'avait plus à compter avec la cour des Tuileries, il croyait devoir compter avec celle de Belleville : il a gouverné paternellement, dirai-je, quand il fallait agir en dictateurs, sans réticences, sans délais, et sans tenir compte surtout de quelques centaines de braillards qui se croient le peuple français.

On n'ignorait pas, dès les premiers jours de septembre, qu'on allait avoir devant soi l'armée la plus solide, la plus mobile et la plus disciplinée de l'Europe, conduite par des généraux habiles, instruits, tenaces, expérimentés et enhardis par d'immenses succès ; il fallait donc disputer pied à pied, si l'on prétendait défendre Paris, les positions qui commandent cette ville et ses forts sur presque tout le pourtour, à une distance de 2000 à 4000 mètres; il fallait les fortifier non par des ouvrages trop en l'air, comme ceux de Châtillon et de Montretout, ouvrages qu'on allait forcément abandonner, mais par une suite de batteries et de redoutes s'appuyant réciproquement et reliées par des tranchées ; il fallait agir vite et d'après un plan d'ensemble.

X... Vous n'ignorez pas qu'au moment de l'investissement nous n'avions pas à Paris une armée capable de conserver ces positions, une artillerie assez nombreuse pour les garnir; que le corps du général Vinoy était à peu près la seule force dont on pût disposer; que la garde mobile n'avait aucune expérience de la guerre, et que la garde nationale n'était ni organisée ni armée.

XX... Je sais cela. Mais, outre que nous avions l'artillerie de marine, qui eût tout aussi bien servi les pièces placées dans les ouvrages avancés qu'elle a servi celles des forts, vous pouviez avoir un nombre de défenseurs suffisant pour garder, au moins pendant un certain temps, ces positions en face d'un ennemi qui ne traînait avec lui que de l'artillerie de campagne, et qui ne s'approchait de la capitale qu'avec prudence. Vous eussiez d'ailleurs singulièrement diminué sa force et gêné ses mouvements, en l'obligeant, ne fût-ce que pendant un mois, à étendre démesurément sa ligne de contrevallation. Vous retardiez l'investissement et pouviez encore communiquer avec la province sur quelques points. Dans ce vaste périmètre, vous laissiez les villages habités, les champs exploités régulièrement, et vous trouviez ainsi dans la population rurale un appui et un secours.

X... Eût-il été possible, dans l'espace d'une quinzaine de jours, d'élever les ouvrages dont vous parlez, sur les points à conserver?

XX... Cela eût été très-possible, à la condition d'oublier les routines et de ne pas entreprendre, comme on l'a fait à Châtillon et à Montretout, des travaux qu'il eût fallu six mois pour achever. Les bras ne manquaient pas à Paris, depuis un mois nous en offrions autant qu'on en eût voulu employer; mais les formalités administratives, les susceptibilités de corps, les amours-propres, — car en ces temps de désastres il est encore des gens qui mettent leur amour-propre avant toute autre considération, — la peur d'innover, de laisser porter la main sur des organisations qui avaient sombré cependant, mais qui existaient encore dans les cartons des bureaux : tout cela faisait qu'on ajournait, qu'on voulait un jour, qu'on ne voulait plus le lendemain; qu'on pensait à défendre les environs de Paris sur un rayon de 20 kilomètres, ce qu'indiquait le bon sens, mais qu'on se décidait, n'osant compter sur des troupes peu solides, mal formées et surtout peu disciplinées, à se renfermer dans l'enceinte et les forts, et à abandonner tout le reste à l'ennemi ; on renonçait ainsi à la seule combinaison qui eût des chances de faire tourner la fortune. Il y eut alors une véritable panique. Je me garderai bien, en ces tristes moments, de récriminer et d'accuser personne.

Il est des temps funestes pour les nations où l'obscurité se fait, où les esprits les plus fermes et les plus résolus s'égarent dans la brume qui semble s'appesantir sur eux, aussi bien que sur les âmes faibles et pusillanimes. Dès le 6 septembre, s'il m'en souvient, les habitants des communes suburbaines, de celles qui même étaient placées entre les forts et en arrière de leurs gorges, furent invités à rentrer au plus tôt dans l'enceinte de la ville et à brûler les approvisionnements qu'ils ne pourraient traîner avec eux. En peu de jours, les villages se vidèrent; les champs, dont l'entretien et la culture eussent été si nécessaires à l'alimentation de Paris, furent abandonnés et livrés à des bandes de maraudeurs qui ne tirèrent des produits sur pied qu'un approvisionnement insignifiant : pour déterrer une pomme de terre non encore mûre, ces pillards en écrasaient dix. Il semblait qu'une sorte de vertige se fût emparé de tous ces braves gens affolés et voyant déjà les hulans sur leurs talons. La plupart ne prenaient même pas le temps d'enlever les parties les plus nécessaires de leur mobilier. Alors commença ce pillage..... toléré, puisque nulle part on ne songea à le réprimer, qui contribua si fort à démoraliser l'armée, et qui fut pour la banlieue de Paris une ruine irréparable ; qui demeurera une tache dans cette grande tragédie où cependant tant d'exemples d'héroïsme, d'abnégation, de charité et de stoïque résignation furent donnés. La dévastation — dévastation inutile, odieuse, sauvage — commença pour ne plus s'arrêter jusqu'aux derniers jours du siége. L'ennemi le plus acharné n'eût pas fait pis.

Les bataillons de la mobile et de la ligne, plus tard de la garde nationale de marche, les francs-tireurs, cantonnés dans ces maisons, que la plus funeste imprévoyance avait rendues désertes, brisaient tout, les meubles, s'il en restait, les portes, les fenêtres, retournaient les jardins pour chercher des cachettes, pillaient les caves.

Bientôt ces maisons ouvertes à tous vents ne purent même plus offrir un abri à ceux qui venaient derrière les premiers occupants. La saison devenait rigoureuse, alors tout débris de bois fut brûlé..... Combien en ai-je vu de ces maisons, joies de leurs propriétaires, n'ayant plus que leurs murailles noircies par le feu, les toits enfoncés, remplies de débris immondes ! Combien de fois a-t-il fallu s'en contenter par la neige et le froid, en songeant que ces dévastations étaient faites par nous-mêmes, à nos portes !... Que doivent penser de nos mœurs les ennemis qui aujourd'hui occupent à leur tour ces villages ?.....

Comme pour nous enfermer plus étroitement et faciliter un investissement plus rigoureux, l'ordre était donné de couper les routes, de faire sauter les ponts, de détruire les communications, de barricader les grandes voies aboutissant aux portes dans l'intérieur de la ville. Il y eut une commission des barricades; ce n'étaient pas nos avant-postes qu'elle allait barricader, mais nos voies urbaines, afin probablement de rendre nos mouvements plus difficiles et d'en retarder la rapidité. Si ces mesures furent prises sincèrement, elles indiquent de la part des hommes placés à la tête de la défense des idées peu mûries sur la nature de cette défense; si elles furent prises pour faire de l'effet, pour produire une impression sur l'esprit de la population, l'habituer à l'idée de résistance à outrance, ou pour plaire à la cour installée à Belleville et pour laquelle la barricade est l'*ultima ratio* du peuple, c'était une étrange faiblesse en un pareil moment et jouer un drame bien mal à propos.

Faire sauter l'arche d'un pont produit sur l'esprit de la foule un sentiment de farouche résistance qui a son côté dramatique, je le veux bien; mais, à la guerre, si ce moyen est justifié au moment d'une retraite précipitée, c'est un fait sans aucune portée, lorsque, après que la mine a produit son effet, on s'en va à l'abri des remparts attendre une armée ennemie qui, non inquiétée d'ailleurs sur ses derrières, arrive à son heure avec ses équipages. Il n'y a pas de pont rompu que nos ingénieurs ne puissent rétablir en quelques heures de manière à y faire passer de l'artillerie.

Établir une tête, un redan en avant d'un pont pour en disputer le passage à un corps d'armée, cela peut en effet être très-gênant pour l'ennemi qui prétend passer l'eau ; mais faire sauter l'arche d'un pont et s'en aller à quatre kilomètres, c'est retarder le passage d'une demi-journée au plus, et rien d'ailleurs ne pressait les Prussiens. Si l'on veut reprendre l'offensive et surprendre un ennemi, cette rupture inopportune devient un obstacle pour vous-même. Nous avons fait sauter le pont de Joinville placé sous le feu du fort de la Faisanderie, et qui, par conséquent, ne pouvait être franchi par l'ennemi que si nous le voulions bien. Or, cette rupture d'un pont placé tout près de nos ouvrages a été un grand embarras pendant les deux journées de Champigny.

Peut-être que si ce pont eût été praticable pour l'artillerie, le succès de la première journée eût été plus décisif.

Si l'on tenait registre de tout le sang, des milliards et des larmes que nous coûte notre passion pour la *mise en scène* et la *pose*, la liste remplirait un gros volume. Et ce qu'il y a peut-être de plus humiliant, c'est de penser que cette mise en scène n'a même pas l'attrait de la nouveauté. Les vieux trucs reparaissent perpétuellement. Qui n'a pas levé les épaules en voyant installer à Paris, aux portes des mairies et sur quelques carrefours, la célèbre tribune à rideaux rouges avec l'estrade et la table destinées à recevoir les enrôlements volontaires ? tribune que nous avons vue tant de fois figurer au Cirque, aux acclamations des gavroches. Et cette prise chronique de l'Hôtel de ville, toujours conduite de la même manière, avec les mêmes comparses et les mêmes discours, et les listes jetées au *peuple* assemblé sur la place et représentant à lui seul tout Paris ; que dis-je ?... toute la France ! Avouez, mon cher ami, que si les étrangers jugeaient notre nation sur ces simples apparences auxquelles nous nous laissons toujours prendre, nous n'occuperions pas dans leur estime une haute place. Mais heureusement qu'on prend à l'étranger toutes ces apparences moins au sérieux que nous ne les prenons nous-mêmes. Ce qui est navrant, c'est de voir qu'en France des hommes éclairés se laissent entraîner à ce plaisir frivole de produire de l'effet à un moment voulu, sans réfléchir jamais que le lendemain amènera les déboires et l'affront. Combien pourrais-je vous citer de ces phrases uniquement destinées à produire un effet sur la foule, promesses ou engagements que les faits devaient brutalement démentir quelques jours plus tard, et dont le moindre danger était de nous rendre ridicules aux yeux de nos ennemis. Pendant ces quatre longs mois j'ai souvent cherché la dignité calme et simple, celle qui convenait à notre situation. On lisait sur les murs des proclamations ampoulées ; sur nos boulevards on voyait défiler des gardes nationaux en chantant la *Marseillaise* ou *Mourir pour la patrie ;* on se grisait beaucoup. Plût au ciel qu'il eût fallu, dès le commencement du siége, rationner le vin et fermer les cabarets. Un franc-tireur ou un mobile rentrait-il dans Paris en voiture découverte avec un casque de Prussien, c'était une joie, des cris comme si toute l'armée allemande eût été faite prisonnière ! Ayons donc une fois le courage de dévoiler toutes ces faiblesses et ces misères morales : on doit aussi bien la vérité aux vaincus qu'aux vainqueurs ; c'est le seul moyen de relever les premiers et de calmer l'ivresse des seconds.

X... Croyez-vous donc qu'après le désastre de Sedan, en ne parlant que de Paris, puisque nous ne savons que vaguement ce qui s'est passé en province, il eût été possible de faire mieux pour la défense de la ville que ce qu'on a fait.

XX... Au point de vue matériel, non : Paris a montré quelle était l'étendue de ses ressources, de ses moyens industriels, de son activité, et le résultat a dépassé tout ce qu'il était possible d'espérer. Au point de vue militaire, c'est une autre affaire : la direction énergique, la méthode, l'unité d'action, l'entente entre les chefs, surtout la foi en l'efficacité de la défense ont manqué. Nos officiers généraux n'ont pas cru un instant que le résultat de la campagne pût nous être favorable, et ils laissaient trop percer leur sentiment à cet égard. Ce n'est pas le moyen d'encourager son monde. Les physionomies et les actes ne répondaient pas aux proclamations qui couvraient les murs.

Tous ont fait bravement leur devoir, mais il y a tant de manières d'accomplir un devoir !

C'est en grande partie à ce peu de foi qu'il faut attribuer le défaut de discipline et le peu de fermeté des troupes en maintes circonstances. L'esprit du soldat reflète exactement la pensée et l'attitude du chef qui le commande, et quand le découragement existe en haut de l'échelle, il n'est pas possible qu'il n'affecte le bas. La valeur, la cohésion d'une armée, résultent d'un courant électrique qui part de la tête pour exciter les derniers des membres.

Ce courant électrique a complétement fait défaut, et l'on pouvait constater de jour en jour l'affaissement moral et la dislocation de cette armée que le temps et les épreuves eussent dû cependant raffermir. Tout arrivait toujours trop tard, ordres, mesures, déterminations, mouvements ; et le soldat, qui juge assez bien les choses qui le touchent de si près, perdait toute confiance en ses chefs, ne marchait qu'avec la certitude de ne pas réussir.

Pendant quatre mois, j'ai vécu avec cette armée, partageant ses souffrances à la fin, ses espérances au début, écoutant ses propos et m'y mêlant souvent. Eh bien ! je dois à la vérité de dire que si, dans ces longues journées d'angoisses, j'ai éprouvé une douleur morale qui me fit oublier toutes les autres, c'était de voir à chaque heure la décomposition gagner avec une effrayante rapidité ces corps armés. Non, jamais ne sortira de ma mémoire l'aspect navrant de nos cohortes des derniers jours. Il faut avoir passé des nuits au bivouac, dans la tranchée aux avant-postes, l'âme inquiète et l'oreille au guet, au milieu de ces soldats mornes, pelotonnés autour d'un brasier, sales, défaits, couverts de lambeaux sans nom, abrités derrière des débris de meubles arrachés à quelques maisons voisines, ne répondant aux questions que par monosyllabes, laissant brûler leurs restes de vêtements et leurs souliers, n'entendant plus la voix de leurs officiers. Il faut avoir vu la pâle lueur d'une aurore d'hiver se lever sur ces demi-cadavres, sur ces membres engourdis et couverts de givre, sur ces visages sans éclairs, indifférents à tout événement..... Alors on a compris comment et pourquoi deux jours de bataille étaient impossibles ; pourquoi, après une journée de lutte honorable, la retraite était imposée si l'on voulait éviter un effroyable désastre. Alors on rentrait dans ses cantonnements, l'amertume au cœur, l'âme navrée, demandant qu'une balle ennemie vînt enfin vous délivrer de la vue de ces misères, de cette déchéance.

Y a-t-il un honnête homme qui osât rejeter la responsabilité de ces malheurs sur nos gouvernants, sur un chef? Non, certes, et ce serait une indignité. Ils ont fait ce qu'ils pouvaient faire; on ne saurait blâmer les gens de ne pas posséder le génie, et un génie seul, à défaut de l'âme affaissée de la nation, pouvait rendre la vie à ce corps tombant en lambeaux sous le coup de nos désastres.....

X... Vous reconnaîtrez cependant que l'attitude de Paris a été admirable pendant ce siége...

XX... Je le reconnais d'autant plus volontiers, que c'est à ce symptôme seul que peuvent s'accrocher nos espérances dans l'avenir. Oui, l'attitude de la population de Paris est faite pour toucher profondément les âmes vraiment françaises. A part quelques échauffourées ridicules autant qu'odieuses, et trop bien annoncées par l'ennemi pour n'être pas un peu son ouvrage, cette population, signalée dans le monde comme futile, légère, toute à son bien-être et à ses plaisirs, égoïste et remuante, a donné un exemple, peut-être unique dans l'histoire, de constance, de fermeté, d'abnégation et de charité délicate. Éprouvée par d'effroyables malheurs, isolée; entourée d'un cercle de feux, de haines et des plus basses rancunes ; abandonnée par ceux à qui elle avait tant de fois ouvert ses portes hospitalières, abreuvée d'amertume, trompée et déçue, en proie aux plus dures privations, bombardée enfin sans que son ennemi puisse alléguer un motif de guerre, et pour satisfaire les dames de Berlin et quelques hobereaux allemands ; à ces coups, la véritable population de Paris a opposé chaque jour le calme et la plus stoïque résignation, demandant que ses enfants fussent appelés au feu devant cet ennemi invisible qui lui envoyait, avec ses obus, l'insulte, cette raillerie allemande plus lourde qu'une semonce de pédagogue. Ah! si au milieu de cette population au cœur si ferme, nous avions eu ces beaux régiments à l'allure franche, à la démarche vive, sacrifiés si follement à nos frontières, Paris n'eût jamais été investi, et les Prussiens eussent eu fort à faire de garder quelques-unes des positions où nous les avons laissés si tranquillement s'établir. Nous ne les avions plus ces régiments, nous n'en gardions plus que de rares débris, sans traditions, sans liens entre eux, pauvres soldats chez lesquels le sentiment du devoir était éteint, écume de l'armée. Puis la garde mobile, trop jeune, peu faite à la fatigue, démoralisée par un trop long séjour dans la ville, tandis qu'il eût fallu l'exercer, la tenir aux camps. Puis les bataillons de guerre de la garde nationale, superbes à voir défiler sur les boulevards, hardis même au feu, mais incapables de constituer une armée.

X... Pourquoi ?

XX... Parce qu'on ne fait pas, même d'un homme de cœur et de bonne volonté, un soldat en lui mettant un sac et une gamelle sur le dos, un fusil sur l'épaule et des cartouches dans sa cartouchière. Quand, pendant deux ou trois mois, vous avez appris l'exercice et l'école de peloton à cet homme plein d'envie de bien faire, brave et jeune ; quand, après cela, un matin, vous lui faites faire 12 kilomètres dans la boue avec 30 kilogrammes sur les épaules, sans manger ; quand vous le mettez toute une journée en ligne devant l'ennemi qu'il voit rarement, mais qui lui envoie sûrement ses projectiles..., eh bien ! si ferme que soit l'âme de cet homme, il est épuisé, il a perdu tout sang-froid, n'est plus même en état de distinguer les amis des ennemis, et tire sur ses camarades aussi bien que sur les troupes qui lui sont opposées : cela s'est vu plusieurs fois, notamment à l'affaire de Buzanval. S'il faut encore qu'il passe une nuit les pieds dans la boue glacée, exposé à la neige ou à une pluie froide, que sera devenu ce soldat à l'allure martiale, marchant d'un pas si allègre l'avant-veille sous les yeux de ses amis et parents de la ville ? Un pauvre diable, grelottant la fièvre, livide, et bien peu disposé à recommencer la lutte.

La bravoure, l'habitude du maniement des armes et de la discipline même, chose que la garde nationale ignore absolument, ne suffisent pas pour faire un soldat, et nos citadins ne mènent pas une vie qui les prépare à cette dure existence. Ce ne sont pas des promenades aux Champs-Élysées ou quelques parties de chasse dans les environs de Paris, suivies de joyeux soupers et d'un bon lit, qui peuvent préparer nos jeunes gens à cette vie des camps, où la bravoure n'est qu'une qualité accessoire et dont on ne parle même pas, mais où il faut déployer une énergie physique que la volonté seule ne peut donner. Allez-vous-en visiter la Suisse, le Tyrol, l'Italie, les Vosges; pour un Français, vous trouverez vingt jeunes Allemands qui voyagent à pied, le sac au dos, la bourse légère, couchant dans les cabanes et au besoin sous la feuillée, agiles et dispos par la pluie comme par le soleil, vivant de peu, marchant beaucoup, notant tout, examinant tout; et cela, non pendant quelques semaines, mais pendant des mois. Aussi l'Allemagne a-t-elle son armée toujours prête à marcher au premier appel, et cette armée ne s'égrène pas sur les routes comme le font nos bataillons de marche quand ils vont de la place du Havre à Romainville. Que serait-ce s'il fallait aller jusqu'à Mayence ?

Tout est à reprendre, à refaire chez nous, mon cher ami, surtout et d'abord l'éducation de la jeunesse. Si le nom de Français oblige, il faut mettre les nouvelles générations en état de le soutenir dignement, et nous n'avons pas un jour à perdre.

X... Pour en revenir à notre précédent propos, vous prétendiez qu'il était possible de défendre Paris en occupant des positions stratégiques à distance des forts et reliées à la ville de manière à les faire occuper par des troupes restant toujours en communication avec le centre. Cela eût semblé difficile, je le répète, au commencement du siége, alors que nous n'avions ni une armée ni une artillerie montée suffisantes.

XX... Difficile, impossible même, si l'on eût fait camper les quelques troupes que nous possédions sur ces points sans les couvrir par des ouvrages. Nous pouvions au moins en occuper quelques-uns, les bien fortifier et les relier à notre base d'opérations même avec des troupes peu solides et peu nombreuses, lesquelles, au lieu de traîner dans Paris, eussent ainsi, pendant une saison clémente encore, pris l'habitude du campement et de la discipline, se fussent aguerries en formant un excellent noyau. Nos bataillons de mobiles prenaient ainsi l'habitude du travail, leurs officiers ne les perdaient pas de vue, vivaient au milieu d'eux.

L'ennemi était alors forcé d'étendre sa ligne d'investissement sur une circonférence beaucoup plus étendue, ce qui la rendait peu solide, ou d'attaquer ces positions et de risquer un échec, ce qui ébranlait sa confiance et augmentait la nôtre. Admettons qu'il eût réussi à s'emparer d'une ou plusieurs de ces positions, il ne le pouvait faire qu'en perdant du monde, et, après cet avantage de son côté, nous n'en étions pas dans une situation pire que celle que nous avon sprise tout d'abord. Nous augmentions nos chances de succès, nous pouvions prolonger notre défense, nous évitions ce déplorable pillage de nos communes suburbaines : car il eût fallu, au contraire, les choses étant ainsi préparées, engager les habitants à s'y maintenir et à s'y défendre comme gardes nationaux. Nos paysans des environs de Paris, appuyés sur des points solides reliés par des tranchées et des abatis aux forts eux-mêmes, eussent certainement opposé une résistance assez sérieuse à l'armée d'investissement, qui ne pouvait mettre en ligne tout d'abord que des troupes arrivant successivement, munies d'une artillerie légère. Au lieu d'affoler la population ou de l'amuser par des barricades bien inutilement élevées dans l'intérieur de la capitale, on l'habituait au métier de la guerre, hors de ses remparts, aux marches et aux mouvements, à la vie en plein air; ce qui était beaucoup plus sain que de lui laisser chanter la *Marseillaise* sur les boulevards ou s'enivrer par désœuvrement.

Avec un peu d'ordre dans les idées et d'entendement, les éléments imparfaits que nous possédions au point de vue militaire pouvaient donner des résultats considérables, car la bonne volonté ne manquait certes pas. Je vous disais que nous avions sous la main les moyens de faire en quelques jours les travaux de campagne nécessaires, quitte à les perfectionner devant l'ennemi. On l'a bien fait plus tard dans des circonstances autrement défavorables; on le pouvait donc faire dès l'abord. Mais voici un exemple facile à saisir de ce qu'on pouvait tenter avec une population aussi nombreuse et disposée, en très-grande majorité, à bien faire.

Supposons qu'une nuit on eût voulu, sur un point désigné, élever une batterie en face des avant-postes prussiens. On pouvait disposer facilement de 20 000 gardes nationaux de bonne volonté. Donnant seulement un sac à terre à porter à chacun d'eux, en quatre ou cinq heures, on élevait un épaulement formidable, puisque 20 000 sacs à terre fournissent 1 000 mètres cubes. Je donne cet exemple parce qu'il est élémentaire. Croyez-vous que cette idée si simple n'ait point été indiquée? Si fait, on la trouvait ingénieuse, mais on ne la mettait pas en pratique. Pourquoi? Parce qu'il eût fallu, dans une pareille manœuvre, un ordre parfait, une direction nette, précise, de l'entente dans le commandement, de la méthode, en un mot. Paris a fait beaucoup, Paris pouvait faire bien davantage à l'aide des ressources en hommes et en choses dont il disposait. La population, pendant ce siége, n'a certes rien à se reprocher, comme patience, dévouement, abnégation, sacrifices de tous genres; elle a fait au delà de ce que l'on eût osé espérer. Ce qui lui a manqué, c'est une direction ferme et convaincue, étrangère aux préoccupations des partis, sourde aux vanités des corps ou des personnes, repoussant les objections de la routine aussi bien que les innovations folles ou hasardeuses. Au lieu de condenser le pouvoir que la population abandonnait avec confiance au gouvernement de la défense, celui-ci le laissait émietter entre mille commandements; le livrait à toutes les prétentions, pour peu qu'elles parussent, à tort ou à raison, s'appuyer sur une fraction de l'opinion; voulait satisfaire ce qu'il croyait être des dévouements et qui n'étaient souvent que des prétentions. On voyait circuler dans Paris des officiers aux képis chargés de toutes les couleurs; tous ayant ou se croyant une fonction distincte, commandant suivant leur fantaisie; celui-ci faisant défaire ce que faisait celui-là. On s'agitait ainsi dans le vide, et des efforts considérables n'aboutissaient qu'à des résultats souvent insignifiants. Vous citerai-je encore un de ces faits qui semblent inouïs quand on sait les ressources de Paris. Pas un chemin de fer diamétral n'a été monté pour faciliter les mouvements prompts et sûrs du matériel de guerre; et le chemin de fer militaire établi le long des remparts n'a pu rendre aucun service réel, à cause des pentes que l'on n'a su éviter. Pendant que l'ennemi, qui agissait sur la circonférence avec rapidité, bien qu'il eût des distances énormes à parcourir et des différences de niveaux très-notables à franchir, nous qui n'avions à faire que des mouvements diamétraux, ou suivant des cordes d'arc, nous ne pouvions nous mouvoir qu'avec lenteur : il est vrai que la commission des barricades avait tout fait pour qu'il en fût ainsi, et que jusqu'au dernier moment on a respecté sa défense théâtrale autant que malencontreuse. Opposer des barricades à un ennemi qui vous envoie des obus du calibre de 18 centimètres à la distance de 7500 mètres, cela serait risible, si dans cette lugubre histoire il y avait place pour un sourire.

Il faut nous y résigner, mon cher ami : dans l'art de la guerre, comme en beaucoup d'autres choses, nous avons beaucoup à apprendre, plus encore à désapprendre. Or, tandis que notre vanité native, notre incurable présomption nous portaient à croire que nous étions les premiers en toutes choses, il se trouve que nous avons devant nous un ennemi plus habile, beaucoup plus instruit et plus fort, et le pis, c'est que nous en avions maintes fois été avertis. Malgré ce que nous disaient quelques hommes éclairés, nous ne voulions pas étudier les ressources de cette Allemagne, nous enquérir de ses travaux, de ses efforts persistants..... Elle est venue chez nous, nous montrer ce que nous n'avons pas voulu voir.

Si nous savons profiter de cette dure leçon, je ne mets pas en doute qu'avec nos belles et grandes qualités françaises nous ne puissions regagner le temps perdu. Notre esprit est merveilleusement souple, et s'il veut se diriger vers le travail, vers un enseignement viril, s'il oublie un peu sa gloire passée, ses batailles gagnées ou perdues, pour songer à former des générations sérieuses, saines de corps et d'esprit, de cette cruelle épreuve la France renaîtra plus forte et plus respectée. Elle aura appris qu'on peut être hospitalier sans être banal; qu'une capitale n'est pas une auberge; que dans une bonne maison on fait une distinction entre ses hôtes et la famille, et qu'il ne faut jamais traiter les premiers de telle sorte qu'étant peu scrupuleux par aventure et venant à se brouiller avec vous, ils possèdent les secrets de votre intérieur et abusent de cette connaissance pour vous déshonorer et vous ruiner.

Oubliant nos divisions de partis, nous pardonnant réciproquement nos fautes, mais nous en souvenant pour les éviter, songeant au pays, à tout ce qui lui manque pour reprendre son rang, nous devons d'abord panser ses plaies douloureuses. Ce ne sont pas des discours qui le guériront, encore moins des récriminations, mais l'action, le travail, l'habitude de raisonner et de réfléchir avant d'agir, de s'occuper lui-même de ses affaires. La France n'a pas à chercher un sauveur, les sauveurs coûtent trop cher; et quand en ces derniers temps j'entendais de bonnes gens éperdus demander « un homme », j'en rougissais de honte. Que chacun se décide à être l'homme nécessaire à lui-même et à ses voisins dans la mesure de son intelligence et de ses forces; et nous n'aurons plus à chercher chaque matin cet homme providentiel qui doit penser, agir pour nous, entre les mains duquel nous remettons notre honneur, notre bien, et que nous brisons dès que la fortune l'abandonne, comme ces sauvages qui battent leur fétiche si les vœux qu'ils lui adressent ne sont pas exaucés.

X... Pour résumer, vous êtes bien d'avis que, malgré tout, Paris a beaucoup fait pour sa défense?

XX... Paris a du moins sauvé son honneur, c'est beaucoup, c'est tout même ; et c'est à la partie saine, intelligente et laborieuse de sa population, partie heureusement très-considérable et inconnue aux étrangers, qu'il doit d'avoir pu, pendant quatre mois et douze jours, arrêter devant ses remparts les forces imposantes de l'invasion allemande. L'histoire de ce siége sera donc d'un haut intérêt. Je n'ai pas la prétention de la faire complète ; mais ayant été appelé à participer à toutes les opérations de la défense devant cet ennemi presque toujours invisible, je dirai ce que nous avons fait, ce qu'on aurait pu faire peut-être, ce que j'ai vu, et ce que la triste expérience que nous venons d'acquérir doit suggérer, à mon sens, pour l'avenir, si jamais pareilles épreuves nous attendent.

31 MARS 1871

J'ai cru devoir faire précéder le *Mémoire sur la défense de Paris* de ces quelques pages écrites au moment de la capitulation, sous l'impression des événements.

Depuis lors il semblerait que Paris ait laissé flétrir l'honneur qu'il avait acquis devant l'histoire. Quoi qu'il arrive, quelles que soient les conséquences des folies odieuses qui jettent un voile sombre sur les suites du siége, il faut juger les choses sans passion, sans entraînement.

Une population de 2 millions d'âmes ne peut être ainsi

isolée du monde sans qu'il en résulte un grand trouble, une profonde altération de l'esprit public. Les événements du 18 mars sont une conséquence de cet état exceptionnel.

Puis, il faut être équitables : deux fois Paris a donné des preuves éclatantes de son dévouement au gouvernement de la défense nationale pendant le siége. A deux reprises il lui a fourni tous les éléments d'une autorité puissante et active. Pourquoi ce gouvernement n'a-t-il pas usé de ces pouvoirs? Pourquoi, pour répondre dignement à la confiance qu'on lui accordait, n'a-t-il pas rompu avec ces partisans de l'anarchie qui prolongent aujourd'hui par leur criminelle conduite les souffrances de tout le pays?

S'il a cru devoir prendre de tels ménagements, comment ce gouvernement, ou ceux qui en faisaient partie, osent-ils accuser de faiblesse et d'abandon les honnêtes gens qu'ils n'ont pas su soutenir à l'heure favorable, et qu'ils ont trop souvent sacrifiés aux énergumènes et à ces insensés pour lesquels il n'y a ni patrie ni honneur national?

PARIS, 31 MAI 1871

———

L'histoire du siége de Paris par les Prussiens s'efface sous l'impression des événements de ces derniers jours. Cependant cette histoire n'est que le préambule des désastres inouïs qui ont mis notre malheureuse cité à la merci de la plus odieuse conspiration antisociale dont les annales des peuples fassent mention.

Il faut remonter au siége de Jérusalem par l'armée de Titus, alors que cette ville était livrée à une guerre civile implacable en même temps qu'elle était attaquée par les troupes romaines, pour trouver un fait analogue à ceux dont Paris vient d'être le théâtre.

Quel que soit le développement d'une civilisation, il y a toujours un fond de barbarie à l'état latent dans toute société policée, prêt à faire irruption au moment des grandes crises politiques et à remettre en question les progrès que l'humanité se flatte d'avoir accomplis.

Dans les grands centres intellectuels, la sonde de l'observateur rencontre des bas-fonds hideux qui semblent être la conséquence d'un état très-civilisé. Plus la couche supérieure montre des mœurs douces, un attachement prononcé pour les élégances et les délicatesses d'une société raffinée, plus les couches inférieures présentent une ignorance farouche, des appétits grossiers, une crédulité stupide.

Paris a payé durement une accumulation de fautes dénoncées depuis longtemps par les esprits clairvoyants : fautes commises par les gouvernants ; fautes commises par l'élite même de sa population. Non contente de former le noyau d'une centralisation administrative à outrance, cette ville a prétendu être la capitale du monde civilisé. Le monde civilisé a jeté sur elle son écume ; en perdant son caractère propre, en devenant une cité cosmopolite, elle n'a plus eu, au jour d'un péril social, la possession de ses facultés. Le citoyen de Paris est depuis longtemps absorbé par une population sans foyers, sans patrie, sans principes et sans traditions, maîtresse par le nombre dans les élections, par l'audace, parce qu'elle n'a rien à perdre et tout à gagner dans un bouleversement.

Le Parisien, annihilé par les voix de cette population sans attaches dans la cité, s'est peu à peu désintéressé de tout et s'est habitué à la vie effacée qu'on lui laissait.

Spectateur des conflits qui de temps à autre s'élevaient entre un gouvernement responsable en toutes choses et ces masses ignorantes, crédules et faciles à entraîner, il avait perdu tout espoir, et par conséquent toute volonté d'exercer ses droits de citoyen.

C'est en cet état que le 4 septembre a trouvé la ville de Paris.

Comme spectateur des faits qui se sont passés dans cette journée, comme Français profondément pénétré de l'étendue de nos désastres, je dois à la vérité de dire que je n'ai pas un instant cru le pays sauvé par la révolution accomplie en cette journée. L'envahissement du Corps législatif, de l'Hôtel de ville, a été le fait de ces mêmes bandes qui viennent de souiller Paris par deux mois de hontes; bandes suivies par quelques milliers de niais, de désœuvrés et de gamins toujours disposés à sortir dans la rue quand il y a quelques désordres à provoquer.

Ce *peuple de Paris* plein d'élan et de généreuse indignation, qui, d'après les journaux, prenait possession de l'Hôtel de ville au nom de la France en partie envahie et vaincue, se composait des comparses dirigés par quelques meneurs qu'on voit toujours apparaître aux jours néfastes pour préparer les ruines ou consommer les désastres. Assistaient à cette représentation d'une pièce trop souvent jouée chez nous, et qui n'a même plus l'intérêt de la nouveauté, cinq à six mille curieux, indifférents d'ailleurs, et qui continuaient leur promenade après avoir écouté pendant quelques minutes des discours banaux accompagnés de gestes théâtrals et regardé des gamins s'occupant avec ardeur à dénicher des aigles. Les cafés, les cabarets surtout, pleins. Au milieu de cette indifférence curieuse, on voyait circuler des groupes de personnages qui, malgré leurs cris et leurs gestes indignés, ne parvenaient pas à réchauffer la foule. Chacun rentrait chez soi, à la nuit, comme après une fête populaire. Des Prussiens qui étaient à Châlons déjà, pas un mot..., on les avait oubliés...

Loin de moi la pensée d'accuser aucun de ceux qui, après cet effondrement d'un gouvernement appuyé trois mois auparavant sur 6 500 000 suffrages, en face d'une mise en scène ridicule et mal montée, ont accepté de diriger le pays. Ce serait faire injure au caractère des membres principaux du gouvernement de la défense nationale que de supposer un instant, chez eux, en ces circonstances, des sentiments d'ambition, d'amour du pouvoir. Tous étaient trop clairvoyants pour ne pas comprendre que ce pouvoir serait, pour ceux qui le prendraient, le plus écrasant des fardeaux, la plus dangereuse des responsabilités. En ramassant ce pouvoir tombé sous l'indifférence publique, ils n'ignoraient pas que derrière eux allait se souder cette *queue* avec laquelle ils devraient bientôt compter.

Le gouvernement de la défense nationale pouvait-il, dès l'abord, faire une alliance intime et confiante avec la partie saine et patriotique du pays, laisser de côté les questions politiques, et, s'appuyant sur la nation, s'occuper uniquement de la défense du territoire, ou devait-il louvoyer, flatter cette queue funeste et gagner du temps? Le premier de ces deux partis paraissait le meilleur; c'est pourtant au second que le nouveau gouvernement s'arrêta. Malgré l'expérience du passé, il crut pouvoir, probablement, apprivoiser le monstre, lequel ne fut pas dupe un instant, mais se laissa flatter et laissa passer.

On lui livrait les meilleures armes, on le payait régulièrement, on l'habillait, on le choyait de toutes les manières. Une ou deux fois il montra les dents; mais, devant l'attitude de la population qui n'avait pas encore perdu tout sens patriotique, il rentra dans sa tanière en attendant une occasion favorable. Quant à se battre contre l'ennemi, la queue n'y pensait guère et le déclarait formellement. Dans les clubs de ces messieurs, on disait sans ambiguïté qu'il fallait laisser faire aux Prussiens le gros de la besogne, écraser la France de réquisitions, exiger une indemnité fabuleuse, huit, dix milliards, brûler Paris...; qu'après cela la réformation sociale ne ferait pas un pli, tous ceux qui possèdent étant ruinés. On disait tout cela, et le gouvernement de la défense nationale continuait à accorder à ces braves gens tout ce qu'ils demandaient, même de ne pas aller au feu, et d'attendre, moyennant 1 fr. 50 c. par jour, plus 75 centimes pour leurs femmes, que le drame national fût terminé pour commencer le drame social.

On ne parviendra pas à faire croire aux gens sensés que M. de Bismark ne fût pas au courant de la situation intérieure de Paris et qu'il n'y eût pas mis au moins un doigt, sinon la main. Ce sont là de ces faits que l'histoire manque rarement d'éclaircir, et les communeux n'ont pas brûlé tous les petits papiers révélateurs. D'ailleurs les Prussiens enseignaient à ces messieurs comme on incendie rapidement une ville à l'aide du pétrole, comme on brûle les bibliothèques, et comme on envoie des obus sur une cité assiégée, *dans le tas.*

Quoi qu'il en soit, lorsque Paris affamé eut capitulé et que M. J. Favre eut demandé que les troupes allemandes ne fissent qu'un simulacre d'entrée dans les murs de la capitale, M. le grand chancelier, diplomate, accorda ce point sans trop se faire prier, paraît-il. Il n'ignorait pas que le désarmement de la garde nationale allait être la grosse question, et il préférait la laisser résoudre à la France, plutôt que de se charger de ce soin. Il lui répugnait, devant l'Europe déjà émue, de brûler Paris; et si les Français pouvaient faire cette besogne eux-mêmes, la Prusse y trouvait toutes sortes d'avantages. Quelques ruines de plus chez nous, des hontes, des haines allumées, un crédit fortement ébranlé, ne faisaient pas qu'après tout, la France ne fût un bon gage, et l'on pouvait, en présence de ces complications intérieures, se montrer plus difficile, faire des conditions plus dures encore...

Pendant la durée du siége des Prussiens, de nombreux symptômes faisaient pressentir à tous les esprits dévoués à la grandeur du pays que, quelle que fût l'issue de la lutte, ce n'était que le prélude d'un drame sanglant. « Après la guerre contre l'étranger, la guerre civile. » Cette phrase était souvent répétée.

Avec plus de fermeté, de discipline, de connaissance de l'état des esprits à Paris, le gouvernement, au 18 mars, pouvait-il éviter nos derniers malheurs? Il n'avait pas d'armée; Versailles et Paris étaient aussi éloignés de s'entendre que peuvent l'être la Chambre des communes et Pékin. La population saine, mais peu éclairée de Paris, isolée pendant cinq mois, énervée, persuadée que le gouvernement de la défense nationale n'avait pas fait son devoir en face de l'ennemi, ne comprenant rien à son attitude de doute et de défiance perpétuelle, mal soutenue par ce gouvernement après qu'elle lui avait donné un appui sérieux au 31 octobre, ne connaissant pas les agissements de cette *queue*, près de laquelle, pendant cinq mois, elle avait vécu cependant, laissa faire, comme elle avait laissé faire le 4 septembre. Un grand nombre de Parisiens étaient partis après le siége pour visiter leurs familles éloignées ou pour veiller à leurs intérêts compromis; les affaires tendaient à reprendre avec une activité extraordinaire.

En supposant la chose possible, eût-il été mieux d'éviter cette crise, le 18 mars, par des mesures prises à temps? Je crois qu'on eût pu tout au plus obtenir un ajournement.

Il en est des peuples comme des individus, lorsqu'une maladie sérieuse se déclare. La convalescence ne peut venir qu'après une crise déterminante entre le principe vital et le principe morbide.

Aujourd'hui, grâce à cette crise, il n'est permis à personne d'ignorer ou de feindre d'ignorer que nous nourrissons chez nous, dans nos villes, des hordes de barbares qui ont juré une haine implacable à la civilisation. Pas d'illusions ou de compromis possibles. « Êtes-vous ou n'êtes-vous pas du parti des voleurs? » La question est ainsi réduite à sa plus simple expression. La politique, les opinions religieuses et autres n'ont rien à voir là-dedans. Plus de culte, plus de patrie, plus de forme de gouvernement; plus de lois, puisqu'on les peut changer chaque matin; plus de possession légale, plus de supériorité acquise par le travail et l'intelligence, plus de liens sociaux...; un seul principe : « Prendre et détruire tout ce qu'on ne peut s'approprier. Ignorants et stupides, nous prétendons que tous soient comme nous. Brûlons bibliothèques et musées, archives, travaux accumulés par les générations précédentes. » Quoi de plus logique?

Menacé d'arrestation par la Commune si je refusais de marcher sous ses ordres, comme officier du génie, je quittai Paris le 29 mars. C'est pendant cette absence forcée de la capitale que j'ai pu terminer le mémoire commencé sitôt après la capitulation.

Comme tous les Parisiens fugitifs, comme tous ceux qui ont encore conservé un amour profond pour notre malheureuse patrie, j'ai suivi anxieusement les phases de cette attaque d'une armée à peine reformée, avec laquelle nous étions de cœur, contre nos propres foyers, contre ces remparts que nous avions défendus devant l'étranger.

En ces deux mois, j'ai essayé de me rendre compte de l'état des esprits dans les provinces que je parcourais, de l'attitude du pays pendant cette crise.

Il résulte de cet examen, que je ne donne pas comme complet, un certain nombre d'observations qui peuvent, en ces jours funestes, avoir leur intérêt.

A entendre beaucoup de gens, Paris n'avait que ce qu'il méritait. Il y avait longtemps que sa prédominance, ses propriétés absorbantes choquaient la province. Peu s'en fallait qu'un certain nombre d'honnêtes gens ne proposassent la suppression définitive de Paris ; et l'on trouvait que le gouvernement de Versailles y mettait bien des façons. Selon quelques-uns, s'il ne paraissait pas utile de détruire totalement Paris, il était nécessaire de lui enlever son titre séculaire de capitale et de réorganiser la France à l'instar des États de l'Union. Plusieurs prêchaient la conciliation, — ceux-là étaient en petit nombre, je dois le dire. — Un nombre plus restreint encore réclamait une *main de fer*, une manière de duc d'Albe pour écraser une bonne fois la révolution dans la personne de quelques coquins et... de leurs adhérents. La grande majorité demandait que tout cela finît d'une manière ou d'une autre, s'inquiétant peu de la forme de gouvernement à choisir, pourvu que ce gouvernement permît de travailler, et ne protégeât pas les voleurs de préférence aux gens paisibles et soumis aux lois. Dans les bas-fonds — même *ruraux*, puisque l'expression est admise, — on attendait le triomphe de la Commune pour commencer la jacquerie, mettre le feu aux châteaux, piller les gros fermiers, et faire partout des réquisitions, à la manière des Prussiens, dans les villages et bourgades. En attendant, et pour se faire la main, on pillotait l'État en coupant les bois domaniaux, et en les vendant à vil prix à d'honnêtes spéculateurs et à d'excellents propriétaires, qui eussent trouvé détestable qu'on en agît de même dans leurs propres forêts.

Tout cela ne constitue pas un état social très-rassurant,

surtout quand on a l'ennemi chez soi, qui, non sans raisons, résume ces opinions diverses et ces façons d'agir en une seule expression : « Anarchie. »

De toutes parts récriminations contre les Parisiens, auxquels, même avant les derniers événements, on reprochait avec aigreur leur résistance de quatre mois passés, qui avait donné tout le temps à la Prusse de ravager plus d'un tiers de la France ; résistance qui n'avait fait que rendre les conditions de la paix plus onéreuses.

Or, voilà que ces Parisiens, non contents de ces cinq mois de siége, recommencent la guerre, par amour de l'art sans doute, et rendent l'ennemi plus exigeant encore, en le fixant indéfiniment sur le sol !

De ces appréciations, de l'attitude même de Paris pendant la déshonorante tyrannie de la Commune, de son hébétement depuis qu'il est délivré, en présence des ruines et de l'incendie, il résulte clairement que le sens patriotique est momentanément, faut-il l'espérer, suspendu chez nous.

Si nous ne faisons pas un grand effort, si les hommes de cœur ne se mettent pas promptement à raffermir la fibre morale du pays, on peut considérer la France comme arrivée à sa période de décadence.

Pendant le siége des Prussiens, le cri de : « Vive la France ! » était considéré comme suspect. C'était le seul cependant qu'on eût dû alors se permettre. A ce cri, les bataillons de gardes nationaux *bien pensants* répondaient en hurlant : « Vive la République ! » On sait maintenant ce que les *baïonnettes intelligentes* entendaient par là. Ceux de ces bataillons qui refusaient alors d'aller au feu, bien qu'ils demandassent chaque jour des sorties, constituaient l'armée de la haine et de l'envie contre la civilisation et ce qu'elle procure de biens à l'humanité ; n'étaient pour le faible gouvernement de la défense nationale qu'un embarras, sinon un danger intérieur, en présence des périls extérieurs. On ne doit donc pas s'étonner si nos généraux, qui ne pouvaient ignorer ces choses, ont mis de l'indécision dans leurs plans, et si les officiers, tant soit peu clairvoyants, éprouvaient au fond de l'âme un profond découragement, tout en faisant leur devoir.

L'isolement, un ennemi puissant, haineux et acharné devant soi, la guerre sociale imminente dans ses foyers, l'indifférence, sinon l'hostilité des alliés naturels..., il n'en faut pas tant pour mettre les caractères les plus fermes en désarroi.

Les deux mois qui viennent de s'écouler expliquent l'impuissance à laquelle nous avons été condamnés devant l'ennemi. Est-ce à grand'peine alors que les gens de cœur ont pu, du moins, sauver l'honneur de la grande cité. Depuis, des bandits, suivis aveuglément par cette foule ignorante, abusée, affolée, et qui a perdu tout sentiment patriotique, se sont chargés de déshonorer notre pauvre Paris. A la vue de leurs crimes, de leur démence, beaucoup sentaient s'affaiblir en eux l'horreur pour l'invasion étrangère, cette *haine vigoureuse* pour l'ennemi qui foulait nos provinces. Ceux qui, fugitifs, à grand'peine échappés aux *presses* organisées par les hommes de la Commune, aux bandes avinées de Paris, se trouvaient au milieu de ces soldats allemands disciplinés, paisibles, habituellement polis et doux, croyaient sortir d'un cauchemar, et se prenaient à ne plus voir d'un œil indigné ces uniformes étrangers répandus dans nos villes et nos campagnes. Comment pouvait-il en être autrement? Comment chasser du souvenir ces gardes nationaux de Paris sales, au regard égaré par l'alcool, à l'allure insolente, l'injure à la bouche, insultant leurs officiers, défiants et crédules à la fois? Comment ne pas les comparer involontairement à ces troupiers allemands si respectueux envers leurs chefs, bien tenus, vivant paisiblement dans les maisons, toujours prêts à tout, silencieux et discrets?

N'était-ce pas le comble de la douleur de sentir s'amollir en soi tous les sentiments de colère que devait soulever la vue de ces ennemis entraînés sur notre sol par une puissance avide qui a juré notre anéantissement?

Heureusement, les officiers de l'armée allemande prenaient soin de raviver ces sentiments de juste colère que la vue d'un envahisseur doit inspirer. Leurs propos, leur joie, lorsqu'ils pouvaient pressentir la destruction probable de Paris, lorsque la nouvelle de nouveaux excès de la Commune parvenait à leurs oreilles; leurs orgies nocturnes; le cynisme des mœurs chez beaucoup d'entre eux; leur intention constante de nous humilier, de nous écraser, nous rappelaient à la triste réalité, et faisaient germer de nouveau les sentiments de patriotisme que les lugubres extravagances de la Commune parvenaient à flétrir.

En s'éloignant du souvenir, le cauchemar des bandes parisiennes laissait ainsi les esprits apprécier mieux la situation vraie, et l'on en venait à se demander bientôt si la cause principale de nos dernières humiliations n'était pas le fait de ces Allemands conduits par l'envie et la haine longtemps contenues.

La Prusse ne doit pas se faire d'illusions. Si elle a pu croire un instant que les excès des communeux adouciraient des rancunes que nous allons soigneusement nourrir contre sa puissance, aujourd'hui elle doit être convaincue que, par un trop juste retour, l'opinion, en France, ajoute à son compte ouvert nos derniers malheurs. Entièrement dévouée au culte de la force, la Prusse, dépourvue du sentiment du droit, du sens moral, doit payer à son tour cette erreur, le mépris qu'elle affecte pour tout ce qui n'est pas appuyé sur la force matérielle et brutale.

Ces deux mois d'humiliations sans précédents ont eu

encore un bon côté : ils nous ont fait sonder à fond l'abîme où nous tombions ; ils ont permis de reconstituer une armée digne de ce nom ; ils ont écarté toute équivoque ; ils ont mis les partis politiques à l'arrière-plan, et nous permettront, je l'espère, de crier, sans être insultés par des ivrognes armés : « Vive la France ! » et de repousser à notre tour ceux qui oseraient, en ces tristes temps, pousser un autre cri.

PREMIÈRE PARTIE

EXPOSÉ

Les fortifications de Paris se composent, comme on sait, d'une enceinte bastionnée de 34 kilomètres de pourtour, protégée, à une distance moyenne de 2 à 3 kilomètres, par quinze forts, qui sont : au nord, les forts de la Briche, de la Double-Couronne, de l'Est et d'Aubervilliers; à l'est, les forts de Romainville, de Noisy, de Rosny et de Nogent; au sud, les forts de Charenton, d'Ivry, de Bicêtre, de Montrouge, de Vanves et d'Issy; à l'ouest, le fort du Mont-Valérien. Six redoutes ont de plus été établies entre quelques-uns de ces forts : ce sont les redoutes de la Gravelle et de la Faisanderie, appuyées au bois de Vincennes au-dessus du cours de la Marne, et reliant le fort de Nogent à celui de Charenton; les redoutes de Fontenay, au nord du fort de Nogent; celles de la Boissière et de Montreuil, entre les forts de Rosny et de Noisy, et celle de Noisy, entre le fort de même nom et celui de Romainville. En outre, quelques redoutes bordent les canaux de l'Ourcq et de Saint-Denis.

A l'époque où ces ouvrages ont été tracés, le tir de l'artillerie de siége ne dépassait guère 2000 mètres. Aujourd'hui nos pièces rayées de 24, celles de marine aussi bien que les canons prussiens, portent jusqu'à 8000 mètres; les conditions de l'attaque et de la défense sont donc profondément modifiées, et tout au désavantage de l'assiégé si, comme il est arrivé à Paris, la ligne de ses forts occupe des positions rapprochées de l'enceinte continue.

Il faut dire que les ingénieurs militaires qui furent chargés du tracé des forts de Paris n'avaient pas admis que cette capitale, en la supposant assiégée, n'eût pas une armée nombreuse pour la défendre. Dès lors ils avaient considéré les forts comme une base d'opération permettant à cette armée de prendre par un ou plusieurs points une vigoureuse offensive, et de manœuvrer entre eux, protégée par leurs feux. Dans ce cas, l'investissement de la capitale devenait très-difficile, sinon impossible, même pour un ennemi disposant de très-grandes forces. On eût dû prévoir cependant que si la capitale de la France avait à soutenir un siége, c'est que les forces dont le pays disposait auraient été ou anéanties, ou tout au moins très-gravement entamées; que dès lors la ville devait compter sur elle-même, ses remparts et ses ressources, pour arrêter l'ennemi pendant plusieurs mois.

Au moment où l'armée allemande se présenta devant Paris, ces conditions n'avaient guère changé; cette armée n'amenait avec elle que de l'artillerie de campagne, qui ne pouvait sérieusement inquiéter les forts ni même des troupes manœuvrant sur leur front. Si donc, avant l'investissement, nous eussions occupé les positions toutes indiquées par la nature du sol, en avant de ces forts, nous mettions l'armée prussienne dans l'impossibilité de tenter le siége de Paris, ni même de l'investir d'une manière efficace.

Si l'on se rend compte de la disposition des environs de Paris, on reconnaît que la ville est, à une distance qui varie entre 6000 et 10 000 mètres, entourée de plateaux plus ou moins étendus arasés sur leur pourtour jusqu'au niveau à peu près constant de la plaine; que les sommets de ces plateaux sont élevés au même niveau, ou peu s'en faut. Ainsi la crête du coteau au-dessus de Franconville donne la cote de 170, c'est la plus élevée ; le plateau de la Bergerie, au-dessus de la Celle-Saint-Cloud, la cote de 158 ; le fort du Mont-Valérien, 161 ; les hauteurs au-dessus de Sèvres, 168 ; celles au-dessus de Clamart, 168 ; celles au-dessus de Fontenay-aux-Roses, 164 ; celles de Villejuif, 120 ; le plateau au-dessus de Chennevières-sur-Marne, 104 ; le plateau de Villiers, 100 ; le plateau d'Avron, 109 ; celui du Raincy, 112 ; celui de Montmorency, 130. Ces sommets se relèvent donc d'une manière uniforme du sud-est au nord-ouest ; tandis que la plaine se tient à un niveau peu inférieur ou supérieur à 30. Les forts de l'est sont bâtis sur un plateau qui arase le niveau des plateaux du Raincy et d'Avron situés en face. Quant aux forts du sud et du nord, ils sont établis à un niveau sensiblement inférieur à ceux des hauteurs qui les regardent.

En prévision d'un siége prochain, le génie militaire avait donc : 1° à se préoccuper de la situation inférieure des forts du nord et du sud ; 2° à occuper les hauteurs de Clamart à la Celle-Saint-Cloud, le fort d'Issy étant dominé, ne pouvant être protégé par le Mont-Valérien, trop éloigné, et le front bastionné du Point-du-Jour étant à une distance de 4000 à 5000 mètres seulement de ces hauteurs, pris en écharpe et enfilé des positions de Meudon, de Sèvres et de Saint-Cloud.

A la nouvelle de nos premiers désastres, on commença un ouvrage considérable au-dessus de Châtillon ; une redoute aux Hautes-Bruyères, à la droite de Villejuif ; une à Montretout ; une à Brimborion, au-dessus de Sèvres ; de petits ouvrages à Marnes, au château de Meudon et entre ces deux points, en avant de Brimborion, du côté du sud. Du côté du nord, une grande redoute fut tracée à la gauche de Gennevilliers, dans la presqu'île de ce nom, et quelques batteries défendant le cours de la Seine furent ébauchées. Dans la boucle de la Marne, on éleva un ouvrage à Saint-Maur et des batteries dirigées contre les hauteurs qui entourent toute la partie orientale de cette presqu'île. Pour être complétement achevés, les plus considérables de ces ouvrages, ceux de Montretout et de Châtillon, demandaient du temps, six mois peut-être, sur lesquels on croyait probablement pouvoir compter. Ces deux ouvrages, celui de Châtillon notamment, étaient en l'air, et n'avaient pas été appuyés; ils ne se reliaient pas à des positions faciles à garder.

La redoute de Montretout est dominée par les hauteurs de la Bergerie, au-dessus de Garches (1), et ne pouvait, par suite même de la disposition du sol, battre efficacement ces hauteurs, qui se prolongent suivant un niveau assez constant jusqu'à la Jonchère. Prétendait-on laisser la redoute de Montretout dans la zone des feux du Point-du-Jour? Je ne sais; mais il est certain que cet ouvrage ne pouvait empêcher l'ennemi de s'établir sur les belles positions qui, de Marly à Saint-Cloud, dominent la contrée, commandent deux fois la Seine, protègent Versailles, et nous empêchaient de jamais rien tenter de ce côté. L'ouvrage de la presqu'île de Gennevilliers avait son importance, était bien tracé, et devait à coup sûr empêcher l'ennemi de s'emparer de cette presqu'île si on voulait la garder. Mais il n'était pas probable que l'assiégeant s'établît, pour attaquer Paris, dans cette presqu'île, c'est-à-dire ayant en tête, à dos et sur son flanc gauche, un fleuve; car une armée s'appuyant sur le Mont-Valérien et l'attaquant sur sa droite, le mettait dans la position la plus périlleuse.

Il était évident que l'armée allemande, assez nombreuse pour ne pas craindre d'être inquiétée sur ses derrières, puisque la seule force sur laquelle nous pussions encore compter, était bloquée à Metz, n'entreprendrait pas de faire le siége en règle de Paris; opération très-longue, très-difficile, et qui lui eût fait perdre beaucoup de monde. Nous ne savons quels étaient au juste les projets de l'état-major des armées allemandes au moment où les premières colonnes se présentèrent devant Paris, mais il y a tout lieu

---

(1) Cote de Montretout, 120; cote de la Bergerie, 164. Il est difficile de se rendre raison des motifs qui décidèrent le choix de l'emplacement de la redoute de Montretout. Les renseignements recueillis à l'égard de ce choix ne s'accordent pas entre eux.

de croire qu'ils se bornaient, du moins dès la première période, à un investissement suffisamment rigoureux pour que la ville fût complétement isolée du reste de la France.

Nous avions une idée assez exacte de notre situation militaire pour prévoir ces projets; c'était donc à les déjouer qu'il eût été urgent de s'attacher. Nous ne disposions pas, au moment de l'investissement, de forces régulières qui pussent permettre d'occuper toutes les positions assez éloignées de nos forts et qui eussent rendu cet investissement impossible; il fallait choisir. Ces positions sont, au nord, les hauteurs au-dessus de Franconville et de Sannois, du moulin de Cormeil au moulin d'Orgemont. Ces hauteurs ont cet avantage de barrer entièrement la presqu'île de Houilles et d'être en belle communication avec Paris par la route de Pontoise, le pont de Bezons et celui de Neuilly. Cette occupation exigeait celle des hauteurs de Maisons-sur-Seine et de Saint-Germain, à l'ouest, jusqu'à Poissy, ce qui donnait à l'assiégé la troisième boucle ou presqu'île de la forêt de Saint-Germain. Toujours vers l'ouest, les hauteurs de Marly jusqu'au-dessus de Versailles, de Sèvres et de Saint-Cloud. Au sud, les hauteurs de Plessis-Picquet, de Châtillon, de Fontenay-aux-Roses, de l'Hay, de Chevilly, de Thiais, de Limeil, de Villeneuve-Saint-Georges et de Sucy. A l'est, les hauteurs de Cœuilly, de Villiers, d'Avron et du Raincy; au nord-est, les hauteurs de la butte Pinçon et de Montmorency. Il ne restait ainsi à l'armée allemande d'accès sur Paris que par la plaine comprise entre ces dernières positions et celles du Raincy, c'est-à-dire la route du Bourget. Il est évident que pour garder ces positions, en les supposant même bien défendues par des ouvrages de campagne reliés entre eux, il fallait une armée de 200 000 hommes au moins, armée que nous ne possédions pas.

Les forces régulières dont nous disposions, en laissant les remparts à la garde nationale, y compris les artilleurs de la marine, ne s'élevaient pas à 60 000 hommes, auxquels la mobile pouvait rendre des services derrière des retranchements.

Parmi ces positions, quelles étaient celles qu'on eût pu garder, quelles étaient celles qu'il fallait abandonner? Le choix ne pouvait être douteux. Entre ces positions, les plus fortes, les plus rapprochées de Paris, les plus faciles à défendre à cause de la nature du terrain, et celles en même temps qui pouvaient, si on ne les occupait pas, donner à l'ennemi l'appui le plus solide contre nous, ce sont les coteaux qui, coupés par des ravins, s'étendent de la Jonchère jusqu'au delà de Meudon. Les plateaux de Garches, de la Bergerie jusqu'à la Jonchère, peuvent être défendus très-aisément et très-puissamment par de bons ouvrages de campagne. Ces hauteurs sont de plus protégées par les feux du Mont-Valérien. Si on les tenait, l'ennemi ne pouvait occuper Versailles. Les hauteurs de Meudon jusqu'à Plessis-Picquet, sans être aussi faciles à garder, pouvaient cependant être solidement défendues. A l'est, le plateau d'Avron, isolé de toutes parts, est un camp naturel que l'on pouvait en quelques jours rendre inexpugnable. Il ne fallait pas 60 000 hommes pour garder ces positions, en les supposant munies de quelques ouvrages et de tranchées. Gardées, l'investissement de Paris était une entreprise chanceuse et qui exigeait une masse très-considérable de troupes dont les communications pouvaient être coupées; le siége prenait un tout autre caractère.

La couronne de coteaux qui entoure Paris et qui l'enferme de tous côtés, excepté vers le nord-est, devait singulièrement faciliter l'investissement, si l'on ne trouvait pas le moyen d'en occuper au moins un segment. Lorsque les forts furent élevés, on ne supposait pas que des batteries placées sur ces hauteurs pussent les inquiéter, et cependant on ne s'explique pas pourquoi, du côté du sud, ces forts avaient été rapprochés de l'enceinte et n'avaient pas été plantés à Châtillon, au-dessus de Clamart et à Meudon, plutôt qu'à Issy, à Vanves et à Montrouge. En admettant le tir plus court de l'artillerie d'alors, la position adoptée pour l'établissement de ces forts n'était pas indiquée par la configuration du sol. On ne s'explique pas davantage pourquoi les hauteurs au-dessus de Garches n'avaient pas été fortifiées. On comptait sur la défense donnée par le cours de la Seine, et l'on considérait alors cette ligne comme un obstacle suffisant.

Quoi qu'il en soit, l'artillerie nouvelle étant connue, — et elle l'était au moment du siége, — il ne pouvait être douteux que nos forts ne remplissaient pas l'objet en vue duquel ils avaient été construits; qu'ils sont trop rapprochés de l'enceinte, le Mont-Valérien excepté ; qu'étant tous, sauf ce dernier, dominés par des hauteurs à portée du tir actuel, ils devaient être, à un moment donné, couverts de projectiles et réduits au silence.

Cette situation d'infériorité reconnue, il était de la dernière importance d'occuper au moins une partie de ces hauteurs afin de se donner, sur certains points, la faculté de rompre les lignes ennemies en les forçant à s'étendre démesurément et à conserver des positions relativement faibles. Comme il n'est guère possible d'admettre que les officiers du génie présents à Paris en août et septembre n'aient pas constaté cette situation, il faut croire que, si l'on s'est décidé à ne pas occuper ces hauteurs ou seulement quelques-unes d'entre elles, c'est qu'on ne pensait pas pouvoir les garnir d'artillerie et de troupes. Il y eut un tel désarroi dans les mesures prises, que c'eût été naïveté de demander quels étaient les projets de la défense. Elle n'en avait pas, c'est ce qui ressort clairement de la suite des événements. Ce défaut de résolutions a été la cause de malheurs incalculables, non-seulement au point de vue de l'attitude de Paris devant l'ennemi, mais quant aux suites que devait avoir le siége sur l'esprit de la population. On ne saurait mettre en doute que le Gouvernement du 4 septembre ne voulût défendre Paris; de fait, il ne prenait aucune des mesures propres à donner des chances favorables à cette défense. S'il faisait exécuter des travaux militaires, il semblait qu'il cherchât plutôt à donner confiance aux Parisiens et à prendre une attitude de résistance qu'à se conformer aux principes élémentaires d'une guerre de siége. S'il appelait à Paris des troupes, des gardes mobiles, celles-ci restaient inactives et n'étaient point exercées: on ne leur faisait pas connaître le terrain sur lequel les opérations seraient nécessairement dirigées. Si l'on armait la garde nationale, on ne croyait pas à l'efficacité de son concours, et cet armement était fait de la manière la plus funeste, en ce sens qu'on livrait les armes de précision et à tir rapide à cette partie de la population plus disposée à entreprendre la guerre civile qu'à se battre contre l'envahisseur.

Investi d'un pouvoir illimité et assumant la plus effrayante responsabilité, ce gouvernement, loin de s'entourer des forces vives et saines que pouvait lui fournir Paris, forces qui ne demandaient qu'à répondre à son appel, sacrifiait l'avenir à une popularité de mauvais aloi qu'il ne conserva même que peu de jours. Le patriotisme éclairé, intelligent, était sacrifié en tout et partout aux faiseurs, à des meneurs de bas étage qui comptaient bien profiter de cette crise pour pêcher en eau trouble, et vaincre au moment opportun, non l'étranger, mais la société française elle-même, qui leur fournissait des armes et leur permettait de s'organiser contre elle.

PREMIÈRE PÉRIODE DE LA DÉFENSE

Il n'était pas un Parisien qui ne considérât les fortifications de la capitale comme une de ces entreprises coûteuses et inutiles, dues à la préoccupation d'un moment. Personne ne songeait qu'elles dussent jamais servir à autre chose qu'à faciliter la surveillance des employés de l'octroi. Quant aux forts, on s'était habitué à ne voir dans leurs formidables bastions que des casernements extérieurs et des magasins de munitions. Cependant il n'en était pas ainsi de l'autre côté du Rhin. En Prusse, les fortifications de Paris étaient l'objectif, et depuis le moment où elles furent élevées jusqu'à la veille de la déclaration de guerre, les officiers du génie de l'Allemagne du Nord écrivirent mémoires sur mémoires pour indiquer les moyens propres à assiéger la capitale de la France et à la réduire. Ignorant et voulant ignorer ce qui se passe à l'étranger, on ne se préoccupait guère chez nous de ces projets, et si quelques-uns de nos officiers essayaient d'attirer l'attention du public et même des militaires sur cette grave question et sur les sentiments entretenus chez nos voisins par le parti des hobereaux, on ne les écoutait pas. Bien mieux, c'était une habitude réglementaire dans l'état-major de l'armée française d'interdire aux officiers de s'occuper de ces questions, ou, tout au moins, de donner à leurs observations la forme de mémoires, d'études comparatives et critiques. Il semblait que la constatation d'une supériorité militaire chez nos voisins, fût-elle partielle, l'appel aux études, aux recherches propres à nous mettre en état d'égaler leurs institutions militaires et leur matériel de guerre, dussent être considérés comme une sorte de trahison, et que ce simple énoncé de faits certains dût ouvrir nos frontières à l'ennemi, comme s'il n'était pas parfaitement informé d'ailleurs. On ne faisait rien pour sortir de cet état d'infériorité, mais on ne voulait pas le divulguer, et, en le faisant connaître, se mettre en mesure de parer aux dangers qu'il nous préparait. Les officiers laborieux qui se permettaient de discuter des questions d'organisation militaire ou touchant le matériel de guerre, qui, par des travaux suivis, tendaient à des solutions pratiques, étaient mal notés, et certains, tout au moins, de n'obtenir aucun avancement. Cela n'encourageait pas le travail, les recherches, et maintenait ce niveau de médiocrités que l'on aime à confondre chez nous avec la discipline et le bon ordre dans toute administration.

Cependant les projets d'attaque, sans cesse remis sur le tapis par les officiers du génie de l'armée prussienne, auraient dû nous indiquer quels étaient les points faibles de nos défenses et ce qu'il fallait faire pour les rendre plus fortes au moment d'une guerre. Nous pouvions d'autant mieux nous prémunir, que si l'armée prussienne a montré en ces derniers temps une supériorité marquée sur la nôtre, comme administration, comme discipline, comme méthode et ordre dans les mouvements, elle ne s'est pas maintenue, tant s'en faut, à un niveau aussi élevé quand il s'est agi d'attaquer des places ou de construire des ouvrages.

Lorsque nos défenses de Paris furent élevées, on se préoccupa grandement de ne pas dépasser les crédits accordés, non sans d'orageuses discussions, par les chambres. Ces dépenses avaient été réduites autant que possible dans les devis, et il en résultait que les ouvrages manquaient sur tous les points des compléments les plus indispensables. On pensa qu'il suffisait d'élever l'obstacle, c'est-à-dire de creuser les fossés, de bâtir les escarpes, de compléter les terrassements les plus nécessaires, et que, pour le reste, en cas de guerre, on le ferait ; car personne, dans l'avenir, ne pensait qu'entre une déclaration de guerre avec l'étranger et le moment de l'investissement de Paris, en supposant une suite de revers, il ne dût s'écouler que sept semaines.

Quand notre armée se mit en marche pour se rendre sur la Meuse et la Moselle, aucune mesure ne fut prise pour compléter la défense de Paris et pour armer ses forts et remparts. On comptait si bien, sinon sur le succès, au moins sur une guerre longue peut-être, mais en dehors de notre territoire, que personne ne parut songer que Paris fût destiné à être assiégé. Ce fut seulement à la nouvelle de nos premiers revers au delà des Vosges, que, par un de ces revirements de l'opinion, si prompts chez nous, on jeta un regard d'inquiétude sur les défenses de la capitale. Or ces défenses, non-seulement n'étaient pas armées, mais étaient notoirement insuffisantes et dépourvues. Poudrières, abris, traverses, blindages, tout était à faire aussi bien autour de l'enceinte que dans les forts. Les courtines, largement éventrées, laissaient passer des voies nombreuses ; il fallait creuser les fossés, relever ces courtines, établir des ponts-levis et des palanques, faire des avancées, rectifier les glacis, abattre les constructions bâties dans la zone, disposer les plates-formes, ouvrir les embrasures, garnir les plongées de sacs à terre, rétablir les genouillères..... On se mit à l'œuvre avec cet entrain et cette activité dont Paris est seul capable en certains moments de crise.

Dès le 6 août, des nuées de travailleurs étaient à l'œuvre sur le périmètre de l'enceinte et dans les forts, absolument dépourvus de blindages, de palissades, de gabions, de pare-éclats et de tout ce qui constitue en réalité la défense active.

La nouvelle du désastre de Sedan ne fit que donner un essor nouveau à cette activité. Alors le siége de Paris paraissait imminent, inévitable; on comptait les jours, les heures. C'était, tout le long des défenses, une immense fourmilière.

Et cependant plus le travail avançait, plus on reconnaissait que rien n'était complet. Ce fut alors, dans les premiers jours de septembre, que le Gouvernement de la défense nationale décida qu'on se bornerait à la ligne des forts et qu'on ne devait pas songer à défendre les positions qui entourent Paris. Cependant les deux redoutes de Châtillon et de Montretout étaient encore poussées avec activité, bien qu'il demeurât évident, vu l'importance et la nature des projets mis à exécution, qu'on ne pouvait compléter ces ouvrages de manière à les garder. D'ailleurs aucune disposition ne fut prise pour relier ces ouvrages avec les forts et faire qu'ils ne fussent en l'air. Aussi dut-on les abandonner dès que l'ennemi se présenta.

Quant aux forts eux-mêmes, on jugea nécessaire de les relier par des tranchées sur certaines parties du périmètre et de les soutenir par des ouvrages. On semblait craindre que l'ennemi, par une pointe hardie, ne passât entre deux ou trois de ces forts, ne les tournât et ne vînt s'établir devant l'enceinte même.

La tactique de l'armée prussienne étant connue, ce n'était guère probable, mais c'était là néanmoins une mesure dictée par la prudence. Par suite d'un mémoire publié par un jeune ingénieur prussien sur le moyen de prendre Paris, mémoire qui eut en Allemagne un certain retentissement, on crut devoir se préoccuper de la défense des abords du côté de l'est. Comme conséquence de l'axiome qui dit que : toute place forte doit être attaquée par son point le plus fort, parce que possédant ce point, on a tous les autres, beaucoup d'officiers pensaient que la principale attaque des Prussiens serait dirigée sur les forts de l'est qui, en effet, rendraient le possesseur de l'un ou de deux d'entre eux maître de la ville. La ligne de ces forts de l'est ne pouvant pas être abordée par le nord à cause des escarpements qu'elle domine, on supposa que les Prussiens attaqueraient cette ligne par Nogent, en profitant des défilements que les rives de la Marne laissent sur ce point entre le fort de Nogent et la redoute de la Faisanderie.

L'île de Beauté sur la Marne, située en amont du pont de Joinville, en face de la ferme du Tremblay, fut donc retranchée fortement; ses deux ponts extrêmes furent brûlés, et elle ne fut mise en communication avec la rive droite que par un pont bien couvert. Des tranchées, avec épaulements partant de ce point, s'appuyèrent aux parcs du bas Nogent, parcs dont les murs durent être crénelés.

Ce système de défense s'étendit sur tout le village, en profitant des murs de terrasses qui le bordent du côté du sud et de l'est, et aboutissent près du fort de Nogent. Des batteries établies sur la hauteur, au-dessus de la Marne, appuyèrent tout ce système, qui présentait une suite de fronts avec réduits plus que suffisants pour rebuter tout assaillant. Et en effet les forces prussiennes ne tentèrent qu'une fois de passer la Marne en aval du viaduc du chemin de fer de Mulhouse, et leur reconnaissance sur ce point n'eut pas d'autres suites.

Il est bien certain que l'état-major de l'armée allemande, parfaitement renseigné, ne forma jamais le projet de faire une de ces pointes que l'on craignait tant. Cet état-major ne voulait rien risquer, redoutait avec raison le plus mince échec, et pouvait procéder sûrement, par suite de l'abandon que nous avions fait des positions stratégiques qui enveloppent Paris. Nous lui avions donné trop beau jeu pour qu'il risquât de compromettre ses troupes. On observera que dans toute la durée de cette guerre, jamais l'état-major de l'armée allemande n'a engagé ses troupes que d'après un plan mûrement étudié, ou en profitant des fautes, des négligences ou de la position inférieure de l'armée ennemie. Une brusque attaque contre les défenses de Paris eût été une entreprise insensée, car il était bien certain que nos troupes, insuffisantes comme discipline et solidité pour attaquer des positions, eussent été, gardant la défensive, assez fermes pour causer à l'assiégeant des pertes très-sérieuses et annuler ses efforts. C'est pour cela qu'il eût fallu leur donner en dehors, sur des points bien choisis et défendus par des ouvrages de campagne, cet avantage, au lieu de les réduire à l'inaction et les laisser se morfondre et se démoraliser derrière la ligne des forts et des remparts. Nous ne pouvions reprendre une supériorité relative qu'en obligeant l'ennemi à nous attaquer sur des positions solides. Si nous les gardions, l'armée allemande, sous peine de ne pas assiéger Paris, était forcée de les occuper, et par conséquent de nous en chasser. Il y avait là des chances en notre faveur, et l'on ne sait ce qu'une première attaque manquée eût pu produire sur le moral de nos troupes aussi bien que sur celui des troupes allemandes. Je crois qu'en arrivant sur Paris, les officiers généraux de l'ennemi furent soulagés d'une vive préoccupation, en reconnaissant que tous ces plateaux si merveilleusement situés autour de la capitale pour la garder étaient abandonnés par nous. Dès ce jour ils purent dresser leur plan et le poursuivre sans aucune inquiétude; le résultat était certain, ce n'était plus qu'une question de temps.

Du côté du fort de Romainville, entre cet ouvrage et le fort de Noisy, des tranchées furent creusées sur l'arête du plateau, de manière à rendre toute surprise impossible, pour peu qu'on voulût garder ces positions déjà très-fortes par elles-mêmes. Mais tels étaient alors l'effarement et le manque de direction, que pendant l'exécution de ces ouvrages pas un officier général ne les vint examiner, reconnaître, et qu'aucune troupe ne fut envoyée pour les garder. Cependant l'ennemi se massait dans les environs et dirigeait un mouvement offensif sur Châtillon. Ayant bien constaté que nous nous renfermions dans l'enceinte et les forts, il n'hésita pas. Le quartier général devait être à Versailles, position excellente, bien couverte, lorsqu'on a en sa possession les hauteurs voisines: mais il fallait qu'il fût le maître de l'ancienne route royale de Versailles à Choisy-le-Roi, afin d'assurer ses communications par le sud; et, pour ce faire, il ne pouvait nous laisser maîtres de la redoute de Châtillon. Cette redoute, malheureusement à peine achevée, n'était nullement appuyée et pouvait être facilement tournée; elle était en l'air. On avait même négligé de la soutenir par des tranchées que la disposition du sol eût pu rendre inattaquables. Si bien que, le 19 septembre, sur le mouvement offensif tenté par l'ennemi, les troupes qui occupaient la redoute, craignant d'être tournées, l'abandonnèrent précipitamment. Certes, une partie des corps présents à cette affaire du 19 septembre se conduisit mal ; mais il faut reconnaître aussi qu'ils furent engagés un peu au hasard et sans qu'il apparût un plan d'ensemble. S'ils avaient trouvé des points d'appui sur leurs ailes, il est probable qu'ils auraient tenu ; alors on ne se préoccupait pas encore, dans les conseils supérieurs de la défense, de l'importance des ouvrages de campagne que l'on doit faire devant l'ennemi même, surtout si l'on ne dispose que de troupes peu solides ou ayant perdu confiance. On le reconnut dans la suite, mais trop tard.

L'abandon de la redoute de Châtillon eut des conséquences déplorables. Moins que jamais, à dater de ce jour, on crut pouvoir garder une seule position en dehors de la zone des forts. L'investissement fut complet, sans que nous fissions rien pour le retarder ou le gêner. La redoute de Montretout fut abandonnée ; elle était plus en l'air et plus isolée encore que n'était celle de Châtillon, et d'ailleurs sa possession, du moment qu'on renonçait à occuper le plateau de la Bergerie, au-dessus du val de Saint-Cucufa, ne pouvait avoir d'importance. C'est alors que, voyant l'ennemi s'établir sur les hauteurs de Meudon, de Sèvres et de Saint-Cloud, on reconnut que tout le 6e secteur de l'enceinte, c'est-à-dire le front qui descend de la porte d'Auteuil au Point-du-Jour, allait être enfilé et pris en écharpe par les batteries que l'armée allemande ne manquerait pas d'établir à une distance moyenne de 4500 mètres sur les hauteurs dont nous venons de parler. Lorsque ce front fut tracé, des pièces de siége ne pouvaient le battre de ces hauteurs, et l'on n'avait pas cru nécessaire de le défendre contre des feux d'écharpe et d'enfilade. Un seul cavalier, élevé dans le bastion n° 63, permettait de mettre des pièces en batterie qui ne fussent pas démontées ; partout ailleurs, sur les courtines et bastions, aucune traverse n'existait ; les abris, les poudrières manquaient absolument, et si à ce moment (fin septembre) l'ennemi eût pu mettre les grosses pièces de siége, qui n'arrivèrent que beaucoup plus tard, sur les hauteurs de Meudon, de Sèvres et de Saint-Cloud, tout le saillant du Point-du-Jour jusqu'au viaduc du chemin de fer eût été bombardé de telle sorte qu'il n'eût pas été possible d'y conserver une pièce sur son affût. On se mit donc à l'œuvre dès le 19 septembre pour munir cette partie de l'enceinte des traverses et abris nécessaires. Ce travail, énergiquement conduit, était terminé un mois plus tard. On avait remué sur ce point plus de 45 000 mètres cubes de terre et façonné environ 7000 mètres superficiels de grosse charpenterie.

A Saint-Denis, des travaux considérables furent faits dans le mois de septembre pour amener les eaux dans les fossés de la Double-Couronne et du fort de la Briche. Les avancées durent être étendues sur ce point et perfectionnées, car elles étaient à peine tracées.

Sur tout le pourtour de l'enceinte on établit des traverses qui faisaient presque partout défaut, et des abris pare-éclats et poudrières, qui manquaient absolument. Dans la presqu'île de Gennevilliers la grande redoute était à peu près terminée et d'autres batteries établies sur la route qui se dirige du rond-point de Courbevoie au pont de Bezons. Une batterie fut établie également en avant du fort d'Issy, du côté de Meudon, et une autre dans le bois de Boulogne, au carrefour Mortemart. La redoute des Hautes-Bruyères, l'un des seuls ouvrages bien tracés que nous ayons élevés, fut fortement occupée. Vers le sud, dans la boucle de Marne, quelques ouvrages furent faits, et notamment une batterie au parc de Saint-Maur et une redoute au petit parc, destinées à battre les coteaux situés de l'autre côté de la Marne. Enfin, de Créteil à Clamart, en avant des forts du sud, on s'occupa d'élever des batteries, et cette fois on songea à les relier par des tranchées. Mais nous ne possédions pas les points essentiels, et ces batteries se trouvaient dans des positions relativement faibles.

Le temps s'écoulait ; il semblait que l'armée allemande eût renoncé à toute attaque et qu'elle ne songeât qu'à bloquer Paris étroitement pour le réduire par la famine. C'est alors que, de notre côté, on se décida à prendre l'offensive, à faire des sorties et à tâter cet assiégeant qui se tenait silencieux, invisible dans ses lignes. Il était déjà tard, l'ennemi avait eu largement le temps de bien étudier le terrain, d'occuper en force des positions excellentes, et de les munir d'une artillerie suffisante, sinon pour battre nos défenses, au moins pour défier toute insulte. Nous ne pouvions ou ne devions ignorer cela, non plus que la tactique allemande, toujours la même, et à laquelle tous nos officiers généraux, depuis le commencement de la guerre jusqu'à la fin, paraissent s'être laissé prendre.

Sauf en quelques circonstances peu importantes, l'armée allemande a patiemment attendu que nous allassions la chercher. Cela se conçoit de reste : occupant toutes les fortes positions qui enveloppent la ville, et pouvant, au moyen de ces points d'appui solides, reliés par des postes bien choisis, fermer hermétiquement toutes les issues, ayant derrière cette ligne de contrevallation massé des forces qu'elle pouvait porter en peu d'heures sur une position attaquée, elle n'avait aucun avantage à descendre en plaine sous le canon de nos forts. Se contentant d'établir quelques postes en avant de sa ligne de contrevallation, de faire occuper quelques villages dans la plaine par des troupes peu nombreuses, pouvant rendre compte de nos mouvements si nous nous présentions en force, ces troupes ne se défendaient que juste assez pour permettre aux corps placés en arrière de se mettre en ligne, se retiraient promptement si elles se voyaient débordées, ou se laissaient prendre sans prolonger une défense inutile (1). Ces postes enlevés, nos troupes rencontraient une résistance plus ou moins vive dès l'abord, mais qui s'accentuait de plus en plus au lieu de mollir, des positions solidement occupées, et enfin des réserves fraîches qui reprenaient l'offensive dès que nos corps étaient bien engagés. Cependant, dès la première affaire de la Malmaison et de Montretout, notre attaque fut assez vive pour jeter un instant l'émoi au quartier général de

---

(1) Ce sont ces postes avancés qui ont fourni les quelques centaines de prisonniers que nous avons faits devant Paris.

Versailles (1). L'ennemi put craindre que la position du plateau de Saint-Cucufa ne fût tournée; il défendit les gorges qui entourent ce plateau avec assez de vigueur et de ténacité pour arrêter l'élan de notre sortie entreprise malheureusement avec trop peu de monde et une artillerie insuffisante. Aussi n'y avait-il pas à douter que cette leçon lui profiterait. Depuis lors, ainsi que nous en avons fait l'épreuve le jour du combat de Buzanval, cette position de Saint-Cucufa fut rendue imprenable.

Il ne faut pas d'ailleurs regretter trop amèrement que la première sortie de la Malmaison et de Montretout n'ait pas réussi. Admettant que nous fussions parvenus à tourner la Bergerie et le Haras, il est évident que l'ennemi n'abandonnait Versailles que temporairement, qu'il se fût massé en grandes forces en arrière, et qu'avant que nous eussions eu le temps de nous établir solidement sur le plateau de Saint-Cucufa, le lendemain, peut-être, il eût repris l'offensive en tournant cette position et en rendant ainsi toute retraite impossible. Je le répète, il eût fallu occuper dès l'abord, non point une seule de ces positions excellentes, mais une série de points qui eussent dû se protéger réciproquement et être renforcés par des ouvrages de campagne.

C'était donc une faute d'avoir laissé l'ennemi s'établir solidement et sans être inquiété sur les points les plus forts qui entourent Paris à une distance de 4000 à 5000 mètres; cependant tout n'était pas perdu si l'on eût voulu prendre l'offensive d'après un plan méthodiquement conçu et tracé. Mais la méthode fit absolument défaut à l'origine de cette triste campagne de Paris.

Puisque l'ennemi paraissait vouloir nous attendre dans les positions qu'il avait habilement choisies, en comptant sur l'isolement et la famine pour nous réduire, nous n'avions d'autre parti à prendre que d'attaquer, de faire le siège d'une ou de plusieurs de

---

(1) Tous les rapports qui nous viennent du dehors montrent combien l'armée allemande, malgré sa forte organisation et la puissance de ses gros bataillons, a pris facilement l'émoi en maintes circonstances.

ces positions, de l'en déloger, de nous y établir en force, et de rompre ainsi sur un point sa ligne d'investissement. Trois de ces points principaux pouvaient être l'objet de cette attaque : les hauteurs de Fontenay-aux-Roses et de Plessis-Picquet au sud, celles de Saint-Cucufa à l'ouest, et celles du Raincy à l'est. En s'emparant des premières, on coupait la ligne de communication entre Choisy-le-Roi et Versailles; des secondes, on forçait l'ennemi à abandonner Versailles; des troisièmes, on pouvait opérer sur la Marne et rejeter les Allemands très-loin dans la plaine du côté de Soissons, où ils n'eussent pu trouver un appui solide; on dégageait le nord-est et l'investissement devenait très-difficile. Attaquer ces positions de vive force, les enlever, eût été chanceux, même si l'on eût disposé de bonnes troupes; on eût perdu beaucoup de monde, on risquait d'être tourné et coupé. Il n'était qu'un seul moyen de s'en emparer sans de trop grands risques et de les garder une fois prises, c'était d'entreprendre contre elles ou contre l'une d'elles un siége en règle, de cheminer par des ouvrages; car on observera que les troupes allemandes, malgré leur supériorité, ne mordent pas volontiers à l'attaque des positions défendues par des épaulements. Dans cette guerre, elles n'ont nulle part tenté d'assauts contre un ennemi qui, solidement retranché, se garde bien et les attend de pied ferme. Mais il fallait, pour cheminer contre une de ces positions, pouvoir opposer une artillerie égale au moins à la sienne ; et, des trois points que je viens d'indiquer, le plateau du Raincy était celui qui pouvait être attaqué avec le plus de chances de succès, car il est battu par nos forts de l'est et pris à revers par le plateau d'Avron. Il fallait donc occuper fortement ce dernier plateau dès les premiers jours du siége et y établir des batteries parfaitement protégées. Nous verrons ce qui fut fait trop tard, après des tâtonnements sans résultats sérieux.

SECONDE PÉRIODE DE LA DÉFENSE

Dès la fin d'octobre, l'opinion publique à Paris se prononçait pour le parti de l'attaque. On croyait l'enceinte et les forts suffisamment munis, on supposait Paris imprenable; mais les faits démontraient que cette ceinture formidable ne déconcertait nullement l'ennemi, qui ne semblait pas s'en préoccuper et se bornait à rendre son investissement de plus en plus rigoureux. Le 29 octobre nous prenions le Bourget. Pourquoi attaquait-on cette position plutôt qu'une autre? Je ne le saurais dire, à moins que ce ne fût avec la pensée de déborder les hauteurs du Raincy et de les prendre à revers pendant qu'on les attaquerait par Villemonble et par Bondy. C'était un plan. Fut-il projeté? S'il fut projeté, pourquoi ne fut-il exécuté qu'en partie? Ou pourquoi, ayant réussi à s'emparer du Bourget, n'essayait-on pas de s'y maintenir et d'attaquer le Raincy sur les deux autres points indiqués pendant que l'ennemi se porterait en force sur le village du Bourget pour nous en déloger? Énigmes que tout cela. Le fait est que le 30 nous étions chassés du Bourget dès le matin, et que les troupes fraîches qui devaient soutenir la position conquise ne défilaient dans le bois de Vincennes qu'à deux heures après midi ; c'est-à-dire six heures après que les nôtres, laissés sans appui, avaient évacué le Bourget en abandonnant à l'ennemi de l'artillerie et des prisonniers. Cette tentative malheureuse coïncida avec la nouvelle de la reddition de Metz. On sait l'émotion qui s'empara de Paris alors ; les pourparlers au sujet d'un armistice de vingt-cinq jours sans ravitaillement ; la rupture des négociations..... La continuation de la lutte fut donc résolue. Allait-elle être conduite avec plus de méthode et d'unité dans la direction ? On y comptait. Y avait-il un *plan* d'opérations, comme on se plaisait à le répéter ? Attendait-on, pour agir, que l'artillerie nouvelle ou nouvellement transformée fût prête ; ou encore que les gardes mobiles et les compagnies de marche de la garde nationale fussent organisés et aguerris ? Pendant le mois de novembre, il sembla en effet qu'on se préparât à une action décisive. En dehors des forts on commença, sur plusieurs points, des ouvrages de contre-approche. L'ennemi devait être laissé dans l'incertitude relativement à nos opérations ultérieures. Dans la presqu'île de Gennevilliers, outre la grande redoute, on élevait, à Charlebourg et jusque sur le bord de la Seine, en face du pont de Bezons, des batteries reliées par des tranchées qui étaient prolongées tout le long de la rivière, en profitant du relief de la levée. L'ennemi pouvait donc croire que sur ce point on tenterait de passer l'eau et de l'attaquer de front dans la presqu'île de Houilles, en le forçant, soit à se jeter sur sa gauche, dans la boucle de la Seine, soit sur sa droite, sous le feu du Mont-Valérien. La presqu'île de Gennevilliers prenait un aspect offensif réellement formidable. En avant de Créteil, au moulin Saquet, en avant de Villejuif, on creusait des tranchées, on élevait des épaulements comme si l'on eût conçu la pensée, sur ce point, de couper la route de Choisy à Versailles, de jeter l'ennemi sur sa droite dans ses positions de Choisy, ou de le contraindre à se retirer sur les plateaux de Sceaux, de Fontenay-aux-Roses et à abandonner Choisy-le-Roi. A l'est, entre

Bobigny et Bondy, parallèlement au canal, on cheminait dans quelques tranchées, et l'on occupait Bondy qu'on appuyait par des batteries dirigées contre la voirie du Raincy. Sur ces trois fronts, nord, sud et est, nous avions gagné du terrain, nous élargissions un peu le cercle que nous avions laissé tracer jusque sous le feu de nos forts. Mais il faut dire que l'ennemi n'opposait à ces premiers travaux de contre-approche qu'une assez faible résistance ; il ne s'entêtait pas à garder les avant-postes que, dès l'abord, il avait installés en plaine, grâce à l'abandon que nous avions fait de ces villages. On voyait cependant le prélude à un élargissement de l'investissement d'un œil favorable à Paris, sans trop examiner la carte de nos environs. Pour ceux qui suivaient ces premiers travaux de contre-approche de sang-froid, nous ne gagnions rien de bien important ; et toutes les fois que nous sortions de nos lignes pour occuper une position ayant quelque valeur, nous nous heurtions à une résistance tenace et que nos troupes étaient impuissantes à vaincre. On s'en prenait à l'insuffisance de notre artillerie, et l'on n'avait pas tout à fait tort. Il fallait attendre qu'elle fût complétée : l'espoir des Parisiens s'appuyait sur ces canons que l'industrie urbaine fabriquait, disait-on, en grand nombre, et qui, un jour prochain, pourraient entrer en ligne.

Voici, à la date du 20 novembre environ, quelles étaient les positions que nous occupions : Au nord-ouest, toute la presqu'île de Gennevilliers jusqu'à Nanterre. Le village de Rueil était neutre. Sur ce point nous ne dépassions donc pas une ligne qui, partant du mont Valérien, serait dirigée à l'ouest. Sur la colline même qui domine Rueil au-dessous du fort, nous avions élevé une batterie au moulin du Gibet. Cette batterie était appuyée par des tranchées côtoyant le changement de pente de la colline. Au nord, malgré plusieurs tentatives sur Épinai, nos avant-postes ne dépassaient guère 2000 mètres au-dessus de Saint-Denis. Garges, les hauteurs de Stains et de Pierrefitte, étaient occupés par l'ennemi. En descendant vers l'est, nous occupions la Courneuve, Bobigny et Bondy, localités toutes placées sous le feu des forts de l'Est, d'Aubervilliers, de Romainville et de Noisy. A l'est, nos avant-postes dépassaient à peine Rosny-sous-Bois et s'appuyaient à la Marne en arrière de Neuilly-sur-Marne. La presqu'île de Joinville était occupée par l'ennemi, et, ayant rompu le pont de Joinville, nous ne pouvions y placer des postes. Les Prussiens ne s'avançaient guère jusqu'à la Marne, la rive gauche de cette rivière étant sous le feu de la redoute de la Faisanderie. La boucle de Marne était à nous et défendue par des ouvrages bien tracés. Au sud, nous occupions Créteil jusqu'à la Seine, suivant une ligne tirée de l'est à l'ouest. Sur la rive gauche du fleuve, nous avions des batteries au Port-à-l'Anglais; nos avant-postes dépassaient Vitry-sur-Seine, Villejuif, Cachan, occupaient la route de Toulouse n° 20, et s'infléchissaient au-dessous de Bagneux, de Châtillon, pour venir s'appuyer aux avancées du fort d'Issy. Une tentative faite sur Bagneux n'avait pas réussi mieux que celle faite sur le Bourget; après avoir pris cette position, il nous avait fallu l'abandonner. A l'ouest, nos lignes suivaient la rive droite de la Seine, sous Boulogne. Nos positions étaient bonnes, suffisamment garnies d'ouvrages; elles devaient être considérées comme imprenables, mais elles avaient l'inconvénient d'être toutes placées devant des lignes ennemies autrement fortes, établies sur des points dominants, de nous permettre difficilement de prendre l'offensive, de cacher nos mouvements, puisqu'elles étaient toutes en plaine, découvertes et commandées. D'ailleurs, si l'on jette un regard sur la carte, on verra que toutes nos positions étaient sous le feu de nos forts, auxquels elles empruntaient leur sécurité. L'ennemi n'avait nul intérêt à les attaquer, puisqu'il n'eût pu s'y maintenir.

Il se retranchait en arrière, nous attendant, si nous voulions un jour percer sa ligne d'investissement. Cette situation pouvant se prolonger indéfiniment et tant que Paris aurait des vivres, sans amener aucune amélioration à l'état de l'assiégé, à moins qu'une armée du dehors n'opérât sur les derrières de la ligne ennemie, on se décida vers la fin de novembre à prendre l'offensive. Il ne s'agissait de rien moins alors que de percer un des points de la circonférence d'investissement, de passer outre, quitte à voir le cercle se refermer et à tenir la campagne pour rejoindre les armées qu'on savait se former et manœuvrer au dehors, notamment du côté d'Orléans. Ce projet avait-il quelques chances de succès? Admettant que, par une manœuvre hardie, autant que vigoureuse, on eût pu percer la ligne ennemie, de fait l'armée parisienne était immanquablement coupée de sa base d'opération, et ne pouvait en aller chercher une nouvelle qu'à une distance de 100 kilomètres environ : il fallait donc qu'elle traînât avec elle des vivres et des munitions pour huit jours au moins, c'est-à-dire des *impedimenta* considérables; qu'elle fût en état de lutter pendant ces huit jours contre un ennemi qui ne manquerait pas de la suivre en queue et sur ses flancs. C'était là une de ces combinaisons militaires qu'on ne peut tenter qu'avec des moyens d'action supérieurs, car, le mouvement offensif ayant réussi, la ligne percée, les forces parisiennes se trouvaient exactement dans la situation d'une armée opérant en retraite après une bataille. Il fallait qu'après la journée heureuse qui nous eût permis de passer sur le ventre de l'ennemi, nous fussions en état de reprendre l'offensive contre lui, à revers, exactement comme eût pu le faire une armée du dehors venant débloquer Paris; mais avec cette condition défavorable dans la circonstance, qu'une armée opérant du dehors, avant d'agir, aurait pu manœuvrer librement et connaître les positions de l'ennemi; tandis que l'armée parisienne devait, après un premier succès, accepter la bataille du lendemain dans les conditions faites par l'ennemi et sur le terrain que nous aurions occupé, quel qu'il fût et qu'il était bien difficile de connaître d'avance, puisqu'on ne pouvait savoir sur quel point, exactement, les chances même heureuses d'une première bataille nous eussent placés.

Cependant, au ministère de la guerre, l'ordre était donné aux officiers de boucler leurs valises comme s'ils eussent dû faire campagne, en n'emportant que le plus mince bagage, et aux troupes de munir les sacs de vivres pour sept jours. Le dégoût causé par cette longue inaction et les quelques tentatives avortées d'offensive était tel dans l'état-major, que tous, je dois le dire, nous reçûmes cet ordre avec joie, laissant de côté toutes les réflexions graves que l'examen d'un pareil projet devait suggérer.

Ce moment a été l'apogée de la défense de Paris. Dire que chacun eût pleine confiance dans la réussite de l'entreprise, ce serait trop s'avancer, mais au moins voyait-on briller un certain éclair guerrier dans le regard des officiers. Pour me servir d'une expression familière, on allait là de bon cœur. Beaucoup, dans l'état-major, croyaient ne pas rentrer à Paris, et fermaient avec joie les tiroirs de leurs bureaux en disant adieu aux paperasses ; beaucoup, en effet, ne revinrent pas. Ce projet était trop ébruité pour que l'ennemi n'en eût pas connaissance.

On devait opérer le 29 novembre avant le jour. Malheureusement, en cette circonstance comme en toutes les autres, il se trouva que, le 29 au matin, les ponts de bateaux qui devaient être jetés sur la Marne dans la nuit du 28 au 29 n'étaient pas tous prêts. Il fallut ajourner l'attaque au lendemain ; de sorte que l'ennemi eut vingt-quatre heures pour préparer sa défense, avec la certitude d'être attaqué dans la presqu'île de Joinville-le-Pont, puisqu'il voyait les troupes parisiennes se masser dans le champ de manœuvres de Vincennes, sur les rives de la Marne de Nogent à Saint-Maur, et qu'il avait pu entendre toute la nuit les trains du chemin de fer de ceinture et le bruit de l'artillerie défilant sur les routes.

Le 30 novembre au matin, le temps était clair ; la redoute de la Faisanderie avait de bonne heure envoyé des obus sur la fourche de Champigny occupée par les avant-postes ennemis et sur les maisons qui sont situées au bas de Champigny. Le pont de Joinville avait été réparé tant bien que mal pour le passage de l'infanterie, et plusieurs ponts de bateaux jetés entre Joinville et l'île de Beauté permettaient à l'artillerie et à l'infanterie de franchir la rivière. Un autre pont de bateaux avait en outre été jeté en aval de Brie-sur-Marne en face de l'ennemi.

L'action commença au jour. Nos troupes, appuyées par le feu de la redoute de la Faisanderie et les batteries de la boucle de Marne, chassèrent l'ennemi jusqu'aux premières pentes de Champigny, où la lutte s'engagea vivement. Cependant l'infériorité de notre position et les défenses improvisées par l'ennemi massé dans les maisons du village ralentirent notre attaque. On pouvait craindre, vers deux heures, un mouvement offensif des Allemands, auxquels des renforts ne cessaient d'arriver, lorsque la division qui devait opérer à notre gauche du côté de Brie et qui était en retard, passa le pont de bateaux et vint attaquer avec entrain les rampes du plateau de Villiers sur la droite de l'ennemi (1). Dès lors celui-ci dut évacuer Champigny, et se masser sur les hauteurs de Cœuilly et de Villiers. Le jour finissait, l'affaire était bonne pour nous. Toute la nuit fut employée sur nos avant-postes à creuser une tranchée qui, partant de la Marne au parc de Brie, coupait le plateau et allait rejoindre la route creuse qui descend des Fours-à-chaux à Champigny même, et à faire une flèche devant le pont de bateaux. Cette tranchée permettait d'arrêter un mouvement offensif des Prussiens sur notre front et d'opérer sur leurs ailes par Brie et Champigny.

Le lendemain, le temps continuait à être clair, cependant les Allemands restaient sur la défensive. De notre côté, immobilité complète et bien funeste, car il est certain que, si l'ennemi ne nous attaquait pas dans nos positions relativement faibles, c'est qu'il ne se croyait pas en forces suffisantes ou que les munitions lui manquaient. De part et d'autre on en avait consommé la veille une quantité considérable.

Ce ne fut que le surlendemain de la bataille, 2 décembre, que les Allemands, dès l'aube, attaquèrent vigoureusement le village de Champigny par les hauteurs de la route qui se dirige sur la Queue en Brie. Comme toujours, dans cette guerre, nos avant-postes surpris se replièrent dans les dernières maisons. Des ouvriers civils, qu'on avait envoyés inconsidérément travailler à des tranchées sur ce point, qui n'étaient ni armés, ni disposés à attendre les balles

---

(1) On ne s'étonnera pas si dans ce *Mémoire* je m'abstiens de citer aucun nom. Nous sommes trop rapprochés des événements pour nous permettre de mentionner personne, et d'ailleurs, me bornant à narrer et à fournir certaines appréciations des faits, il ne m'appartient pas d'aller au delà.

ennemies, s'enfuirent en désordre et jetèrent la panique dans la rue principale du village. Nous perdions Champigny, et le retour offensif des Allemands pouvait avoir des conséquences désastreuses, si ce commencement de déroute n'eût été promptement arrêté par quelques braves gens.

Sur notre gauche, grâce aux ouvrages élevés pendant l'avant-dernière nuit et perfectionnés dans la journée du 1er décembre, nous arrêtions tous les efforts des troupes ennemies jusqu'à deux heures. A ce moment, l'arrivée d'une division nous permit de reprendre l'offensive, et notre ligne put être portée à 500 mètres plus loin, coupant la route qui s'élève jusqu'à Villiers-sur-Marne. Du village de Champigny, après une lutte acharnée de maison à maison, de barricade à barricade, nous ne reprenions guère que la moitié, jusqu'à quelques maisons seulement au-dessus de la route qui monte aux Fours-à-chaux. Il était certain que si notre gauche continuait à s'avancer sur Villiers, nous obligions l'ennemi à abandonner Champigny et que nous étions en mesure d'opérer sur les hauteurs contre Villiers et Cœuilly.

La nuit du 2 au 3 décembre fut tout entière occupée à se retrancher dans Champigny même et à élever une batterie devant nos dernières lignes conquises sur notre gauche. On pouvait prévoir que la journée du 3 serait très-chaude. Les Allemands avaient évidemment reçu des renforts, mais toute la presqu'île de Joinville, le champ de manœuvres de Vincennes étaient remplis de nos troupes en bon ordre et prêtes à la lutte. Cependant, vers sept heures du matin, l'ordre arriva de se retirer, de repasser la Marne et de n'occuper que Joinville, Poulangis et la ferme du Tremblay, qui pendant le jour précédent avait été retranchée et crénelée.

Nos troupes purent en effet se replier sans être inquiétées, et les reconnaissances prussiennes descendirent derrière elles sans tirer un coup de fusil jusqu'à la fourche de Champigny.

Cette retraite, après deux journées très-honorables pour nos armées, et qu'à Paris on considérait comme des victoires, produisit sur l'armée comme sur la population le plus fâcheux effet. Cependant, examinant les choses de sang-froid, il est évident qu'elle était commandée par la prudence. Quels que fussent les obstacles que nous avions à surmonter pour occuper la gorge de la presqu'île de Champigny, nous opérions sur un front très-étroit, bordé des deux côtés par la Marne, ce qui nous ôtait toute crainte d'être tournés ; mais dès que nous aurions conquis les hauteurs, notre ligne de bataille s'étendait de Noisy-le-Grand à Chennevières-sur-Marne, c'est-à-dire sur une longueur de 6000 mètres, ayant à notre droite, au sud de Chennevières, la hauteur d'Ormesson, où l'ennemi s'était fortifié et à l'aide de laquelle il lui était facile de nous déborder. Il fallait donc aussi, pour nous, attaquer et prendre la hauteur d'Ormesson, pousser jusqu'à la Queue en Brie sur notre droite, jusqu'à Champs à notre gauche. Il fallait protéger notre flanc droit et occuper très-fortement notre centre sur la ligne ferrée de Mulhouse, de Combault à Émery et Malnoue. Étions-nous en situation de garder ces positions en face d'un ennemi dont les forces s'accroissaient d'heure en heure, muni d'une artillerie écrasante et décidé à une revanche éclatante, car une suite d'échecs importants devant Paris pouvait le mettre à deux doigts de sa perte? Avions-nous des troupes assez nombreuses et aguerries pour nous y maintenir, nous y fortifier, sans que d'ailleurs, si nous ne poussions pas plus avant, cette possession changeât beaucoup les dispositions de l'ennemi relatives à l'investissement ? Pour que cet investissement fût réellement rompu, il fallait aller jusqu'à Lagny et occuper toute une ligne du nord-est au sud-ouest de ce bourg, le long de la petite rivière du Marbras jusqu'à Ormesson, ayant la Marne à dos. Cela se pouvait faire peut-être avec une armée de 100 000 hommes de bonnes et solides troupes et une seconde armée à Paris prête à soutenir la première. Or, ces conditions n'étaient pas les nôtres.

Les troupes mises en ligne dans les journées des 30 novembre et 2 décembre ne dépassaient pas 40 000 hommes; et encore, dans ce nombre, fallait-il compter des bataillons de mobiles qui, bien qu'ils se fussent conduits assez bravement, n'étaient pas en état de soutenir une longue lutte. Notre artillerie, à vrai dire, avait été admirable et avait contribué pour la plus large part au succès de ces deux journées ; mais était-elle assez nombreuse pour lutter avec l'artillerie allemande sur un front de 6 à 7 kilomètres, alors surtout que l'ennemi avait évidemment, sur certains points, des batteries protégées par des ouvrages et des pièces de position ? Avec 60 000 hommes même, je ne crois pas qu'il eût été prudent d'essayer de prendre et de garder cette ligne, à moins d'être assuré de soutenir cette armée par des troupes fraîches et aguerries. Du moment que l'ennemi, prévenu, s'était massé en force sur les hauteurs de Cœuilly, qu'on n'avait pu le surprendre et faire une trouée dans ses lignes, il n'y avait plus qu'à procéder méthodiquement, en y mettant le temps, et en opposant à ses efforts pour nous refouler un flot incessant de troupes fraîches, suivant en cela sa propre tactique. Or, nous ne les avions pas ces troupes, et nous ne pouvions mettre en ligne un seul régiment de cavalerie. La retraite de Champigny était donc imposée à tout général tant soit peu prudent. Mais alors pourquoi une attaque sur ce point, puisque ce que je viens d'exposer ne pouvait, dès avant l'action, manquer de frapper l'esprit de tout militaire? C'est qu'on voulait tenter évidemment de faire une pointe désespérée, s'en remettant à la fortune pour les suites de cette aventure. Peut-être eût-on réussi en opérant dès le 29, et surtout en ne perdant pas vingt-quatre heures entre les deux batailles, car il est certain que, le 30 novembre au soir, l'ennemi était hors d'état de continuer la lutte. Nous avons appris par ses propres rapports que les munitions manquaient et qu'il était obligé d'appeler des renforts, que la journée perdue du 1er décembre lui permit de compléter (1).

Ces deux journées causèrent des pertes sérieuses à l'ennemi, et de notre côté nous eûmes beaucoup d'officiers blessés et tués : et cependant nos troupes n'avaient pas manqué d'entrain, surtout

---

(1) Pendant la journée du 30 novembre, on avait fait des deux côtés une consommation prodigieuse de munitions d'artillerie. A deux reprises, vers deux heures et vers quatre heures, nous dûmes demander au parc établi sur les rampes de Joinville des caissons de munitions pour ravitailler les pièces en batterie.

pendant la bataille du 30 novembre; mais il était évident que nos officiers étaient obligés de payer de leur personne pour entraîner les soldats. Beaucoup parmi ceux-ci se *défilaient*, suivant une expression du métier, c'est-à-dire se dérobaient autant qu'ils le pouvaient au feu de l'ennemi, et, dans la journée du 2 décembre, on en trouvait un grand nombre groupés à l'abri des projectiles, derrière les murs du bas de Champigny. Envoyés en avant par quelques officiers supérieurs et la prévôté, on les voyait bientôt se masser de nouveau comme des moutons derrière ces abris. Ce n'est pas avec de pareilles troupes qu'on pouvait espérer faire une vigoureuse trouée et tenir la campagne en face d'un ennemi tenace, discipliné et décidé à nous enlever les avantages d'un premier succès. Telles étaient les conséquences fatales de l'abandon des belles et fortes positions qui entourent Paris. Cependant, si l'on renonçait à faire une trouée, il semblait que la direction militaire revenait aux plans qu'on eût tout d'abord dû adopter. L'expérience qu'on avait faite pendant les deux journées de Champigny de l'emploi des ouvrages, des tranchées devant l'ennemi et pendant la bataille même, semblait avoir convaincu nos officiers généraux du parti qu'on peut tirer de cette tactique, surtout lorsqu'on ne dispose que de troupes médiocrement solides. Plusieurs, parmi ces officiers, admettaient que nous ne pouvions gagner les positions, si malheureusement abandonnées, qu'à l'aide de la pioche et en faisant une véritable guerre de siége. Il ne fallait rien moins que les cruelles leçons reçues depuis Forbach pour convertir une partie de notre état-major à ces principes de la guerre actuelle lorsqu'on a devant soi un ennemi supérieur en forces.

Du 1er décembre au 11, nos troupes avaient occupé le plateau d'Avron, sorte de terrain neutre, parce qu'il était balayé par les projectiles du fort de Rosny. L'ennemi y envoyait des reconnaissances, y plaçait des postes, mais ne pouvait s'y maintenir. Il s'agissait donc de faire de ce plateau, admirablement situé et escarpé de tous côtés, à cheval en face du Raincy et pouvant battre à la fois et ces hauteurs et les bords de la Marne, de Brie à Gournaysur-Marne, un camp retranché muni de batteries assez puissantes et couvertes, pour nous permettre de prendre l'offensive jusqu'à Chelles. Dès les premiers jours de décembre on se mit à l'œuvre, et vers le 12 les travaux prirent une grande activité. Toutefois les ouvrages entrepris, les batteries notamment, n'avaient ni assez d'étendue ni assez de solidité. C'est ici le moment de mentionner un des faits les plus singuliers de cette guerre unique, dans laquelle l'imprévu a joué de notre côté un rôle si funeste. On avait beaucoup parlé des canons à longue portée de l'armée prussienne, mais il faut dire que peu de nos officiers croyaient à la puissance de ces engins. Jusqu'alors, devant Paris, on n'avait eu affaire qu'à de l'artillerie de campagne, qui n'est supérieure à la nôtre que par la quantité et la légèreté. Bon nombre d'officiers d'artillerie ne croyaient pas que les Prussiens pussent nous opposer et mettre en batterie devant Paris des pièces en état de lutter, comme portée, justesse de tir et durée de service, avec nos pièces de marine, dont les projectiles portent à 7500 mètres. Le célèbre canon Krupp était presque devenu légendaire; et, en effet, aucun de nos ouvrages n'avait reçu des obus d'un calibre supérieur à ceux des pièces de campagne : obus qui ne produisent aucun effet sur des épaulements médiocres et qui ne dépassent pas la distance franchie par nos obus de 12. Au lieu d'adopter, pour fortifier le plateau d'Avron, un plan d'ensemble, en vue d'une ou de plusieurs opérations offensives, comme en toutes circonstances depuis le commencement du siége, on opéra partiellement. Quatre batteries furent d'abord élevées au saillant sud, en face de Neuilly-sur-Marne; puis, à la pointe orientale, une double batterie armée de pièces de gros calibre se dressa contre Chelles, situé à 5000 mètres. A la droite du parc de Beauséjour, une batterie de peu d'étendue fit face au village de Gagny; à la gauche du même parc et à son extrémité, une seconde batterie, trop peu étendue aussi, fut destinée à battre le Raincy. Ces batteries furent reliées et protégées par des tranchées faites au jour le jour. Enfin, en arrière de Beauséjour, sur le terre-plein du plateau, une batterie de 100 mètres de longueur se dressa, faisant de même face au Raincy. Une longue tranchée, destinée à protéger une retraite, fut creusée en arrière de cette dernière batterie, suivant les deux pentes, s'appuyant à gauche au cimetière de Rosny, et à droite au chemin de fer de Mulhouse, au-dessous du village de Rosny. Ces ouvrages, que je viens de décrire en quelques lignes, furent tracés successivement après des tâtonnements. Il fallait se hâter de les achever, et cependant on paraissait douter de leur utilité. La saison était mauvaise : un dégel après la neige rendait le terrain argileux du plateau très-difficile à remuer. Les travailleurs étaient dans la boue jusqu'aux chevilles. Toute fausse manœuvre causait une perte de temps considérable, toute indécision dans le travail apportait des difficultés nouvelles. Chaque matin on trouvait les tranchées remplies d'eau. C'était le cas ou jamais de savoir ce qu'on voulait faire, et de n'entreprendre un travail que d'après un plan d'ensemble mûri et scrupuleusement piqueté sur le terrain.

Du côté du Raincy on voyait parfaitement les épaulements qu'élevait l'ennemi et qui devaient bientôt recevoir des pièces de gros calibre. La batterie placée en bas du parc de Beauséjour, sur le plateau, et qui semblait plus particulièrement destinée à contrebattre l'artillerie prussienne, était trop peu étendue, trop oblique par rapport à la hauteur du Raincy, et surtout établie trop au-dessous de la crête du plateau. Elle n'avait aucun abri, aucune traverse, aucun blindage propre à recevoir les artilleurs et munitions. La grande batterie de 100 mètres ne possédait non plus ni abris, ni blindages, ni traverses. Celle qui s'élevait à la droite du parc de Beauséjour était étranglée et masquée en partie par le mur de ce parc. Les tranchées n'étaient non plus munies de traverses ni d'abris. Certes, on n'avait pas eu beaucoup de temps pour exécuter ces ouvrages nécessaires à une bonne défense, mais on en avait perdu à de fausses manœuvres, faute d'ordres précis, de plan d'ensemble, et d'ailleurs on ne paraissait pas se douter de l'effet des pièces de gros calibre de l'ennemi. Au plateau d'Avron, comme partout, on s'abandonnait un peu à la fortune. Les troupes campées sur les rampants nord de ce plateau et à Beauséjour, peu surveillées, composées en très-grande majorité de mobiles, passaient leurs journées, non point à s'exercer, non point à travailler à l'assainissement du terrain détrempé sur lequel leurs campements étaient établis, ou à la viabilité des routes effondrées, mais à aller arracher des légumes du côté de Villemonble et à piller ce malheureux village. On voyait, tout le long du jour, des files de ces mobiles monter de Villemonble au plateau, chargés de meubles de toutes sortes. Que pouvait-on faire au bivouac d'un guéridon d'acajou? Ce pillage, toléré par les officiers, ces objets de luxe répandus sur le plateau dans la boue et bientôt à demi brûlés; l'indifférence de ces troupes à se garder, à se garantir contre les batteries ennemies; le peu de sollicitude des officiers pour leurs hommes, la rareté des visites des généraux sur ce point si important à garder et à bien munir; tout cela n'était pas de nature à soutenir le moral des hommes de résolution qui prenaient la défense de Paris au sérieux et qui voyaient les jours s'écouler, les vivres se consommer sans que notre situation parût s'améliorer. Tous ceux qui ont le cœur bien placé savent combien il faut de force morale pour faire son devoir, quand on a la certitude que les efforts, les souffrances de chacun, ne sauraient produire un résultat.

Le 20 décembre, le feu des batteries prussiennes établies au Raincy s'ouvrit contre le plateau d'Avron; les nôtres y répondirent assez faiblement. C'est là qu'on fit, pour la première fois, l'épreuve des nouvelles pièces de 7. Nos ouvrages, mal tracés, mal couverts, manquant d'abris, de traverses, furent couverts d'obus. La première journée, une quarantaine de nos hommes furent touchés. Ce chiffre est considérable, en tenant compte de la surface du plateau et du peu d'effet produit par les obus sur des positions retranchées. Cette fois l'ennemi envoyait des projectiles du calibre de $0^m,148$. A ce feu incessant et très-nourri nous ne pouvions opposer que les batteries peu étendues et trop obliques de Beauséjour, et la grande batterie de 100 mètres, armée trop tard et complétement dépourvue d'abris.

Les tranchées dans lesquelles se défilaient les mobiles étaient elles-mêmes insuffisantes comme relief et complétement dépourvues d'abris blindés. Notre monde, sur ce plateau sillonné d'obus qui le prenaient en écharpe, était réduit à l'impuissance, pouvait à peine se maintenir dans les tranchées.

Compléter les défenses sous cette pluie d'obus devenait chose impossible; d'ailleurs la gelée avait repris avec intensité, et la terre, profondément humectée les jours précédents, était plus dure que la pierre. Les bois sur pied du plateau n'étaient pas assez gros pour faire des blindages, il eût fallu en aller chercher au parc Marchand, au bas de Villemonble, sous le feu de l'ennemi, et les monter au sommet du plateau par des voies impraticables. Il n'y avait pas à y songer. Le 23 décembre, nos troupes évacuaient le plateau, emmenant toute leur artillerie. Les marins montrèrent en cette circonstance le plus grand dévouement; non-seulement ils purent emmener leurs lourdes pièces, mais ils passèrent les nuits à emporter à dos d'homme les projectiles jusqu'au fort de Rosny. Pendant que nous étions obligés d'abandonner la belle position d'Avron, la seule qui, étant bien défendue, pût nous permettre de prendre l'offensive avec quelques chances de succès, une action était engagée en avant du Drancy.

Toute la journée du 20 décembre fut employée à établir des ponts sur le canal entre Pantin et Bondy, pour permettre aux troupes de passer en masses. Les routes, si malencontreusement barrées par des abatis, durent être dégagées. Dans la nuit du 20 au 21 décembre, vers cinq heures du matin, infanterie et artillerie commencèrent à se diriger par ces ponts en arrière, à droite et à gauche du grand village de Drancy. Au jour, une attaque était vivement commencée par les marins sur le Bourget; les postes avancés de l'ennemi s'y étaient repliés dès que nos forces avaient été en ligne. A onze heures du matin, l'attaque sur le Bourget n'ayant pas donné les résultats qu'on en attendait, et l'ennemi paraissant disposé à reprendre l'offensive et à attaquer le Drancy, sur lequel il dirigeait une vive canonnade, on parut, de notre côté, vouloir se borner à occuper ce point et à le défendre par des ouvrages qui furent commencés sous le feu. Cependant, vers six heures du soir, nos troupes se replièrent toutes derrière le grand Drancy et autour de la ferme du Petit-Drancy. Des grand'gardes seules se tenaient dans les maisons du village faisant face au Bourget.

On avait, pour cette journée, mis beaucoup de troupes en mouvement. Le résultat était à peu près nul. On occupait le Drancy, mais nous n'avions pu, ni nous emparer du Bourget, ni même nous maintenir sur la ligne du chemin de fer de Soissons. Malgré la rigueur du froid, on parut toutefois, pendant un assez long temps, vouloir opérer de nouveau contre le Bourget, et l'on entreprit dès le 22 une suite de travaux de nuit contre cette position. Une longue tranchée-abri réunit le Drancy à la Courneuve. Dans le village même du Drancy des batteries furent montées, battant la plaine entre le Bourget et le Blanc-Ménil. D'autres batteries s'élevèrent à la droite du Drancy et sur la route des Petits-Ponts ; les postes de l'Alouette et de la ferme de Graulai furent assez solidement fortifiés. Or, cette ferme n'est distante que de 1000 mètres du chemin de fer de Soissons, dont les maisons de cantonniers servaient de postes aux Prussiens.

Abrité derrière la chaussée que forme cette voie ferrée, l'ennemi inquiétait rarement nos travailleurs, qu'il se bornait à observer. Nos avant-postes occupaient même le petit bois qui, planté à la droite de la ferme de Graulai, fait face à la voirie de Bondy, au-dessus de laquelle les Prussiens avaient des batteries.

On ne peut expliquer l'importance que nous semblions attacher à la conservation de la ferme de Graulai, tout à fait en l'air, qu'avec l'intention de déborder par la gauche la position du Bourget ; mais, en opérant ainsi, nous avions l'ennemi à dos, puisqu'il occupait la forêt de Bondy, et nous pouvions être assurés qu'au premier mouvement tenté sur le Bourget, l'ennemi se masserait en force, débordant notre flanc droit. Pour éviter ce mouvement, des tranchées réunirent la ferme de Graulai au petit bois et celui-ci à Bondy. L'ennemi ne paraissait pas se préoccuper beaucoup de ces dispositions, ayant au-dessus de Bondy et à la voirie des batteries qui eussent pris nos troupes en écharpe, et la voie ferrée de Soissons, qui faisait une excellente ligne de défense entre le Bourget et nous de ce côté. La perte du plateau d'Avron rendait toutes nos attaques vaines sur le Bourget, et le mouvement en avant préparé par nos travaux ne pouvait avoir de résultat que si des batteries établies au plateau d'Avron eussent pris à revers celles destinées à nous écraser de Bondy à la ferme de Graulai. Occupant en force le plateau d'Avron, nous pouvions, par une manœuvre hardie, en nous appuyant sur le Drancy et la ferme de Graulai, nous jeter sur la gauche du Bourget et sur le Blanc-Ménil; nous débordions ainsi le tir des batteries de la voirie de Bondy, et si l'ennemi descendait de la forêt pour nous attaquer en plaine, à revers, nos troupes du plateau d'Avron descendaient à leur tour, et mettaient les Allemands entre deux feux. Une action de ce genre pouvait donner des résultats réels et nous ouvrir la plaine qui traverse la grande route de Lille n° 2. Or, on remarquera que les Prussiens bombardèrent et rendirent intenable le plateau d'Avron pour nos troupes, au moment même où nous tentions une attaque avec de grandes forces sur le Bourget, et où nous cherchions à nous établir solidement de Drancy à Bondy. Cela était tout naturel; mais ce qui est plus difficile à expliquer, c'est pourquoi nous continuâmes à garder ces positions en flèche, sur le flanc de la forêt de Bondy occupée par l'ennemi, du moment que le plateau d'Avron était abandonné. On reconnaîtra là la marque de cette incertitude dans la direction des opérations qui, depuis le commencement du siége, nous avait été si funeste.

Cependant, le 30 décembre, on recevait l'ordre d'abandonner tous les travaux commencés à la droite du Drancy, et on ne laissait à la ferme de Graulai, à la maison de l'Alouette, que des postes avancés, à Drancy même que peu de troupes. On faisait évacuer une partie de l'artillerie. Quant aux batteries élevées à la ferme de Graulai, à l'Alouette et à la droite du Drancy, elles n'avaient pas été armées.

Il fallait encore sur ce point renoncer à prendre l'offensive : l'ennemi ne se tourmentait guère, et il avait raison, de la possession de nos postes avancés ; il n'essaya qu'une nuit de les attaquer; et, les ayant trouvés gardés et suffisamment défendus, il n'insista pas et se retira. Désormais ces postes n'avaient pour nous, et en vue d'opérations ultérieures, aucune importance ; car l'ennemi, ayant enfin réuni au Raincy et entre Villiers et Noisy des pièces de siége, commença à couvrir d'obus du calibre de $0^m,148$ tout notre front oriental, du fort de Noisy au fort de Nogent. Le bombardement commença le 30 décembre et ne cessa que le jour de la signature de l'armistice. Presque en même temps commençait le bombardement des forts du sud et des quartiers de la rive gauche de la ville par-dessus ces forts et l'enceinte. Cette cruelle expérience démontrait assez qu'il eût fallu, pour défendre efficacement Paris, occuper les excellentes positions qui bordent les forts à la portée de leur tir, dans lesquelles on avait laissé l'ennemi s'installer sans l'inquiéter, et que l'on avait trop tard et vainement cherché à reprendre pendant les deux derniers mois.

Bien que le plateau sur lequel sont bâtis les forts de l'est ait beaucoup plus d'étendue que celui d'Avron et qu'il soit défendu par ces forts et trois redoutes, dès le second jour du bombardement on reconnut que ces défenses étaient mal pourvues. Les blindages, dans les forts, étaient insuffisants, notamment les poudrières n'étaient pas bien couvertes. Les redoutes offraient à peine quelques abris. Entre les forts, les batteries supplémentaires n'étaient qu'ébauchées ; les tranchées, sur quelques points, enfilées ; presque partout prises en écharpe, et ne possédaient pas une seule traverse-abri. Pourquoi avoir attendu au dernier moment pour exécuter tous ces ouvrages? On ne croyait pas, évidemment, aux pièces de gros calibre de l'ennemi, et surtout à leur nombre. Or, tout le jour et la nuit, sur tout ce plateau, et particulièrement sur les forts de Nogent, de Rosny, sur les redoutes de Montreuil et de la Boissière, ainsi que sur la grosse batterie établie en arrière de cette redoute, c'était une pluie d'obus, lesquels arrivaient exactement sur les mêmes points, parfois dans les mêmes trous.

Le tir le plus allongé ne dépassait pas 6200 mètres, à en juger par la position des batteries et les points extrêmes de la trajectoire des obus, dont quelques-uns tombèrent dans le village de Romainville suivant un angle de 30 degrés (1).

Il fallut donc pourvoir au plus tôt à tout ce qui manquait aux défenses du plateau de l'est; car il ne pouvait s'agir, ici comme à Avron, de céder la place après un bombardement de quelques jours. Les Prussiens établis sur le plateau de l'est, et Paris était pris sans conditions.

Cette pluie d'obus n'était pas tellement redoutable cependant que le génie ne pût travailler le jour sur tous les points à renforcer; les hommes s'y habituaient. On postait un guetteur sur les épaulements, qui, quand il voyait la fumée de la pièce ennemie, dont le tir était dirigé de son côté, criait : « Pour nous ! » Et chacun de se baisser dans la tranchée. Entre le moment où l'on apercevait la fumée de la pièce et où arrivait le projectile, on comptait environ huit secondes, espace de temps suffisant pour se défiler. Le danger sérieux n'existait guère que sur les parties découvertes. Ainsi est-il bien constant que chaque pièce prussienne de gros calibre restait

(1) Pendant les journées du 30 et du 31 décembre, l'ennemi tira sur le plateau de l'est, du fort de Rosny au fort de Noisy, de huit heures du matin à quatre heures du soir, moment où le feu cessait, cinq coups en moyenne toutes les deux minutes, ce qui donne 1200 coups pour huit heures. Pendant la nuit du 31 décembre au 1er janvier, il envoya un millier d'obus. Le tir reprit dans la journée du 1er janvier comme les jours précédents. Le 2 janvier, le tir se ralentit, et le nombre des projectiles envoyés ne dépassa pas 500. Ainsi donc, du 30 décembre au 2 janvier inclus, 5100 obus atteignirent les deux forts de Rosny et de Noisy, leurs avancées, les deux redoutes, et couvrirent le plateau entre ces ouvrages. Le feu ne discontinua pas jusqu'à la signature de l'armistice, excepté pendant les jours de brouillard intense et les nuits, où il cessait presque complètement. Ce nombre de projectiles ne causa pas cependant aux deux forts des dommages qui fussent de nature à diminuer la valeur de leurs défenses, fut insignifiant pour les redoutes et pour les batteries élevées en arrière, tua et blessa peu de monde. On peut supputer que 1000 coups ont été tirés en moyenne, sur l'espace que nous venons d'indiquer, par vingt-quatre heures; en déduisant les journées de brouillard intense, du 30 décembre au jour de la signature de l'armistice, on compte vingt-trois jours; ce sont donc 23 000 obus envoyés. Chacun d'eux tiré représente une valeur argent de 75 francs. Ce tir, rien que pour la valeur des projectiles et charges, atteint donc en argent le chiffre de 1 725 000 francs.

Le résultat n'est évidemment pas en rapport avec la dépense, et l'on peut admettre qu'au point de vue militaire, les Prussiens abusent du bombardement.

exactement pointée dans le même plan. Le tir, trop allongé d'abord, et arrivant presque sur la route stratégique, au delà des forts ou sur leur gorge, fut bientôt rectifié, et vers le troisième jour les projectiles tombaient dans les forts, sur les avancées, les batteries supplémentaires et nos tranchées. Plusieurs de ces batteries supplémentaires, qui, avec les pièces des forts, eussent pu inquiéter beaucoup l'ennemi, ne furent pas armées, je ne saurais dire pourquoi. Cependant la terre, profondément gelée, n'avait permis d'élever les épaulements qu'avec des peines infinies et des risques sérieux, les Prussiens tirant sur ces épaulements dès qu'ils les voyaient prendre du relief. De nouvelles pièces de 7 mises en batterie le long des tranchées, entre le fort de Noisy et la redoute de Montreuil, et les grosses pièces de marine montées sur les épaulements le long de la route stratégique, entre cette redoute et celle de la Boissière, jointes à l'artillerie des forts, firent toutefois éprouver des dommages assez graves aux batteries prussiennes établies au Raincy, pour que l'on pût reconnaître que quelques-unes de leurs pièces ne tiraient plus. De temps en temps on voyait, avec une longuevue, les artilleurs ennemis s'éparpiller en dehors de leurs ouvrages.

Le front sur lequel nous tirions étant beaucoup moins étendu que celui sur lequel l'ennemi pointait ses pièces, il est à croire que nous lui fîmes subir des pertes considérables relativement aux nôtres, car on répondait du plateau et des forts à peu près coup pour coup. Il n'en demeure pas moins évident que ces combats d'artillerie à très-longue portée ne donnent qu'un résultat insignifiant, eu égard à la masse énorme de munitions consommées. De plus, c'est à peine si les trois quarts des obus prussiens éclataient : bien que la terre fût très-dure par suite de la gelée, beaucoup s'enfonçaient suivant des angles de 25 à 30 degrés à $1^m,50$, $1^m,80$ de profondeur, sans produire aucun effet. Cette épreuve permit de constater le tracé défectueux de nos forts bâtis à une époque où le tir efficace des pièces de gros calibre ne dépassait guère 2000 mètres. Avant le commencement de la campagne de Paris, l'état-major français n'ignorait pas cependant la puissance et l'étendue du tir de l'artillerie actuelle ; on se demande alors pourquoi, dès les premiers jours de septembre, on n'avait pas pris dans les forts et entre leurs assiettes les dispositions propres à lutter avec avantage, et comment la plupart de ces forts, qui allaient évidemment devenir des nids à boulets, puisqu'on ne gardait pas les positions qui permettent de les battre, n'avaient pas été solidement pourvus d'abris blindés. Mais je reviendrai plus tard sur l'étude de ces forts et sur leur tracé défectueux en raison des effets de l'artillerie actuelle. Ainsi que je l'ai dit déjà, vers les premiers jours de janvier, le bombardement commença de même sur les forts du sud avec une violence extrême ; les forts de Montrouge et d'Issy eurent particulièrement à souffrir. Il fallut envoyer, dès le 10 janvier, deux compagnies du génie en permanence dans le seul fort de Montrouge, pour réparer pendant la nuit les dégâts occasionnés par les obus prussiens. Et chaque nuit le travail fait la nuit précédente était à recommencer. Dominés par les batteries prussiennes, qui d'ailleurs étaient établies à une distance de 2500 à 3000 mètres, les ouvrages des forts du sud étaient autrement entamés que ne pouvaient l'être ceux des forts de l'est. Leur tir était gêné, et vers les derniers jours du siége il était très-ralenti. Fort inutilement, au point de vue militaire et par des motifs que l'armée allemande aura de la peine à expliquer honorablement, des obus étaient en outre envoyés par-dessus ces forts dans la ville même, à une distance de 7000 à 8000 mètres. Cette dévastation, non commandée par les nécessités de la guerre et ne devant en aucune manière avancer la reddition de Paris, pouvait faire supposer que l'armée ennemie était pressée d'en finir, qu'elle voulait intimider la population, et que, si elle désirait un terme prompt à ce long siége, c'est qu'elle avait des difficultés sur ses derrières. Au lieu d'apporter le découragement dans l'esprit des Parisiens, ce bombardement sauvage, inutile, et qui jamais ne sera pardonné à la Prusse chez aucune nation civilisée, qui motivera de cruelles représailles, d'où qu'elles viennent, ne fit qu'exaspérer la résistance. Si bien que, cédant à l'opinion de tous, les commandants militaires durent tout préparer pour une action décisive en dehors de notre enceinte.

Bien que la sortie projetée cette fois fût combinée avec assez de mystère pour que l'ennemi ne pût être prévenu longtemps à l'avance, cependant il n'était pas sans inquiétude à Versailles, et si notre attaque eût été effectuée un jour plus tôt, c'est-à-dire le 18, pendant la *conclamation* de l'empereur d'Allemagne dans le château de Louis XIV, elle eût eu une certaine opportunité et eût jeté une lueur sinistre à travers cette ridicule cérémonie. Mais il était dit que nous ne saurions rien faire à propos.

La concentration de nos troupes du côté de Courbevoie se fit avec promptitude. Les ordres étaient donnés le 17 janvier aux divers corps; le 18 ils étaient cantonnés à Courbevoie, à Clichy, à Asnières, à Puteaux et à Neuilly. Dès trois heures du matin, le 19, ces corps se mettaient en marche et se massaient du pont de Neuilly au rond-point de Courbevoie. En outre, l'avenue de Neuilly se remplissait des bataillons de guerre de la garde nationale.

L'attaque devait être dirigée contre les hauteurs de Saint-Cucufa, entre Garches et la Celle-Saint-Cloud. A huit heures du matin le feu commença sur notre gauche par Saint-Cloud et Montretout, contre la pointe orientale de ces hauteurs. Le centre ne fit son attaque que vers huit heures et demie, en face du parc de Buzanval. Pendant ce temps, nos pièces de 7 établies sur les rampes du mont Valérien, au-dessous du moulin du Gibet, et le fort, envoyaient des obus dans les bois au-dessus de la porte de Longboyau. Les troupes qui devaient opérer sur notre droite, cantonnées à Asnières, retardées dans leur marche par les corps déjà en mouvement sur la route de Rueil et par des manœuvres de locomotives blindées, ne purent arriver que très-tard, et ne commencèrent leur attaque contre le ravin de Longboyau que vers dix heures et demie. La redoute de Montretout, abandonnée par l'ennemi, fut occupée par nos troupes, qui ne purent toutefois s'y maintenir sous la pluie de projectiles qui, des batteries prussiennes du Haras, tombaient sur cet ouvrage. Le mouvement de notre gauche fut ainsi arrêté et ne dépassa guère cette redoute. Sur notre centre, les murs extérieurs du parc de Buzanval ayant été crevés sur plusieurs points par les explosions de dynamite, nos troupes entrèrent dans ce parc, s'emparèrent du château et refoulèrent l'ennemi jusqu'à un grand mur bâti obliquement de la porte de Longboyau et suivant les rampes de l'escarpement. Ce mur, solide, crénelé, opposait un obstacle invincible à notre infanterie. Notre aile droite fut de même bientôt arrêtée à mi-côte dans la gorge de Longboyau, par des ouvrages de campagne. Toute la journée les corps engagés ne cessèrent de tirer contre l'arrière-mur du parc de Buzanval sans résultat, car il eût fallu faire brèche avec de l'artillerie. L'ennemi, parfaitement à couvert derrière les murs crénelés, ne pouvait éprouver de pertes sérieuses; tandis que les nôtres, mal protégés par les bois au milieu desquels ils se tenaient, étaient touchés à coups sûrs. Des troupes sorties de Saint-Germain, suivant la route de Bougival, se disposaient à venir couper notre droite engagée dans la gorge de Longboyau. Pour arrêter ce mouvement, une batterie de 12 et des mitrailleuses furent dirigées sur le mamelon qui s'élève au-dessus de la Malmaison. Depuis huit heures du matin jusqu'à quatre heures et demie, la fusillade la plus nourrie ne cessa pas un seul instant; cependant nous ne gagnions plus un mètre de terrain ; car, pour avancer, il eût fallu d'abord, ou faire sauter les murs intérieurs du parc, ou faire brèche avec de l'artillerie. La difficulté était de mettre des pièces en batterie sur cet espace étroit, en pente et couvert de bois. La route qui monte au château de Buzanval était défoncée, impraticable pour les pièces, si ce n'est peut-être celles de 4. Mais pouvait-on faire brèche dans ces murs solides avec des pièces de 4 ? Et d'ailleurs, outre la difficulté de les amener sur ce terrain couvert de bois, les artilleurs et les chevaux eussent tous été touchés avant de pouvoir les mettre en batterie.

A la nuit, le feu cessa; nos troupes, et notamment les bataillons de guerre de la garde nationale, avaient fait des pertes sensibles. On conserva ses positions à quelques mètres de l'ennemi : un simple mur séparait les Français et les Prussiens. Au Vésinet, on avait vu dans la soirée les Prussiens prendre des dispositions pour balayer en écharpe nos batteries établies sur le mamelon qui domine la Malmaison. Vers huit heures du soir, après un conseil tenu dans la maison Crochart, au-dessous du parc de Buzanval, il fut décidé que les positions occupées par nous seraient évacuées dans la nuit. En effet, le lendemain matin, les troupes étaient rentrées dans leurs cantonnements sans que l'ennemi cherchât à inquiéter la retraite. Cette troisième et dernière tentative, exécutée avec 50 000 hommes environ, dont la moitié seule fut sérieusement engagée, ne réussit pas mieux que les deux premières, et n'avait, il faut le reconnaître, aucune chance de réussite.

Instruits par la première affaire de la Malmaison, qui jeta un instant l'alarme au quartier général de Versailles, l'ennemi avait bien vite reconnu l'importance pour lui de conserver les hauteurs de Saint-Cucufa, et y avait accumulé les obstacles, en profitant, suivant sa tactique excellente, des moindres mouvements de terrain, des murs existants, des bois. A notre attaque du centre, il n'opposa que sa fusillade, étant certain qu'elle suffisait à nous empêcher de franchir ce second mur du parc de Buzanval. Mais si, par aventure, nous fussions parvenus à faire brèche dans ce mur et à y précipiter une colonne d'attaque, il n'est pas douteux que cette colonne, engagée dans le cirque de Saint-Cucufa (voyez la planche V), eût été vigoureusement accueillie par l'artillerie de campagne que les Prussiens avaient pu mettre en batterie, dans une position dominante, le long du mur nord du Haras. Cet emplacement excellent franchi,—chose difficile,—nous trouvions d'autres pièces en retraite balayant tout le plateau. Si les pièces placées au Haras n'eurent pas l'occasion de tirer sur Buzanval (puisque les troupes prussiennes étaient entre ces pièces et nous, et que d'ailleurs, par suite de la déclivité du sol, nous étions défilés de leurs feux), elles purent tirer à loisir sur Montretout et Garches, et couvrirent toute la journée notre redoute d'une telle quantité d'obus, qu'il n'y avait pas à s'aventurer dans sa gorge. En supposant que notre gauche eût pu parvenir à Villeneuve-l'Étang et tourner cette belle position de la Bergerie et du Haras, elle était prise en écharpe par des batteries placées sur les hauteurs du parc de Marnes, et de face par celles établies en avant du bois des Hubies, au-dessus du château de la Marche. Il n'était donc possible de tourner les hauteurs de Saint-Cucufa qu'en engageant une action qui eût pu tourner également celles de Marnes et de la Marche, en suivant les lignes des deux chemins de fer de Versailles ; mais, au-dessus de Châville, sur la hauteur, une forte batterie défendait le vallon jusqu'à Sèvres, et ainsi, de proche en proche, nous ne pouvions tourner un plateau qu'en ayant sur notre flanc et même à dos l'artillerie ennemie. C'était plutôt par le ravin de Longboyau, sur notre droite, qu'on eût pu arriver jusqu'au plateau du Haras, mais l'ennemi avait fortement barricadé le ravin à son débouché dans le val de Saint-Cucufa, et cet amphithéâtre pouvait être facilement garni à sa crête d'une nombreuse artillerie sortie du parc du Haras. Cependant, de ce côté, l'entreprise eût pu avoir quelques chances de succès, ainsi qu'on le verra lorsque nous examinerons le système défensif de l'ennemi sur ce point.

Si, pour s'emparer des positions de Villiers et de Cœuilly, et même de celle du Bourget, nous en étions réduits à agir méthodiquement et comme dans une guerre de siége, à plus forte raison eût-il fallu procéder ainsi contre les hauteurs de Saint-Cucufa, autrement escarpées et hérissées d'obstacles naturels et artificiels. Ce n'était ni en un jour, ni en deux ou trois jours de bataille, qu'on pouvait espérer faire tomber entre nos mains une pareille position, mais par une suite d'efforts continus, comme s'il se fût agi de prendre une citadelle ; car les Prussiens avaient fait de tous les excellents postes que nous leur avions abandonnés de véritables forteresses qu'ils avaient eu tout le loisir d'armer et de perfectionner sous nos yeux et sans que nous ayons essayé de les inquiéter, alors que cela eût été possible, c'est-à-dire pendant les deux premiers mois de l'investissement. Un officier allemand qui avait été pris au commencement de l'affaire, du côté de Montretout, je crois, disait à ceux qui l'emmenaient : « Soyez tranquilles, ça n'est pas fini, vous serez bien reçus tout à l'heure. » Il disait vrai.

L'ennemi, qui s'attendait à être attaqué le 18, la veille, ne paraissait pas avoir beaucoup de troupes, au commencement de l'action, sur les hauteurs de Buzanval ; mais une position aussi bien choisie pouvait résister longtemps avec peu de monde et attendre les renforts qui lui arriveraient de Versailles. Alors 100 000 hommes de solides et bonnes troupes n'auraient pu déloger l'ennemi de vive force ; il eût fallu entreprendre une série d'opérations, comme s'il se fût agi d'attaquer une place forte.

Le soir de l'affaire de Buzanval, comme le soir de l'affaire de Drancy, nos corps d'armée, après l'action, étaient si bien enchevêtrés les uns dans les autres, sans ordre et au hasard ; le train, les ambulances, l'artillerie, présentaient, sur les routes de Rueil à Fouilleuse, un tel encombrement, qu'un retour offensif de l'ennemi eût, sans aucun doute, amené une déroute complète. Heureusement les Allemands ne cherchèrent pas à sortir de leurs positions, qu'ils étaient assurés de garder sans perdre de monde, tandis que nous ne pourrions continuer l'attaque le lendemain qu'en sacrifiant inutilement beaucoup de braves gens. Là, donc, plus encore qu'après les affaires de Champigny et de Drancy, la retraite était commandée.

De tous les tristes épisodes de cette campagne de Paris, l'affaire de Buzanval fut le dernier ; peu de jours après, la ville capitulait, faute de vivres.

En supposant que les vivres n'eussent pas manqué encore, que pouvait tenter l'armée de Paris ? Elle avait agi au nord, à l'ouest, à l'est ; pouvait-elle agir au sud contre les lignes que les Prussiens avaient établies en avant de la route de Choisy-le-Roi à Versailles, contre ces batteries qui foudroyaient nos forts de Charenton à Issy et la ville elle-même par-dessus son enceinte ? Cette armée qui n'avait pas su garder le Bourget, qui n'avait pu atteindre les hauteurs de Cœuilly, aurait-elle la puissance, la cohésion, l'énergie nécessaires pour tourner les batteries de Châtillon, de Clamart, de Bagneux et du Plessis-Picquet ? Malgré trois batailles, quelques succès, la prise de positions secondaires, mais cependant qui étendaient pour quelques jours notre ligne de défense ; malgré des sorties pendant lesquelles on enlevait quelques postes ; malgré le tir excellent de nos marins occupant nos forts et les batteries avancées, l'armée allemande, procédant avec méthode, sans se hâter, à son heure, cantonnée dans nos maisons de campagne, qu'elle pillait froidement, resserrait de fait, chaque jour, sa ligne de contrevallation ; élevait sous nos yeux les batteries qui devaient recevoir des pièces de position et détruire nos ouvrages permanents les plus importants. La véritable guerre de siége n'eût commencé pour l'armée ennemie que lorsque nos forts du sud eussent été intenables et leurs feux éteints. Comme, pour s'en emparer, il fallait toujours en venir à un assaut, l'ennemi eût alors ouvert ses tranchées et tracé ses parallèles. C'était une affaire de deux à trois semaines au plus. Un de ces forts — celui d'Issy, par exemple — pris, Paris était à la discrétion de l'assiégeant. L'issue ne pouvait être douteuse du jour que les secours du dehors n'arrivaient pas à faire une puissante diversion, et à nous débloquer en forçant l'assiégeant à un mouvement pour ne pas être pris entre deux feux.

Tous nos officiers généraux étaient certainement pénétrés de cette situation. La réalité se présentait à eux avec tout ce qu'elle avait de funeste : leur demander de communiquer des espérances qu'ils n'avaient pas était chose difficile ; de faire partager à la population et à l'armée leurs appréhensions trop justifiées, eût été déplorable et eût paralysé nos derniers efforts. Cependant cette armée avait le sentiment des trop justes prévisions de l'état-major, et son attitude s'en ressentait. Elle faisait son devoir avec la conviction qu'un succès final ne devait pas couronner ses efforts. Telle était notre triste situation. Bien connue de tous ceux qui ont pris part à la défense de Paris devant l'ennemi, il est permis de se demander si cette armée, malgré ses vices d'organisation et de discipline, n'a pas fait preuve d'une rare fermeté de caractère en faisant son devoir jusqu'au bout, sans autre espoir que de sauver son honneur. Je n'oublierai jamais l'aspect navrant qu'elle présentait, et, au milieu de la décomposition qui la gagnait d'heure en heure, la physionomie empreinte d'un énergique désespoir des quelques officiers et soldats qui, seuls et jusqu'au dernier moment, donnaient un reste de vie à ce corps énervé par les privations, des souffrances cruelles, la persistance de nos désastres, l'isolement et l'attitude odieuse de ces gens qui, sans être jamais sortis des murs, sans avoir affronté un danger, nourris et payés pour ne rien faire, venaient réclamer de nos généraux ces sorties et ces trouées auxquelles ils se promettaient bien de ne pas prendre part. En pareille occurrence, une armée allemande se fût-elle mieux conduite, eût-elle lutté aussi longtemps sans aucun espoir? Il est permis d'en douter. Des gens qui ne voient dans les temps de paix qu'une occasion d'exercer en grand l'espionnage chez leurs voisins, et dans la guerre qu'un moyen de s'enrichir, une affaire dont le résultat doit remplir leurs coffres, ces gens-là n'entendent pas évidemment l'honneur comme nous l'entendons. S'ils se fussent trouvés dans la situation qui nous était faite pendant ces quatre mois, qui sait s'ils n'auraient pas préféré compter avec l'ennemi, plutôt que de tout sacrifier, sinon pour le battre, au moins pour sauver leur honneur.

Pour une armée composée comme l'est l'armée allemande, unie non par un sentiment de nationalité, une communauté d'action et d'intérêts séculaires, mais par la haine et l'envie, contre un adversaire trop peu défiant, riche, et dont on se partagera les dépouilles; chez laquelle le sens moral est faible, quoi que prétendent ses chefs, un échec aurait eu des conséquences désastreuses. Il est douteux que l'on eût trouvé alors dans cette armée, réunie sous une pensée de haine et de rapine, les éléments même imparfaits avec lesquels nous avons pu résister à Paris et en province pendant quatre mois, soutenus seulement par ce sentiment d'honneur qui est une puissance, quoi qu'en disent nos ennemis, qui nous raillent volontiers sur ce point, en nous demandant, lorsque nous pâlissons sous certaines humiliations, si notre honneur est d'une nature particulière? Oui, heureusement, si nous le comparons du moins à l'idée que les Allemands attachent à ce mot. Ne leur souhaitons pas d'avoir à passer par ces dernières épreuves : ce grand corps, si merveilleusement uni par quelques hommes sans scrupules, et dont les desseins sont si funestes au développement de la civilisation, se décomposerait rapidement, et offrirait au monde un spectacle bien autrement sombre encore que n'était l'aspect de Paris pendant ces derniers mois.

En profitant des dures leçons que le sort nous ménageait, en formant des générations saines de corps et d'esprit, en prenant à nos ennemis ces principes d'organisation, cette action méthodique, cette ténacité et cette habitude de réflexion qui font leur force, tâchons de ne pas laisser éteindre nos nobles qualités natives, les seules qui nous aient encore soutenus pendant la lutte ; car, s'il fallait les échanger contre celles dont nos ennemis ont fait preuve, à la charge de devenir à notre tour une agglomération envieuse, peu scrupuleuse sur les moyens, et supputant en écus et en pilleries organisées froidement ce que vaut le sang qu'elle verse sur un champ de bataille, nous y perdrions encore.

Les Allemands comptent beaucoup sur les événements dont Paris a été le théâtre depuis le 18 mars pour faire oublier en France les côtés odieux de leur invasion, car ils savent que les haines suscitées par la guerre civile sont autrement vives et tenaces que ne le sont jamais les haines de peuple à peuple. Quelques esprits sont dès lors disposés à admettre que la main des hommes politiques qui dirigent aujourd'hui le corps germanique est pour quelque chose dans ces événements. Cela peut être ; mais ces événements peuvent s'expliquer par la situation exceptionnelle faite à Paris pendant et après le siége.

Depuis longtemps Paris renferme trois groupes distincts de population : le groupe cosmopolite ; la masse flottante, passablement ignorante, et facile par conséquent à entraîner ; et enfin la population parisienne. Le groupe cosmopolite, étranger à tout sentiment national, est un composé d'éléments malsains, déclassés, de tous pays, chevaliers d'industrie, réfugiés, mécontents, utopistes, ne voyant dans l'agglomération parisienne qu'un champ à exploiter, et opérant ainsi, *in animâ vili ;* n'ayant rien à perdre dans la désorganisation générale et tout à gagner. La masse flottante — deuxième groupe — vivant de son travail ou de son industrie, tâtant la fortune aux temps prospères, profitant des ressources que fournit une grande ville aux époques calamiteuses, peu éclairée, indifférente au bien public, égoïste, envieuse, prête à soutenir tout pouvoir qui lui assure pour un temps les moyens de vivre, fût-ce aux dépens de la prospérité générale, à renverser ce pouvoir s'il ne lui donne pas tout ce qu'elle en attend. Quant à la population parisienne, inconnue aux étrangers, vivant à part, d'un esprit modéré, patiente et laborieuse, elle connaît le prix du temps et ne demande qu'une chose : la sécurité, qui lui assure les moyens de se livrer à ses travaux ; susceptible d'ailleurs, patriote et tenant haut l'honneur de la cité. Tantôt la masse flottante se réunit, suivant ce qu'elle considère comme son intérêt, au groupe cosmopolite, tantôt à la véritable population parisienne ; ce qui explique les changements subits qui semblent se produire dans l'opinion de la capitale, changements qui résultent de ce déplacement d'une quantité dépourvue d'initiative et de vues générales. La cause la plus légère, un hasard suffit souvent pour produire ce déplacement : c'est la chance d'un coup de dés.

A l'approche des grandes crises, la population cosmopolite augmente singulièrement en nombre et en audace, et la véritable population parisienne, celle qui est l'honneur et fait la richesse de la cité, s'éloigne, s'abstient, ayant horreur du désordre, du trouble et de tout ce qui la détourne de ses travaux. La masse ignorante, impressionnable et faible, demeure ainsi à la merci de gens sans scrupules, sans liens dans la cité, et qui, pour arriver à leurs fins, c'est-à-dire au triomphe de l'anarchie, dont eux seuls profitent, excitent les plus mauvaises passions, les appétits les plus bas, et propagent les mensonges les plus grossiers.

L'état d'isolement dans lequel Paris a passé les longs mois du siège a singulièrement développé les dangers de cette situation. Sitôt le blocus levé, la cité a été envahie plus que jamais par la foule des étrangers, des gens sans aveu, pêcheurs en eau trouble, repris de justice, énergumènes de toutes provenances. Bon nombre de Parisiens qui avaient, pendant le siége, envoyé leurs familles en province, ont été les rejoindre ; beaucoup d'autres étaient appelés par leurs intérêts longtemps négligés, soit à l'étranger, soit dans les départements ; quelques-uns enfin sentaient le besoin de se soustraire au spectacle énervant que présentait alors l'intérieur de Paris.

Le siége avait profondément démoralisé la masse peu éclairée de la population. Les habitudes d'oisiveté, de la vie décousue, d'excitations journalières, avaient remplacé chez elle le travail, la vie régulière et policée.

Depuis la cessation des hostilités, on voyait vaguer dans les rues, du matin au soir, des hommes vêtus du costume de la garde nationale, débraillés, moitié ivres, portant toujours leur fusil en bandoulière. Ces hommes, recevant la solde de 1 fr. 50 cent. par jour, refusaient le travail qu'on leur offrait, préférant la vie désœuvrée qu'ils menaient au salaire honorable.

Paris, cependant, se reprenait à l'existence laborieuse, les commandes affluaient, les industriels ouvraient leurs ateliers. Il y eut une lueur d'espoir : chacun se mettait en mesure de réparer les désastres.

Cela ne faisait pas le compte des meneurs, des étrangers, Italiens, Polonais, Allemands, Anglais et Américains, et des agents de l'Internationale, qui s'étaient donné rendez-vous à Paris depuis la fin du siége. Il fallait à ces hommes une nouvelle crise.

La garde et la possession des canons et des munitions laissés à l'abandon par une déplorable incurie, depuis l'armistice, furent le prétexte, non la cause, des événements dont la journée du 18 mars commença la série. Jamais on ne vit pareil aveuglement s'emparer d'une population. L'isolement, les privations subies pendant plus de quatre mois, cette longue série d'illusions détruites, avaient affolé la masse parisienne ignorante et pénétrée des plus ridicules préjugés, lui avaient ôté toute notion du vrai et du réel. Si l'on eût osé dire alors à ces égarés que si la France peut, à la rigueur, se passer de Paris, Paris ne saurait se passer de la France, c'eût été se faire conspuer, peut-être pis. Ainsi le groupe cosmopolite trouvait-il sous sa main un instrument tout préparé pour l'accomplissement de ses projets.

La masse que l'on avait armée sous le prétexte de défendre Paris n'était pas un composé d'éléments homogènes. Les uns avaient pris des fusils, non pour s'en servir contre l'ennemi, dont ils ne se souciaient guère, mais contre leurs concitoyens à un moment donné, et pour obtenir par la force la désorganisation complète du corps social, déjà si malade. Ils ne cachaient pas leurs projets, les dévoilaient hautement dans leurs clubs. Les autres, animés de sentiments patriotiques, désireux de concourir à la défense de la capitale, mais indisciplinés, peu faits aux fatigues de la guerre, ne pouvaient concourir à cette défense que très-imparfaitement, et devaient être, devant l'armée prussienne, un embarras bien plutôt qu'un appui.

Aussi les généraux chargés des opérations à Paris n'employèrent-ils que rarement cette troupe, et avec une défiance que justifiait son instruction militaire à peu près nulle. Dans l'esprit de cette fraction considérable de la garde nationale, la trop juste défiance de l'état-major de l'armée constituait un acte de trahison. Si l'on n'employait pas la garde nationale, c'est qu'on ne voulait pas obtenir de brillants succès sur l'ennemi. Si on l'employait sans résultats possibles, ce n'était pas à son instruction militaire qu'il fallait s'en prendre, mais au commandement. Restés possesseurs de leurs armes après la capitulation, considérée par eux comme honteuse, entretenus dans les plus folles illusions par des meneurs habiles, et par ces hommes si nombreux à Paris qui joignent à une vanité prodigieuse une ignorance profonde des choses, ces gardes nationaux prétendaient prendre une revanche, se servir de ces armes inutilisées entre leurs mains, n'importe contre qui, n'importe pour quelle cause. C'est ainsi que cette fraction importante fut entraînée à entreprendre la guerre civile, n'ayant pu faire la guerre contre l'ennemi.

Il est évident que la liberté s'établira difficilement au sein d'une population si peu faite pour en comprendre les devoirs et les conditions, et toujours prête à accepter un despotisme, qu'il vienne d'en haut ou d'en bas.

L'ignorance, la vanité, l'amour de la mise en scène, du théâtral, l'habitude de l'oisiveté prise pendant le siége, un besoin puéril de se servir des armes dont on n'avait pu ni su faire usage contre l'ennemi, ont donc été pour beaucoup dans les événements dont la France tout entière aura souffert depuis le 18 mars dernier.

Sortis de cette nouvelle et trop humiliante épreuve, c'est à en conjurer le retour que doivent s'appliquer toutes les intelligences.

L'expérience est acquise. Paris est une monstrueuse agglomération qu'il faut dissoudre pour le repos de la France et de l'Europe entière. Paris sera toujours un terrible instrument de despotisme ou un foyer d'anarchie, tant que l'on ne renoncera pas au système de centralisation à outrance qui régit la France depuis la première révolution. Il aurait cependant un rôle tout différent à remplir, qui lui assurerait la reconnaissance des peuples à la place des sentiments de haine, de crainte et d'envie qui se sont depuis longtemps accumulés sur lui et sous l'effort desquels il périrait.

Ce n'est ni par des mesures répressives, d'épuration, d'occupation armée, de police formidable, qu'on peut remédier au mal. Il faut supprimer les causes, si l'on prétend conjurer le retour du danger. Ces causes peuvent se résumer en une seule, l'importance politique, le siége du gouvernement.

L'installation du gouvernement de la France à Paris n'offre, au point de vue politique, aucun avantage ; elle présente, en revanche, beaucoup d'inconvénients. Elle fournit aux agitateurs une occasion permanente de troubler la marche régulière du pays, de s'emparer du pouvoir par surprise ; elle soumet ce pouvoir, quel qu'il soit, aux fluctuations de l'opinion, au sein d'une population mêlée, nerveuse, envahie par les non-valeurs ambitieuses et sans scrupules du pays. Elle appelle toutes les convoitises du fonctionnarisme. Elle provoque un développement effréné du luxe, et entretient ainsi parmi les classes inférieures des sentiments d'envie. Elle donne naissance à une presse qu'il faut, ou comprimer, contrairement aux principes élémentaires de la liberté, ou laisser passer, et qui est alors licencieuse, perverse et démoralisatrice. Elle met en contact les fonctionnaires à tous les degrés avec les distractions et les plaisirs qui abondent dans une ville aussi riche, et les détourne des préoccupations auxquelles ils ne doivent pas se soustraire. Elle attire dans la grande cité des solliciteurs de toutes sortes, prêts à faire marché avec les adversaires du gouvernement, si celui-ci ne les accueille pas favorablement.

Parmi ces hommes qui surgissent dans les temps de troubles et deviennent parfois des personnalités éphémères, il en est bon nombre qui ont longtemps et vainement sollicité des places du gouvernement qu'ils prétendent renverser.

Le pouvoir central, politique, établi hors de Paris, cette ville est rendue à ses ressources propres, ne prend que le développement que lui assurent son industrie, son commerce, son intelligence et l'activité de ses citoyens. Alors le travail seul lui assure la prospérité, et par le travail la population se moralise, s'instruit et s'élève.

DEUXIÈME PARTIE

DE LA DISCIPLINE ET DE L'ENSEIGNEMENT

J'ai entendu exprimer cette opinion, que la discipline était incompatible avec un état démocratique ; qu'elle était la conséquence naturelle des institutions aristocratiques, et que l'armée allemande, entre autres, n'était aussi fortement soumise à la discipline que parce que les traditions aristocratiques étaient conservées en Prusse. Ainsi donc, si le parti des hobereaux n'existait pas de l'autre côté du Rhin, il n'y aurait plus, dans l'armée de l'empereur Guillaume, cette discipline qui constitue sa principale force. C'est là, je le crois, une idée fausse, ou tout au moins une exagération. Les armées féodales de la France ne se distinguaient pas par la rigueur de leur discipline, et celles de la fin de la première république étaient parfaitement disciplinées. C'est à la discipline que les petites armées de la république helvétique sont redevables de leur valeur séculaire.

Je crois aussi qu'on se méprend volontiers, en France, sur les véritables éléments de la discipline militaire. Ces éléments, à mon sens, sont : 1° l'éducation ; 2° l'instruction. Un état démocratique ne peut subsister qu'autant que les citoyens qui en font partie sont élevés d'après les principes de solidarité qui doivent exister entre tous les membres de la république, et ont reçu une instruction suffisante pour qu'il ne puisse y avoir, entre les plus élevés sur l'échelle sociale et les derniers, de ces écarts tels qu'aucune entente ne soit possible entre eux.

La société française constitue un état théoriquement démocratique ayant l'égalité pour base, intellectuellement aristocratique. A côté de la plus vive lumière on tombe dans la plus profonde obscurité, et chaque jour, dans les relations ordinaires établies entre chaque citoyen, l'intelligence la moins discutable se heurte à l'ignorance la plus grossière. Or, ce qui fait de l'ignorance un vice social des plus dangereux, c'est qu'elle manifeste un mépris d'autant plus marqué pour ceux qui possèdent l'instruction, qu'elle est plus profonde. C'est sa manière de se venger sur ce qu'elle ne possède pas. Pour la brute, l'intelligence éclairée par une instruction solide constitue à celui qui la possède une propriété haïssable au dernier chef, parce qu'elle ne saurait lui être ravie par la violence, qu'elle est insaisissable. Par suite du défaut d'instruction chez nous, ce sentiment est malheureusement très-répandu, et c'est à ce sentiment qu'est dû le mépris pour la discipline. Croire qu'on établit la discipline en faisant fusiller ou mettre aux fers des mutins, non : ce sont là des expédients propres à n'en pas laisser oublier les lois ; ce n'est pas un moyen *constituant*. La discipline est un hommage rendu à une supériorité reconnue, incontestée. Ceux qui tiennent le bas de l'échelle doivent donc être en état d'apprécier la valeur intellectuelle de ceux qui occupent les degrés supérieurs. Il faut que leur intelligence soit suffisamment développée pour que leur soumission résulte de cette appréciation raisonnée.

Des brutes arrivent à obéir en tout aux ordres d'un chef heureux, qui réussit dans les entreprises auxquelles il les fait participer et qui leur profitent. C'est ainsi qu'on explique la soumission aveugle de certains bandits envers leurs chefs. Mais ce sont là de ces cas particuliers auxquels on ne saurait assimiler une armée nombreuse avec son ordre hiérarchique. Nous avons vu, dans nos corps récents, des soldats prêts à exécuter aveuglément les instructions de leur colonel, mais qui refusaient d'obéir à leur sergent s'il leur donnait un ordre, parce qu'ils avaient la vanité de croire qu'un sous-officier n'était pas assez au-dessus d'eux pour les commander. Il faut distinguer entre la discipline et ce dévouement aveugle qui tourne au fétichisme. La discipline est le résultat de la réflexion, d'une classification de la valeur relative accordée et reconnue à chacun. Le fétichisme entraîne les foules et les précipite immanquablement vers leur ruine ; la discipline assure seule le succès aux armées et consolide l'ordre civil.

Le sentiment de la discipline ne peut donc pénétrer que des esprits relativement éclairés ou éprouvés par l'expérience, ce qui revient au même. Nos armées de la république étaient arrivées à être disciplinées, parce qu'après des années de lutte, chaque soldat avait appris à ses dépens que le succès et sa propre sécurité dépendaient en très-grande partie de ce respect pour l'ordre hiérarchique. Le despotisme conduit fatalement à l'oubli des sentiments qui maintiennent la discipline dans un corps, car le despotisme est le dissolvant de l'ordre hiérarchique dans une société et du respect pour la loi et la règle. Quand une décision de César peut intervenir en toutes choses et par-dessus les lois, chacun aime mieux recourir à César qu'à ses ministres ou aux agents de ses ministres. Ce maître est bientôt considéré à l'égal d'une Providence qui agit sans avoir à rendre compte de ses décisions, et dont les erreurs mêmes ont force de loi. Les agents de ce pouvoir perdent bientôt toute autorité et ne cherchent même plus à l'exercer dans le sens indiqué par la raison, parce qu'ils savent qu'un caprice du souverain peut annuler leurs décisions. Le sentiment de la responsabilité se perd ainsi chez tous ceux auxquels une portion du pouvoir est supposée déléguée, et, avec ce sentiment, le soin de se renfermer dans la règle. Or, quand les hommes se sont habitués à être déchargés du fardeau de la responsabilité, il est difficile de le leur faire reprendre.

La discipline s'est relâchée dans les armées romaines sous les empereurs, comme elle s'est perdue chez nous par l'annulation des responsabilités individuelles au profit d'une personnalité. Chaque soldat en vient à croire que toute infraction à la règle est vue d'un œil indulgent par cette autorité suprême, qui, par l'immixtion de sa volonté dans toutes les questions et croyant ainsi acheter la reconnaissance et les dévouements, ne recueille que le mépris du soldat pour ses chefs directs, et, par contre, le dégoût de ceux-ci pour leurs devoirs. Si beau que soit le droit de grâce et si douce que soit la clémence, il n'en faut point abuser; car toute peine remise par un pouvoir supérieur est un affront à l'adresse du chef intermédiaire qui a cru devoir, dans sa conscience, infliger cette peine. Aussi voit-on, dans les temps où la discipline est relâchée, ceux qui sont sous le coup d'une punition, en appeler tout d'abord à ce chef suprême et clément pour les petits, par-dessus la tête de leurs chefs immédiats. Et bien que nous soyons en république, nos mœurs se sont si peu modifiées à cet égard, que si, en pareil cas, nos soldats ne recouraient plus à l'empereur, ils prétendaient en appeler au gouverneur de Paris. Pour le plus maigre motif, on déléguait près de celui-ci des députés chargés d'obtenir le redressement de torts supposés ou vrais. Le gouverneur de Paris les recevait, écoutait leurs doléances, et se mettait directement en contact avec ces délégations faites à l'insu des chefs immédiats. Quel rôle était donc réservé à ces derniers dès lors, et que devenait leur autorité?

Nous comprenons si peu ce en quoi consiste la discipline, que nous ne voulons pas admettre des intermédiaires entre le pouvoir supérieur et chacune de nos personnalités. Nous ne reconnaissons pas à ces intermédiaires une valeur et une responsabilité propres. Telle est la longue influence d'un pouvoir omnipotent sur les mœurs d'un pays. On change l'étiquette du gouvernement, au fond les choses se passent de la même manière, avec un peu plus ou un peu moins de désordre, et les règles essentielles de la discipline sont oubliées en bas comme en haut.

Il faut le dire, c'est toujours du sommet que part le signal de ce relâchement. Quand le chef du gouvernement déchu recevait directement des suppliques d'officiers d'un ordre inférieur ; quand, sur un exposé de situations critiques, il leur faisait remettre directement des dons pour payer des dettes ou cacher des désordres, il corrompait ainsi les éléments les plus essentiels d'une armée, et, pour un service qu'il croyait rendre, pour un acte de munificence qu'il supposait devoir être suivi d'un dévouement absolu, il froissait les âmes fières et décourageait les esprits honnêtes, simplement attachés à leurs devoirs.

Dans une armée, l'exemple, en toutes choses, doit partir d'en haut. Si le chef néglige de suivre l'ordre hiérarchique, s'il passe par-dessus l'un des degrés, il enlève à ce degré de l'ordre la part de responsabilité qui lui incombe, partant il lui retire son moyen d'action, et ne doit pas s'étonner si plus tard, d'en bas, on ne tient plus compte de cette fraction nécessaire de l'autorité. Ce sont là des questions générales sur lesquelles je n'insisterai pas, elles ont certainement préoccupé nos officiers généraux ; mais, s'il est une mesure qui ait porté le dernier coup au respect des règles de la discipline en ces derniers temps, c'est l'élection ! En supposant une armée composée de citoyens tous suffisamment éclairés et instruits, peut-être l'élection des officiers par les soldats procurerait-elle d'assez bons résultats ; encore ces élections ne pourraient-elles être faites en connaissance de cause qu'après l'expérience d'une campagne. Mais comment admettre qu'une foule parmi laquelle on ne compte qu'une minorité faible de gens instruits, éclairés, capables de réflexion, pourra choisir des officiers possédant ces connaissances spéciales absolument étrangères à cette foule. Pour l'armée régulière, on admet qu'il faut passer dans certaines écoles, subir un certain nombre d'examens, avant de recevoir le brevet d'officier, et, dans la garde nationale, dans la mobile, cette qualité sera acquise simplement par le vote de citoyens qui sont absolument incapables de choisir entre deux candidats dont l'un est instruit et l'autre ignorant ? Pourquoi, si l'on voulait sérieusement appeler la mobile et la garde nationale au service de guerre, mettre à la tête de ces corps des officiers nommés à l'élection, puisque ce mode semblait incompatible avec le service réclamé de l'armée de ligne?

On répondra : que l'intérêt de ces corps étant d'être bien commandés, puisque d'un bon commandement dépend leur succès ou même leur sécurité, ils choisiront les plus capables. Peut-être, si chacun des hommes qui composent ces corps était suffisamment éclairé et instruit pour discerner les qualités réclamées d'un officier. En est-il ainsi? Certes, non. Il faudrait donc commencer par mettre le corps électoral à même de posséder ce discernement, qui lui manque absolument s'il est ignorant. C'est donc par l'instruction de ce corps électoral qu'il faudrait procéder. Qui l'instruira! Des officiers choisis. Par qui ? Par une autorité compétente ou par luimême. Si c'est par lui, autant demander aux lycéens de désigner leurs professeurs. Si c'est par une autorité supérieure, il faut que cette autorité ait le sentiment profond de la gravité de ses devoirs, et qu'elle puisse se soustraire aux influences, à la faveur et aux caprices de l'opinion dominante. Or, elle ne s'y soustraira qu'en remettant ces choix aux examens, aux concours, c'est-à-dire aux résultats d'un enseignement spécial et suffisamment développé. On le voit, c'est toujours à l'instruction qu'il faut recourir dans tous les cas, et c'est malheureusement ce à quoi on a le moins songé chez nous.

On s'imagine volontiers en France — c'est un préjugé généralement admis — que le métier de la guerre est de tous le plus facile à apprendre, et celui qui demande le moins de capacités et le moins d'études. Quand un jeune homme a peu de goût pour le travail et ne paraît pas posséder une intelligence très-développée : « Nous en ferons un militaire », dit-on dans les familles, comme on dit dans la campagne, des sujets faibles de constitution : « Nous en ferons un curé. » C'est ainsi que l'armée se remplit de nombreuses médiocrités. A moins d'être tout à fait incapable, un jeune homme parvient toujours à se faire recevoir à Saint-Cyr. Mais, une fois sorti de cette école, y a-t-il, pour obtenir les grades successifs, des examens à subir, des preuves de capacité à donner? Si l'on peut faire une exception en faveur des armes spéciales, et notamment de l'artillerie, qui, dans cette guerre dernière, a été la seule peut-être au niveau de sa tâche, n'est-il pas notoire qu'un jeune officier qui, sorti de l'école, veut travailler, s'instruire et se soustraire à la vie nulle de ses collègues, passe parmi ceux-ci pour un esprit pointu, pour un *monsieur*, et, parmi ses supérieurs, pour un de ces hommes gênants, parce qu'on suppose qu'ils raisonnent, et naturellement peuvent critiquer, *avoir des idées*, adresser des mémoires ou des notes, examiner et conclure, en deux mots?

Mais, s'il survient une de ces crises comme celle que nous traversons; si les officiers de l'armée viennent à faire défaut; s'il faut, dans l'ordre civil, aller chercher des hommes capables de commander à des soldats; au point de vue militaire, ces hommes savent-ils quelque chose de la guerre, et peut-on leur reprocher de n'en rien savoir? Toute leur vie, ils ont vu les officiers de l'armée, dans les garnisons, passer leur temps à remplir les devoirs purement matériels du service, après quoi leurs longs loisirs s'écoulent au café. Ces bourgeois, dont il faut faire des soldats en huit jours, ne sauraient croire qu'il soit bien difficile de remplir les conditions voulues, et quand ils se sont donné, moyennant un uniforme, l'allure tant soit peu militaire, ils pensent que la moitié de la besogne au moins est faite. Quelques jours d'exercice leur apprennent l'école de peloton et de bataillon; ils ont manœuvré ou fait manœuvrer sur des places et des promenades; dès lors, à leurs yeux, les voilà capables de commander à des troupes devant l'ennemi. Et, en effet, la vie qu'ils ont vu mener aux officiers de l'armée régulière ne saurait leur faire supposer que ces conditions ne suffisent pas pour constituer un bon militaire.

Si les officiers de l'armée prenaient ou étaient forcés de prendre l'habitude du travail pour obtenir un avancement; si cet avancement était donné aux capacités, à la culture de l'intelligence, au lieu d'être donné à l'ancienneté ou à la faveur; si tous les citoyens français étaient instruits, dès leur jeunesse, des choses nécessaires à la guerre, s'ils se persuadaient qu'on ne se fait pas militaire en portant un habit d'une certaine coupe ou en affectant certaines allures; s'ils étaient bien convaincus que les meilleures troupes, aujourd'hui, sont celles qui possèdent le plus de soldats instruits, parce que c'est l'instruction seule qui fait comprendre la nécessité de la discipline, en permettant d'apprécier la véritable valeur intellectuelle chez les chefs, alors, peut-être, se persuaderaient-ils qu'il faut pour commander, et même pour obéir dans une armée, acquérir une série de connaissances dont nous ne nous doutons pas.

Plus qu'en aucun autre temps, la guerre est une science, ou plutôt le résultat d'une série de connaissances mises à la disposition d'un esprit qui a pris l'habitude de raisonner. Ce qui nous manque, en France, c'est précisément cette habitude de réfléchir et de raisonner. Ce procédé paraît long, pénible, et est volontiers traité de pédantisme. Par suite de l'heureuse faculté qui nous est dévolue de comprendre vite, et surtout d'embrasser facilement les idées générales—qui ont toujours un côté vague—nous ne pouvons nous astreindre à prendre une question aux cheveux et à ne la quitter que lorsqu'elle est résolue de tous points. Les à peu près nous séduisent; aussi sommes-nous les gens les moins disposés à nous soumettre à la loi, à la règle, et cherchons-nous toujours un biais pour nous y soustraire. Puis, chacun de nous a la prétention de faire une exception. « La loi pour tous, rien de mieux, mais pour moi, point. » Cet aparté est dans l'esprit de tout Français.

Pendant le siége de Paris, il n'était pas un officier général, pas un des membres des corps armés qui ne dît bien haut que la discipline seule donne les moyens de vaincre. De fait, personne, ni en haut, ni en bas, ne s'y soumettait ou ne cherchait à la faire observer. Il eût fallu modifier les mœurs et habitudes de la population, ce qui ne se peut faire dans l'espace de quatre mois. Par son contact avec la garde nationale, l'armée régulière perdait peu à peu les traditions de discipline qui s'étaient encore conservées; car il faut reconnaître que l'indiscipline est un des caractères particuliers à la garde nationale, et, sous ce rapport, l'exemple qu'elle donne est des plus pernicieux. Les quatre cinquièmes de ces citoyens, qui à l'occasion ne manquent pas de bravoure et d'un certain entrain; ne peuvent pas se mettre dans l'esprit que l'officier qu'ils ont nommé ne doive être, par cela même, leur humble serviteur. Aussi ne fera-t-on jamais une armée avec la garde nationale telle qu'elle est constituée par nos lois, à moins d'admettre qu'on ne pourra entrer dans ce corps qu'en faisant la preuve d'une instruction passablement développée. Les choses étant ce qu'elles sont aujourd'hui, cette garde nationale serait alors singulièrement réduite numériquement parlant.

Les officiers de la garde nationale seraient-ils nommés par le pouvoir, même à la suite d'examens, qu'on ne ferait jamais de ce corps ce qu'on appelle une armée, c'est-à-dire une force active, disciplinée, compacte, pouvant être mise en ligne devant un ennemi aguerri. Les anciennes milices des bonnes villes ne valaient pas grand'chose, bien qu'elles ne nommassent pas leurs officiers. Le jour où le citoyen est appelé à devenir soldat, il ne faut plus qu'il soit en contact avec son foyer, sa famille, son milieu. Sa famille, son foyer, c'est le régiment dont il fait partie. Un homme qui obtient la permission de s'absenter de son corps, parce que sa femme accouche ou que son enfant se meurt, n'est pas et ne sera jamais un soldat; il est tout au plus bon pour garder son quartier et faire la police de sa ville. Voilà ce dont il faut que nous soyons convaincus aujourd'hui. Il faut que tout citoyen puisse être, au besoin, un soldat, qu'il en ait les qualités, l'instruction, les habitudes au moment voulu. Il y va de notre existence comme nation, il y va peut-être de la civilisation. Les philanthropes, les détracteurs de l'esprit militaire, les déclamateurs qui voulaient acquérir la popularité sans se soucier trop de l'avenir du pays, ont repoussé les projets du maréchal Niel sur le recrutement de l'armée; leurs théories nous ont conduits où nous sommes, à l'abîme.

Au commencement de la guerre, sept classes de 100 000 hommes ne nous ont permis de mettre en ligne que 240 000 combattants, avec une réserve de 160 000 hommes au plus. Ces 240 000 hommes entamés par nos premiers échecs, il a fallu recourir aux derniers expédients pour trouver des armées que nous n'avons pu, pendant ces quatre mois, former sérieusement. Quand l'histoire dira qu'un pays de 38 millions d'habitants, disposant d'un budget de la guerre de 600 millions, en est arrivé aux extrémités présentes en moins de six mois, on se demandera quelle était l'organisation assez vicieuse, ou plutôt le défaut d'organisation qui a pu conduire à des résultats aussi désastreux avec de pareils éléments. On se demandera comment une ville comme Paris, renfermant 450 000 hommes capables de porter les armes, a pu se laisser bloquer par une armée qui, à certains moments, n'atteignait pas 300 000 combattants. Il faudra lui répondre, à l'histoire, qu'à notre époque, la guerre est un calcul, une affaire d'organisation administrative, une science, et qu'à défaut de ces éléments, le nombre des hommes armés est un embarras et une cause d'insuccès au lieu d'être une force. Sans parler de ce qui s'est passé dans les provinces, puisque nous ne pouvons jusqu'à présent apprécier les faits que d'une manière incomplète, nous avons vu qu'à Paris la moitié seulement de ces 450 000 hommes armés n'a jamais été mise en ligne, qu'à peine un cinquième a pu agir à certains moments contre un ennemi qui, en quelques heures, concentrait des forces doubles des nôtres sur le point attaqué.

Certes, l'armée allemande est nombreuse; cependant sa véritable force ne réside pas dans la quantité, mais dans l'organisation de cette quantité et dans l'instruction que possède cet ensemble. Il n'y a pas un soldat allemand qui ne sache lire, compter — surtout compter, — comprendre une carte, écouter un ordre et l'exécuter. En peut-on dire autant des nôtres? Décidés à envahir notre territoire, la plupart des officiers savent le français. Combien en est-il chez nous qui comprennent l'allemand? Tout le monde en Allemagne sait la géographie. Combien de gens, soi-disant instruits, ne la savent pas chez nous? A la dernière affaire de Buzanval, un officier d'état-major me montrant Nanterre du haut des rampes du mont Valérien, me demandait bien : « Quel est ce village? » Sans être taxé d'exagération, on peut affirmer que peu d'officiers généraux, chargés de concourir à la défense de Paris, en connaissaient les environs. Entre les jours de nos désastres de Sedan et l'investissement, y en eut-il beaucoup qui pensèrent à faire des reconnaissances autour de la capitale? Seize jours nous furent laissés cependant pour fouiller à fond ces bois de nos campagnes suburbaines, pour reconnaître les positions les plus favorables à la défense....

Comptant toujours sur l'élan de nos troupes, sur la *furia* française, personne dans l'état-major de nos armées n'a voulu voir, ou n'a eu le courage de dire hautement que la guerre n'est plus et ne peut plus être ce qu'elle était; que c'est affaire de calcul, de raisonnement, de bonne administration et de connaissance des lieux et des choses. Aux avant-postes ennemis nous n'avons jamais aperçu un feu. Les troupes changeaient-elles de position, aucun bruit, aucune rumeur ne signalait un mouvement.

Cantonnées, elles sont réveillées par un avertissement des sous-officiers, allant frapper de porte en porte. La nuit, pendant une marche, les commandements sont transmis à voix basse, ou au moyen de quelques signes. Des corps tout entiers quittent une ville avant le jour, sans éveiller un habitant. L'artillerie et les munitions, soigneusement cachées dans des cours, ne sont jamais vues stationner sur les places publiques. Une heure après l'entrée d'une division dans une ville, les services administratifs sont organisés, le télégraphe fonctionne régulièrement, les hommes sont logés, les réquisitions faites. Tout officier supérieur prenant possession d'un centre de population sait où est la préfecture, la mairie, où sont situés les bureaux de poste, les magasins, les usines pouvant être utilisées, la caisse du percepteur des contributions. Tout cela se fait vite, régulièrement, sans désordre, sans bruit. Nous trouvons ces procédés odieux, soit; mais si nous faisions la guerre sur territoire ennemi, nous serions très-fiers, à juste titre, de les employer avec une méthode aussi sûre. Aux avant-postes, les Allemands n'allument pas de feux et savent se garder avec le plus grand soin, nous en avons eu maintes fois la preuve. Jamais de fausses alertes : vous pouvez, étant en reconnaissance, vous approcher jusques à quelques mètres de leurs grand'gardes; s'ils ne croient pas à une attaque, ils vous laissent passer, ne tirent que rarement, se cachent derrière quelque obstacle et attendent. Pendant les nuits de brouillards, ils font rôder en avant de leurs lignes des patrouilles très-peu nombreuses qui battent le terrain. Étant certaines d'être bien gardées, les troupes se reposent en sécurité et ne se fatiguent pas comme les nôtres. La position des avant-postes allemands est toujours étudiée avec soin, en communication prompte et facile avec les cantonnements ou campements. Dans les villages et bourgades, ces cantonnements sont groupés par îlots d'habitations mises en communication par des percées dans les murs mitoyens ou de jardins; les chevaux sont abrités, l'artillerie mise en lieux sûrs, dans des clos ou sous des hangars fermés. Profitant très-habilement des dispositions du terrain, des bois, des obstacles naturels ou artificiels, les armées prussiennes ne font qu'un usage assez modéré de la pioche pour se protéger. On a beaucoup parlé de leurs retranchements, de l'apparence formidable de leurs batteries, des ouvrages de terrassements importants qu'ils faisaient. Je dois dire que ce sont là des exagérations dues à l'imagination de personnes qui n'ont jamais dépassé la ligne de nos forts. Leurs tranchées sont peu étendues et peu profondes, faites grossièrement par les soldats sur les points faibles; les épaulements de leurs batteries n'ont rien d'extraordinaire et ont habituellement peu de relief. Dans les armées allemandes, le travail de l'ingénieur ne paraît pas très-développé, d'après ce que nous avons pu voir, mais le choix des positions dénote une très-profonde connaissance du terrain. Quant à leurs campements, ils sont variés comme les usages des troupes de nationalités diverses qui composent cette armée. Nous en avons vu d'ingénieusement combinés, d'autres très-grossièrement établis (1). Il est de même des habitudes de ces corps si divers : certains se font remarquer par leur propreté et l'économie des ressources que la guerre leur fournit; d'autres sont d'une saleté repoussante et gaspillent ces ressources à leur propre détriment. Ainsi, malgré

---

(1) J'aurai l'occasion de revenir sur les détails de ces ouvrages.

la discipline militaire que la Prusse a su imposer aux armées du corps germanique, il ne semble pas que pour tout ce qui est au-dessous des règles principales de cette discipline, il y ait eu fusion dans les usages de ces armées d'origines et de mœurs diverses. Cette unité est factice en bien des points et n'est maintenue que par la force d'organisation du système prussien, véritable engrenage qui saisit l'homme dès l'enfance pour lui imposer le rôle de citoyen militaire, par la victoire et par les sentiments de haine, d'envie et de convoitise à notre égard, qu'on a si habilement soufflés au cœur des Allemands, qu'ils appartiennent aux races germaniques ou slaves. Malgré l'extrême réserve que les officiers allemands prisonniers mettaient dans leurs propos avec nous, il n'était pas difficile de démêler, au-dessous de leur passion dominante contre la grandeur française, l'antipathie des Bavarois, des Wurtembergeois, des Badois, Hessois et Saxons pour la dureté du régime prussien. Mais si, dans les campements, dans les habitudes et procédés, ces populations diffèrent, il faut reconnaître que, sur le champ de bataille, elles agissent avec ensemble, suivent exactement la même tactique et sont soumises à la même discipline. Au besoin, d'ailleurs, des escadrons de hulans, la lance au poing, placés derrière les régiments d'infanterie, les font marcher au feu en prévenant ainsi toute hésitation. Tout cela rappelle d'autres âges, d'autres mœurs que celles attribuées à notre époque ; et nous ignorions qu'à quelques pas de nos frontières de l'Est, il existait des populations avec lesquelles nous entretenions des rapports bienveillants, capables, au XIXe siècle, de procéder exactement comme ont procédé les invasions des Barbares, mais avec toutes les ressources que peuvent fournir et la science moderne et une instruction relativement développée. Je dis relativement, parce que, en ces tristes circonstances, je voudrais, autant que possible, être impartial, et tout en reconnaissant la supériorité de l'ennemi sur bien des points, ne pas lui donner une valeur exagérée. Évidemment les officiers de l'armée allemande sont plus instruits que ne le sont les nôtres ; ils savent mieux leur métier, et possèdent surtout une nature de connaissances essentielles à la guerre. Sont-ils pour cela très-éclairés? Je ne le pense pas. Si les intelligences nombreuses que l'on rencontre dans le corps germanique tout entier, et parmi lesquelles sont recrutés les officiers, avaient, avec l'instruction qui les guide, un peu de cette lumière qui, en définitive, est le véhicule des civilisations, elles ne se seraient pas mises au service d'une puissance peu scrupuleuse pour satisfaire ses rancunes et ses sentiments de haine. Il y a, dans cet asservissement fanatique à la Prusse, un côté qui rappelle les temps barbares et n'est point compatible avec ce que nous appelons sentiments éclairés chez un peuple civilisé. Il y a toujours quelque chose du pédant chez l'Allemand instruit, dont il ne peut se défaire, même dans les rapports les plus bienveillants, qui exclut les idées libérales et éclairées.

Je place en dehors, bien entendu, certaines natures supérieures qui appartiennent, quoique nées sur le sol germanique, par l'élévation de leur génie, à l'humanité tout entière. Mais l'Allemagne ne paraît plus posséder, pour le moment, de ces caractères élevés. Des génies tels que Gœthe et de Humboldt n'auraient jamais fait servir leurs hautes connaissances à attiser la haine contre un peuple voisin dans le cœur de la jeunesse allemande, en soumettant, pour obtenir ce beau résultat, l'histoire, la science et les faits à un esprit de système étroit et exclusif; en fanatisant des générations entières sous le prétexte que, nouveau peuple d'Israël, on les doit considérer comme envoyées par un certain Dieu germanique pour écraser les races corrompues qui, bien entendu, ne sont autres que ce qu'on appelle les races latines. Ainsi donc, en rendant cette justice aux divers groupes allemands, qu'ils ont su répandre dans leur sein l'instruction, la vulgariser pour ainsi dire, il faut reconnaître que l'élévation de l'esprit, ce large libéralisme humain manque chez la plupart de ceux qui prétendent occuper les sommets de la science dans les universités allemandes. En France, au contraire, si le savoir est malheureusement l'apanage d'un trop petit nombre, on le voit toujours accompagné de sentiments élevés et se dégager d'autant plus de l'exclusivisme, de l'esprit de secte, qu'il est plus étendu.

Sous ce rapport, notre supériorité — et nos malheurs en sont la preuve — n'est pas discutable. C'est donc à répandre la saine et utile instruction qu'il faut, sans délai, réunir tous les efforts. Je me garderais d'engager nos savants, nos professeurs, les maîtres, chez nous, des sciences, à employer leur savoir à faire le triste métier de souffleurs de haines et de préjugés. Mais nous devons à notre pays, aux générations qui s'élèvent, de ne plus laisser les masses croupir dans la plus sotte ignorance, et il est grand temps de réagir contre la défiance du plus grand nombre, contre toutes les valeurs intellectuelles. C'est la seule porte ouverte qui nous reste, je crois, pour sortir de l'abîme où notre insouciance nous a laissés tomber. Mais si nous en venons à comprendre cette nécessité, il ne faut pas qu'avec cet entraînement irréfléchi qui nous caractérise trop souvent, nous en venions à nous faire Allemands : Dieu nous en préserve ! Nous ne devons pas étouffer, pour rivaliser avec le Germain, notre génie gaulois. Donnons-nous, non point l'instruction des Allemands, dont ils font l'usage que l'on sait, mais celle qui convient à notre nature plus généreuse, plus expansive, et antipathique au pédantisme et à l'hypocrisie comme aux calculs intéressés.

Après 1815, l'anglomanie s'est emparée des esprits en France ; car, avec cette faculté d'assimilation que nous possédons et que César constatait déjà, lorsque nous sommes battus par un voisin plus habile ou plus fort, nous nous empressons d'imiter ses façons d'être, comme si cette supériorité dépendait de la manière de nouer une cravate, de la coupe d'un pantalon, d'un certain port, ou de certains dehors qui nous frappent tout d'abord. Je m'attends qu'après la guerre, nous verrons des officiers dans l'armée, — puisqu'il s'agit ici des choses de la guerre, — affecter les allures de l'état-major prussien, et cette politesse hypocrite qui cache des sentiments, au fond, très-peu avouables. Ce n'est pas là ce qu'il est bon d'imiter, mais bien l'amour des Allemands pour le travail, leur ténacité à poursuivre un but, leur constance, l'habitude qu'ils ont prise de réfléchir avant d'agir et de profiter de tous les avantages par l'observation attentive des moindres faits. Avec ces qualités, qui nous manquent, conservons précieusement celles dont la nature, heureusement, nous a favorisés. De notre jeunesse des villes, sceptique, blasée sans avoir rien expérimenté, oisive et sans énergie, faisons des hommes utiles au pays, laborieux et éclairés, par une instruction virile et une série d'épreuves nécessaires. Dans les campagnes, faisons pénétrer la lumière par une instruction pratique et la connaissance des devoirs de tous envers le corps social. Moins de catéchisme et un peu plus d'*humanisme* (qu'on me passe le mot). Habituons de bonne heure ces générations qui vont s'élever, aux fatigues, aux privations, à la discipline, au respect envers l'intelligence et le savoir, en respectant nous-mêmes l'intelligence et le savoir ; ce que nous ne faisons guère. Oublions ces errements funestes qui laissaient croire à toute une nation que la guerre est un métier spécial, dévolu à une classe payée pour se faire tuer. Plus que jamais l'ordre civil et l'ordre militaire ne font qu'un. Tout citoyen doit être élevé et instruit pour faire partie, au besoin, de l'un ou de l'autre ; et mieux que jamais le problème peut être résolu, puisque la guerre tend à devenir chaque jour une affaire scientifique, d'observation et de calcul.

Nous avons vu que dans ce siége de Paris, notamment, des hommes qui n'étaient point soldats ont rendu des services considérables à la défense, en mettant à la disposition de l'autorité militaire leur savoir, leur industrie, leurs connaissances spéciales. Il manquait cependant à ces hommes l'habitude des privations et des dangers, des fatigues et de l'exacte discipline. C'est ce qu'il faut donner aux générations qui nous poussent.

D'ailleurs, qui n'a point observé ce phénomène psychologique, auquel on ne saurait trouver une exception : toutes les fois qu'au milieu des dangers les plus sérieux, vous placez un homme capable, ayant à remplir une fonction à laquelle ses études l'appellent naturellement, il fait immédiatement abstraction des périls qui l'entourent et ne voit plus que le but à atteindre. Je dirai même que plus ce péril est grand, plus sa passion pour.... son art (quel autre mot trouverais-je ?) le pousse à développer ses facultés, aiguise son intelligence. C'est là une des raisons principales qui donnent aux armes spéciales une solidité exceptionnelle ; c'est que tous les hommes qui en font partie ont un intérêt d'*art* qui les attache à leur métier de soldat et qui leur fait oublier le péril. Formons donc des citoyens instruits et intelligents, si nous voulons avoir de bons soldats.

Les contempteurs de la guerre ont fait fausse route chez nous : leur aversion pour les armées permanentes, dans lesquelles ils ne voyaient qu'un instrument aveugle, une force brutale mise entre les mains du pouvoir, les a poussés à désorganiser cet élément ; mais ils ne se sont pas préoccupés de ce qui devait, pour la sécurité du pays, remplacer cette force aveugle. En sapant le militarisme, ils auraient dû introduire l'esprit guerrier dans le cœur des citoyens, l'esprit guerrier moderne, c'est-à-dire une instruction virile, et l'éducation robuste, un peu rude et sévère, qui convient à la jeunesse d'un pays qui veut maintenir sa suprématie. Au lieu de cela, ces partis, qui ont la prétention de représenter seuls les intérêts du peuple, en dissolvant l'élément constitutif des armées permanentes,—que je ne défends pas,—ont détruit du même coup dans le cœur de la jeunesse ce saint amour du pays, ce respect pour le devoir, le travail, l'ordre et la raison, qui font les grandes nations, et, au jour du danger, nos armées permanentes ont été dispersées comme la paille. La nation n'a plus trouvé dans son sein les vertus mâles, les sentiments d'abnégation qui eussent pu rendre nos derniers efforts fructueux. On *décrétait la victoire*, les levées en masse, la défense à outrance, au milieu d'un pays dans lequel, pendant un quart de siècle, on avait semé le mépris pour l'état militaire, l'indiscipline, le désordre dans les idées, la raillerie sur tout ce qui est élevé et généreux dans le cœur de l'homme. Entre les éléments de dissolution que l'empire avait développés et ceux que les partis extrêmes entretenaient par tous les moyens, le pays s'est trouvé sans forces vitales au moment du péril ; il a succombé, non sans honneur toutefois. Si cette cruelle expérience lui profite, rompant avec ses habitudes de soumission irraisonnée tantôt à un pouvoir absolu, tantôt aux fantaisies anarchiques, il voudra faire ses affaires lui-même, et, pour les bien faire, s'instruire. Or, pour un peuple comme pour une famille, la première des conditions d'existence est de savoir se défendre, de se mettre en état de garder son bien, de ne pas confier ce soin à d'autres qu'à soi-même. La défense de ce qu'on a de plus cher, l'honneur et le foyer, ne peut être, sans péril, déléguée à des mains mercenaires, et les tendances du dernier règne nous amenaient à ce triste résultat.... Mais, quel est donc le genre d'enseignement qui convient à une nation, aujourd'hui, pour la rendre propre à la guerre en même temps qu'aux travaux fructueux de la paix? Ce n'est autre chose qu'un enseignement qui habitue la jeunesse à observer, à raisonner sur ce qu'elle a observé et à en déduire les conséquences. A cette heure, pour le général comme pour le soldat, rien ne saurait être négligé. Connaissance des lieux, des choses, emploi des moyens, des procédés les plus simples, circonspection, prévoyance, toutes ces qualités résultent de l'observation, de l'habitude de réfléchir avant d'agir. Il est facile d'inoculer ces qualités dès l'enfance, par les méthodes d'enseignement, d'autant que, chez nous, les intelligences se prêtent volontiers à l'analyse et répugnent à accepter les idées qui s'imposent d'autorité et sans examen. J'ai éprouvé par moi-même combien on rend le travail attrayant à des esprits peu cultivés en leur donnant les raisons qui motivent l'emploi de tel procédé, en leur indiquant le résultat final d'une suite d'efforts qui, pris isolément, ne sauraient être compris. Il ne s'agit pas — car je prévois l'objection — de former des générations d'ergoteurs, prêts à discuter les ordres que donnera un officier sur le champ de bataille. Je n'admets pas l'emploi des *baïonnettes intelligentes*, comme on l'entendait il y a quelque trente ans; mais je demande que la jeunesse comprenne la portée d'un ordre, et, en s'y soumettant, mette à exécuter cet ordre les facultés d'observation dont son intelligence a pris l'habitude. On verra, dans les chapitres suivants, comment les troupes allemandes, sans porter atteinte à la discipline la plus rigoureuse, savent, dans la manière d'exécuter les ordres, apporter une suite de réflexions personnelles qui ajoutent une valeur considérable à leurs moyens d'attaque et de défense. Il est même intéressant d'observer combien, dans ces armées, il y a une large part faite à l'initiative de chacun, parce que les chefs savent qu'ils ont affaire à des hommes qui les comprennent et ont l'habitude de peser mûrement les conséquences de leurs (es. Ainsi, pour ne citer qu'un exemple à l'appui de cette observation, puisque bientôt nous aurons l'occasion de revenir sur les travaux des troupes allemandes, toutes leurs batteries sont tracées sur des profils variés en raison de la nature du sol et de l'objectif. Il n'y a pas évidemment dans ces armées des *guides* ou *aide-mémoire* auxquels les officiers, artilleurs et sapeurs du génie sont obligés, par les règlements militaires, de se soumettre. Les officiers tracent leurs ouvrages en raison des dispositions du terrain, des périls à éviter, des chances de surprise et d'attaque, des facilités ou difficultés en cas de retraite. Au lieu de posséder comme chez nous une règle que nous prétendons résulter de l'expérience, la règle, pour eux, est d'observer, de se rendre compte de l'objet, des moyens les plus simples pour obtenir un résultat dans telles conditions et en profitant de tout ce que donnent les dispositions et les ressources locales. Tandis que notre organisation militaire, qui n'a pas su maintenir la discipline dans les corps armés, leur impose certaines règles classiques, rarement applicables, mais qui paralysent l'initiative de chacun, et arrêtent tout effort intellectuel, dans l'armée prussienne la discipline est absolue, mais l'observation, appuyée sur l'intelligence des choses, permet de laisser à chacun, dans les moyens d'exécution, une liberté complète. Chez nous, un officier sans initiative, peu instruit, insouciant, mais qui sait, sans en rien retrancher et sans y rien ajouter, la règle admise, le type officiel, ne saurait être blâmé si l'insuccès résulte de son opération ; tandis que l'on demande uniquement à l'officier prussien de faire ce que la circonstance exige, et qu'on s'en prend à lui si un échec est la conséquence d'une imprévision ou d'une négligence. La discipline intervient alors pour lui infliger une peine très-dure ; elle s'est bornée à lui imposer d'abord de faire pour le mieux, c'est à lui de savoir ce qu'est ce mieux. D'après nos règlements militaires, dont, hélas ! nous étions si fiers, tout est supposé prévu, et un officier du génie qui ne tracerait pas une batterie d'après le type admis, son ouvrage eût-il parfaitement satisfait aux exigences, mieux même que s'il se fût conformé à ce type, peut être blâmé sévèrement (1). Ces exemples indiquent la différence profonde qui existe entre la manière de comprendre la discipline en Prusse et chez nous.

Mais notre attention doit se porter avec la plus vive sollicitude sur les rapports à établir entre l'officier et les soldats.

Dans l'armée allemande, les officiers sont en contact constant avec leurs hommes; ils s'en occupent sans cesse, non-seulement au point de vue de l'exercice militaire, des manœuvres, mais de l'instruction. Pendant les exercices journaliers, ils les examinent un à un, leur parlent, leur expliquent les mouvements, s'adonnent à ces détails avec entrain, sans manifester jamais ni lassitude ni ennui.

Ils font des instructions verbales à leurs sous-officiers, qui eux-mêmes en font aux soldats.

Parmi les idées fausses que nous entretenons chez nous à l'égard des étrangers, il faut compter notre appréciation de la discipline allemande. Quand nous avons dit que l'armée allemande est soumise à une *discipline de fer*, que pour la moindre infraction les officiers soufflettent leurs soldats, leur infligent des peines d'une excessive sévérité, nous croyons avoir tout dit. Ce ne sont pas des procédés violents et arbitraires qui constituent la discipline allemande, mais l'attention suivie, constante, que les officiers apportent dans les relations journalières entretenues avec leurs subordonnés, l'examen scrupuleux des faits, des délits, la protection dont ils les couvrent au besoin, la manière d'exercer la justice, de s'enquérir des moindres détails du service. Armés d'un pouvoir étendu, ils en connaissent l'importance et savent qu'une grave responsabilité est attachée à ce pouvoir.

(1) Je n'exagère pas, et, si je ne m'étais donné comme règle absolue, dans ce travail, de ne citer aucun nom ni aucun fait qui puisse être appliqué facilement par tous à une personnalité, je pourrais, à cet égard, donner des exemples de ce que j'avance ici.

Si nous remontons l'échelle, nous verrons qu'à la soumission, à la discipline est toujours attachée l'idée de la responsabilité personnelle. Un officier général donne l'ordre, aux chefs qui commandent les postes autour d'un cantonnement, de laisser circuler librement les habitants. Un de ces commandants croit devoir sur un point, à un certain moment, interdire cette circulation; il le fait, quitte à rendre compte à son supérieur des raisons qui ont motivé cette mesure.

Chef d'un poste, il est seul appréciateur des moyens propres à garantir sa sécurité, et, malgré l'ordre général qu'il a reçu de laisser passer les habitants, il serait responsable des dangers ou inconvénients que l'exécution stricte de cet ordre aurait causés.

Ainsi, la discipline dans l'armée allemande n'implique pas l'idée d'une obéissance aveugle et mécanique, mais la compréhension juste de l'ordre donné, sous la responsabilité de celui qui reçoit et exécute cet ordre. La réflexion, l'instruction, sont donc nécessaires chez ceux qui, à tous les degrés de l'échelle, sont soumis à cette discipline. Chacun des rouages doit agir avec la connaissance de sa fonction et du résultat auquel tous doivent concourir.

Pour que ces idées puissent pénétrer une armée, il faut qu'il y ait entre tous ses membres une communication incessante d'instructions, une activité intellectuelle dont notre armée ne fournit nul exemple.

Si rigoureuse que soit la discipline allemande, il y a dans la manière de l'exercer quelque chose de paternel qui appartient au caractère du Germain.

L'officier ne se préoccupe pas seulement de faire exécuter strictement les règles de la discipline, il apporte ses soins à relever l'état moral de ses soldats; il tient à les instruire, à développer leur esprit et à leur faire partager les idées qui le dirigent. Il entend que leur intelligence doit être exercée.

Nous avons vu des bataillons entiers se présenter pour visiter le château de Pierrefonds. Les troupes étaient divisées par sections de cinquante hommes ayant à leur tête un officier ou sous-officier comprenant le français. Celui-ci se faisait expliquer en détail chacune des dispositions des locaux, et traduisait successivement à ses hommes rangés autour de lui les renseignements qu'il recueillait.

Des détachements cantonnés font de fréquentes promenades militaires, et cela, non-seulement au point de vue de l'exercice physique et pour entretenir chez le soldat l'habitude du déplacement et de la marche, mais pour son instruction, car ces promenades militaires ont toujours un but en vue.

Si un officier est appelé à faire une enquête, à infliger une punition, à juger un point contesté, il use d'une extrême circonspection.

Tous les officiers de l'armée allemande ne sont pas des Scipions. Beaucoup sont impérieux et durs, mais ce sont des exceptions, et la plus grande partie, même lorsqu'ils abusent de leur autorité, manifestent des prétentions exorbitantes, se livrent à des exactions, raisonnent et essayent de vous convaincre de la justice de leurs demandes. Il est rare, si l'on a de bonnes raisons à leur opposer, qu'ils ne les admettent pas, au moins dans une certaine mesure.

Cette habitude de raisonner et de réfléchir avant d'agir constitue leur force, donne confiance à leurs subordonnés, assure la discipline morale autant que matérielle dans l'armée, resserre les liens de l'obéissance par le respect pour les décisions, qui ne sont jamais prises légèrement, et sont au contraire, aux yeux de tous, le résultat du travail et de la valeur intellectuelle.

Pour que ces conditions puissent se rencontrer chez nous, il faut que l'instruction soit plus complète chez nos officiers, ébauchée parmi nos soldats ; qu'il y ait, par suite, entre les uns et les autres, des liens, des points de contact intellectuels qui n'existent pas présentement. Tous les soldats de l'Allemagne ne sont pas lettrés, mais tous sont en état d'apprécier une forme littéraire.

Pendant les loisirs du campement, il arrive, entre soldats, qu'un thème est proposé. Les plus instruits ou les plus habiles à développer une idée font, sur ce thème, une sorte de discours que les autres écoutent en silence, donnant des marques d'approbation ou d'improbation, suivant que les idées exprimées leur plaisent ou sont contraires aux leurs. Imagine-t-on quels lazzis provoquerait chez nos soldats un exercice intellectuel de ce genre, en admettant qu'on le puisse faire adopter?

Nos matelots, dont l'intelligence est relativement exercée, prennent de ces passe-temps. Ce sont des contes, des histoires prodigieuses de mer qui font les frais de la réunion. Ainsi les caractères des deux races se manifestent : chez les uns, la tendance à la controverse, au développement de l'idée ; chez les autres, l'amour du merveilleux, de ce qui séduit l'imagination. Que l'instruction soit égale chez l'une et l'autre race, alors seulement on pourra décider laquelle des deux qualités assure la prépondérance, ou la vivacité de l'imagination, ou l'aptitude pour ce qui est du domaine de la pure raison. Mais, pour que l'imagination produise des fruits, il est nécessaire qu'elle s'appuie sur une instruction solide ; en s'égarant, elle est plus funeste qu'utile, et devient une faculté éminemment dangereuse parce qu'elle est séduisante encore, même dans l'erreur, et éloigne bientôt les esprits de l'habitude de la réflexion. Nous en avons fait la triste épreuve depuis longtemps en France, où les conversations ne roulaient plus que sur des sujets futiles ou des paradoxes. Et en effet, entre gens d'esprit auxquels manque un fonds solide d'instruction, il n'y a plus de place, pour un entretien quelconque, entre la banalité et le paradoxe ; voulant éviter l'une, il faut se jeter dans les écarts de l'imagination mal réglée, mettre en avant des idées qui côtoient la vérité, et qui prennent une forme neuve par la façon étrange de les présenter, par leur imprévu, leur éloignement de la saine raison, qu'elles déconcertent.

En haut comme en bas de la société française, on s'est complu dans l'émission des idées prime-sautières, mal digérées, brillantes sans solidité ; on prétendait résoudre les problèmes les plus ardus par un mot heureux, à l'aide de ces définitions séduisantes qui coupent court au raisonnement, ne permettent pas son développement, et habituent les esprits à se payer de mots, à ne plus rien approfondir, à ne plus se livrer, par conséquent, au travail intellectuel. A ce mouvement de plus en plus prononcé, aux paradoxes, aux idées mal digérées, séduisantes par l'apparence qu'elles affectaient d'une solution simple, on n'a su opposer que la routine impérieuse et pédante, les formules traditionnelles. Au défaut de profondeur, on répondait en invoquant l'idée banale. Aux nouveautés irraisonnées, on prétendait imposer l'autorité irraisonnée. Ainsi, la confusion a peu à peu gagné tous les esprits, sans laisser la plus petite place à la raison.

Pendant cette triste phase du génie français, les rares esprits qui ont conservé l'habitude de réfléchir et de soumettre en tout leur jugement à l'examen approfondi des choses, ont été isolés, sans points d'appui. S'ils voulaient résister au dogmatisme, ils ne trouvaient comme auxiliaires que des gens livrés à tous les écarts d'une intelligence non réglée par la froide raison et un fonds d'instruction solide.

S'ils cherchaient à ramener ces derniers à l'habitude de réfléchir avant de résoudre, ils n'avaient comme alliée que la routine et ses prétentions à l'infaillibilité.

Toujours certains d'être battus, ou de voir se changer en adversaires leurs alliés d'un moment, n'obtenant ni sympathies durables, ni encouragements à poursuivre la voie de la vérité et de l'examen, ils ne pouvaient manquer de subir les angoisses du doute et du découragement.

Dans l'armée, comme partout, cet état des esprits paralysait toute initiative sérieuse, tout développement suivi et fructueux; les plus énergiques efforts s'émoussaient au contact de la routine ou de la légèreté. Entre ces deux extrêmes, impossible de se faire jour, d'amener les esprits à l'étude des questions pendantes. L'officier chercheur, travailleur, ne rencontrait que dégoûts, nul appui, et ses supérieurs voyaient d'un mauvais œil se manifester l'esprit d'examen en dehors des routes battues.

Dans l'ordre civil, dans l'administration et les corps soutenus par l'État, il en était de même; mais là les hommes de volonté et d'énergie trouvaient encore les moyens de tracer des routes nouvelles. A l'armée, il n'en pouvait être ainsi, il fallait vivre dans le flot routinier et médiocre, ou ne pas vivre.

Combien a-t-il fallu insister, lutter, pour modifier notre matériel de guerre, et, bien que nos comités, il faut leur rendre cette justice, — car beaucoup de ceux qui ne connaissent pas leur manière de procéder, leur ont jeté la pierre en ces derniers temps, — mettent tous leurs soins à étudier les questions qui leur sont posées et ne donnent un avis qu'après un examen minutieux et des expériences qu'ils croient probantes, ils n'en sont pas moins possédés de cette prévention de tous les corps contre les travaux dus à l'initiative de chacun; ils accumulent les objections contre tout nouveau système avant d'y chercher ce qu'il y a de bon et d'applicable. Ils maintiennent et défendent la règle pied à pied. Certes, rien ne serait plus dangereux que d'innover à tout propos, et, sous ce rapport, l'initiative individuelle, qui cache trop souvent les prétentions les moins justifiées, demande à être sévèrement contrôlée : mais il faut reconnaître qu'aujourd'hui les conditions applicables à la guerre aussi bien qu'à l'industrie se modifient avec une rapidité prodigieuse ; qu'une modification sur un point en entraîne nécessairement beaucoup d'autres, et que quand, par la force des choses, sous le coup de l'évidence, un comité conservateur de la règle est obligé d'en laisser altérer une partie, les autres sont atteintes. Ce n'est donc pas sans une certaine appréhension justifiée que les comités, tant accusés en ces derniers temps, portent la main sur un des rouages de l'organisation militaire, sachant que la substitution de ce rouage entraîne fatalement la révision de l'ensemble et nécessite un travail colossal. Or, l'humaine nature en général, et le Français en particulier, n'aime pas le travail, et c'est là une des causes de nos malheurs; car si la paresse d'esprit se rencontre souvent chez les classes élevées, elle est générale au-dessous, et c'est à cette réforme de notre nature que les efforts doivent tendre. La tête doit donner l'exemple; elle ne le donnait pas, se reposant de tout sur les corps institués en France pour penser et juger en toutes choses. Mettons-nous un peu à examiner nous-mêmes les questions, et, pour être en état de les examiner, éclairons-nous sur ce qui touche à ces questions. Ne croyons pas, sur la foi de corps auxquels nous avons laissé prendre trop de puissance pour notre gloire et notre prospérité en France, que certaines de ces questions sont à l'état de mystères connus seulement des initiés et inabordables aux profanes. Que chaque citoyen soit en état de comprendre et d'examiner avec son propre jugement tout ce qui touche à son honneur et à sa sûreté ; pour cela, il faut qu'il prenne l'habitude du travail et de la réflexion. Il ne s'agit pas, comme beaucoup d'honnêtes gens le croient, pour faire des citoyens capables un jour de défendre leur pays en braves soldats, d'apprendre aux enfants dans les lycées le maniement des armes et l'école de peloton, de leur faire porter des képis au lieu de chapeaux ronds, mais de former leur jugement en les habituant à réfléchir et à observer, à examiner par eux-mêmes en dehors de telle ou telle formule classique, en leur donnant l'amour du travail et l'exemple du respect pour la valeur intellectuelle. Comment des parents oisifs, affectant un mépris pour tout ce qui est du ressort de l'intelligence, ne manifestant de la considération que pour la richesse et la prospérité, quelle que soit leur origine, pourraient-ils persuader à leurs enfants que le travail, le développement intellectuel, l'observation et la réflexion sur toutes choses, constituent la valeur d'un homme? On pourrait répondre à tous ceux qui depuis dix mois demandent « ce sauveur » qui doit tirer le pays de ses périls : — « Le voilà près de vous ce sauveur : c'est ce fils que vous vous contentez d'envoyer au lycée sans savoir vous-mêmes un mot de ce qu'on lui enseigne et sans vous en inquiéter ; que vous élevez mollement, dont vous ne cherchez ni à développer le moral, ni à renforcer le corps ; auquel vous donnez l'exemple de l'oisiveté et de la recherche du bien-être, au lieu de lui inculquer la passion du travail en lui montrant les fruits excellents qu'il produit, et le mépris pour les satisfactions purement matérielles ; devant lequel vous vantez les abus de la force et le succès dû à l'intrigue ou à l'effronterie. Le voilà ce vrai sauveur, si vous avez le courage, l'énergie, la patience nécessaires pour le former. Sinon, vous êtes perdus et vous le perdez ! »

De même, si l'on veut une armée, non de prétoriens ou de soldats faisant métier de la guerre, mais une armée française par le cœur et les intérêts, capable de défendre le pays avec intelligence et dévouement, sans être jamais un instrument entre les mains du despotisme, qu'il sorte du haut ou de la plèbe, il est nécessaire de pourvoir à l'éducation et à l'instruction des éléments qui la composeront, et cela sans perdre de temps.

TROISIÈME PARTIE

DES TRAVAUX DU SIÉGE DE PARIS
ET DE QUELQUES OPÉRATIONS MILITAIRES

L'axiome bien connu : « Toute ville investie et assiégée est prise si elle n'est pas secourue », était-il applicable à Paris? Oui, certainement, si les défenseurs se renfermaient dans son enceinte et dans ses forts ; non, peut-être, s'ils ne s'y fussent pas renfermés.

Les armées allemandes arrivaient devant Paris avec la certitude qu'après quinze jours ou un mois au plus, la ville ouvrirait ses portes ; ils le disaient hautement, le croyaient fermement, et étaient d'autant mieux fondés à le croire, que la plupart de nos chefs militaires partageaient eux-mêmes cette opinion. L'ennemi savait — car jamais armée ne fut mieux servie par ses espions — que nous n'avions fait, sur les hauteurs qui dominent Paris, aucun ouvrage qui pût empêcher l'investissement, que nous n'avions pris, en dehors de la zone des forts, aucune disposition sérieuse de défense. L'ennemi ne croyait pas à une résistance active, tenait en médiocre estime les débris d'armée que nous possédions, notre garde mobile et la garde nationale, et même nos défenses permanentes. Il comptait aussi sur le prestige de ses récentes victoires, et sur l'anarchie dans nos murs, pour lui faciliter l'entrée dans la capitale. Malgré l'exactitude des renseignements dont il savait s'entourer, il n'avait pas une idée exacte des ressources de toute nature que possède ce grand centre industriel et commercial, et surtout du caractère de la population parisienne. Aussi peut-on reconnaître, dans les opérations de l'assiégeant, trois phases assez distinctes : 1° l'investissement complet et rapide, de manière à isoler la capitale du reste de la France ; 2° l'envoi de corps d'armée pour étendre le rayon des subsistances et réquisitions, et prévenir les attaques du dehors ; 3° les opérations réelles contre la place. Il est à penser que l'ennemi a cru à l'efficacité de la première période pour amener la capitulation. Voyant qu'elle se faisait attendre, il est entré dans la seconde ; puis, voulant en finir avec cette ville qui tenait encore, il a réuni tous ses efforts pour que la troisième amenât une solution, que le manque de vivres, et non l'assiégeant, a provoquée. Cet assiégeant n'eût pas envoyé pendant un mois des obus sur les forts et dans l'enceinte de la ville même, que le résultat final eût été exactement le même, n'eût été ni avancé ni retardé d'un jour ; donc, la troisième période du siége n'a donné à l'ennemi qu'un résultat nul. Pour que cette troisième période amenât une solution, il eût fallu qu'elle se prolongeât six semaines au moins, et encore n'est-il pas certain que la ville, suffisamment approvisionnée en vivres, se fût rendue après ce bombardement de deux mois et demi, en tenant compte proportionnellement des effets obtenus pendant le premier mois. Je prie le lecteur de vouloir bien tenir note de cette observation, dont la suite de ce mémoire lui fera, je l'espère, apprécier l'importance au point de vue militaire.

Pendant la première phase du siége, il ne semble pas que l'armée ennemie ait commencé des travaux importants de contrevallation. Elle occupa immédiatement et avec une parfaite intelligence des abords de la place les positions qui lui étaient nécessaires pour prévenir toute rupture de l'investissement. Et la preuve qu'elle avait une connaissance très-exacte de la topographie de ces abords, c'est qu'elle ne fit qu'une attaque, celle de Châtillon. C'était, en effet, le seul point que nous eussions prétendu conserver en dehors de la zone des forts, et qui eût une valeur sérieuse. Avec notre imprévoyance ordinaire dans le cours de cette guerre, la redoute de Châtillon n'était pas reliée aux forts et n'était pas appuyée par des batteries en retraite (1). Elle pouvait être tournée ; aussi fut-elle abandonnée dès la première démonstration offensive. Seule, la redoute de Châtillon a provoqué une attaque contre nos lignes ; c'est qu'en effet cette position était la seule que nous eussions gardée et que l'ennemi eût grand intérêt à prendre. Une fois tombée en son pouvoir, il nous attendait. La redoute de Montretout, dont la place avait été si étrangement choisie, et dont le tracé est défectueux, ne fut pas occupée par nous ; et, en réalité, s'il y eût eu quelque chose de mieux à faire que de l'abandonner, c'était de ne la pas commencer.

Maîtres de toutes les positions dont j'ai parlé au commencement de ce mémoire, les Allemands ne se pressèrent pas de les renforcer par des ouvrages. Ils jugeaient peut-être que c'était peine inutile, la ville, investie étroitement, ne pouvant tarder à se rendre ; puis il fallait attendre l'artillerie de siége ; et, pour protéger l'artillerie de campagne, l'armée allemande n'élève guère que des ouvrages d'un très-faible relief, terminés en peu de temps ; par ce motif que cette artillerie, étant essentiellement mobile, doit être souvent déplacée en raison des mouvements de l'ennemi. Les quelques reconnaissances et sorties tentées pendant cette première période trouvaient devant elles des positions fortement occupées, des villages crénelés, assez faiblement barricadés, mais peu de traces d'ouvrages importants, soit comme batteries, soit comme tranchées. C'est pendant la

---

(1) On verra tout à l'heure que dans tous leurs ouvrages, et malgré l'excellence de leurs positions, les Prussiens ont eu toujours le soin de protéger leurs batteries et redoutes.

seconde phase du siége que l'ennemi, forcé d'envoyer des corps divergents, soit pour fourrager (1), soit pour se porter au-devant des corps français qui se massaient sur ses derrières, a commencé sérieusement à fortifier sa ligne de contrevallation, qui devenait au besoin une ligne de circonvallation dans certains cas.

Ce sont ces ouvrages, à propos desquels ceux qui ne les ont jamais vus ont fait des récits fabuleux, que nous allons examiner.

Je dois dire tout d'abord qu'ils ne se recommandent ni par leur étendue, ni par un aspect formidable, ni par la perfection d'exécution. Si on les regardait de la nacelle d'un ballon, ils rappelleraient plutôt les quelques terrassements laissés par les hordes barbares qui envahirent les Gaules du ve au xe siècle que les travaux dus aux ingénieurs des armées de notre temps. Mais si l'on s'en approche, si l'on suit leur tracé sur le terrain, on s'aperçoit bien vite qu'ils sont dus à une connaissance très-exacte des localités et à une observation très-judicieuse des ressources qu'elles fournissent, soit comme relief, soit comme accidents naturels ou artificiels. Les Prussiens sont gens économes, et l'on peut être assuré que dans leurs ouvrages il n'y a pas un mètre de terre remué inutilement. Le moindre pli de terrain est utilisé. Les murs, les fossés, les carrières, les fondrières, les sentiers creux, les chaussées, sont autant d'obstacles artificiels dont ils ont su profiter avec une rare sagacité. Des précautions infinies sont prises, non-seulement pour cacher les hommes, mais pour dissimuler les ouvrages mêmes à l'assaillant.

---

(1) La rapidité avec laquelle les Allemands, après Sedan, se portèrent en avant pour arriver sous Paris, fut telle, que les corps se ravitaillaient à grand'peine et que les vivres leur manquaient souvent. Ils trouvèrent dans les environs de Paris des ressources qui purent satisfaire aux premiers besoins, mais qui furent bientôt insuffisantes. Avant même de se porter au-devant des troupes que la province allait tenter de former sur leurs derrières, ils durent envoyer des corps assez nombreux pour assurer le ravitaillement de l'armée sur un rayon très-étendu. Je tiens d'un officier bavarois que les vivres français laissés par nous dans la redoute de Châtillon furent pour le corps chargé d'occuper cette position d'une grande ressource. Ce corps put vivre trois semaines avec ces vivres que nous avions abandonnés.

Aussi est-il arrivé que pendant des actions qui duraient plusieurs heures, on n'apercevait pas l'ennemi, bien qu'on reçût son feu. Forcé dans quelques positions avancées, il battait en retraite sans qu'on le vît disparaître.

Cette manière de combattre commençait toujours par exaspérer nos troupes, et finissait par les décourager. C'était une raison, puisque dès avant le siége de Paris, la tactique des Prussiens était connue, pour ne pas les laisser s'établir ainsi dans des positions d'où il était certain qu'on ne les pourrait déloger, quoi qu'on fît, et d'employer contre eux, en gardant soi-même ces positions, une tactique d'autant meilleure, qu'elle peut être adoptée même avec des corps peu solides.

Je ne crois pas les troupes allemandes plus ou moins braves que les nôtres en ligne, mais leurs officiers ne leur font jamais affronter un danger inutilement (1). Il n'y a qu'en France où l'on imagine que la bravoure ne peut s'allier à la prudence, et ce préjugé nous a coûté bien cher depuis Crécy. Cependant on ne fait la guerre et on ne peut la continuer longtemps qu'avec des soldats ; donc il paraît assez logique de ne pas les compromettre. L'armée étant l'outil, il est bon de le ménager. Les officiers allemands sont pénétrés de cette vérité ; ils ont observé aussi que tout soldat couvert ajuste son ennemi, tandis que le soldat découvert tire devant lui, avec précipitation, et atteint rarement le but ; que tout soldat dans un état de sécurité relative est moins prompt à plier sous un feu nourri que ne l'est le soldat exposé. Les armes à tir rapide n'ont

---

(1) On se rappellera qu'au commencement de cette guerre, nos officiers généraux ont sacrifié des régiments entiers en les envoyant contre des positions gardées par un ennemi parfaitement couvert. On se rappellera aussi qu'à la suite de ces affaires, et pour nous consoler probablement, on rapportait les éloges que les officiers supérieurs allemands faisaient de la bravoure de ces soldats qu'ils venaient d'écraser. Ils ne pouvaient, en effet, que nous encourager à continuer ainsi ; et avons-nous continué jusqu'à ce qu'il ne restât plus que des débris de nos corps. Il m'a été rapporté, par un témoin oculaire de la fameuse charge des cuirassiers à Reichshoffen, que pas un de ces cavaliers n'avait atteint la ligne ennemie : à 100 mètres de distance, ils étaient tous renversés ou dispersés.

fait que donner plus d'importance à ces considérations et diminuer les chances de l'attaque à la baïonnette. J'ai souvent entendu dire à un officier du premier empire qui avait fait toutes les guerres depuis 1805, que jamais il n'avait vu une mêlée, soit de cavalerie, soit d'infanterie ; que de deux corps chargeant l'un sur l'autre, l'un des deux pliait avant d'être atteint : c'était là ce qui assurait la supériorité de nos charges d'infanterie, dont le premier élan est irrésistible. Mais quel effet peut produire cet élan sur des fantassins qui tirent six coups de fusil à la minute et qui ont la bonne précaution de profiter de tout obstacle pour se couvrir et ajuster ? L'assaillant a perdu la moitié de son monde avant d'avoir pu aborder l'ennemi. Le reste arrive — en supposant qu'il persiste — déconcerté par son petit nombre, clair-semé et ayant perdu confiance, parce qu'il s'aperçoit que sa hardiesse ne produit aucun effet, que cet ennemi est toujours devant lui, qui l'attend à bout portant.

Puisqu'on avait si malencontreusement laissé prendre à l'ennemi les positions que nous eussions pu occuper, ce n'était pas en brusquant une attaque que nous devions espérer les reprendre après qu'il s'y était solidement installé à loisir. Arriver à découvert devant ces positions, c'était sacrifier des hommes en pure perte, décourager nos troupes déjà ébranlées par tant de revers ; et cependant nous parvînmes encore à prendre l'offensive assez vigoureusement à certaines occasions. La première affaire de la Malmaison et de Bougival fut assez chaudement menée pour inquiéter sérieusement ces troupes ennemies si bien couvertes. Si, dès cette époque, on eût voulu entreprendre contre les positions prussiennes la guerre de tranchées, de siége, en avançant pas à pas, méthodiquement, peut-être arrivait-on à leur faire subir un échec assez grave pour les embarrasser beaucoup. Alors nos officiers généraux ne voulaient pas entendre parler de ce genre d'attaque, et maintenaient l'ancienne tactique française, qui, devant un ennemi toujours couvert, est condamnée à l'insuccès. Voilà ce qu'on ne saurait trop répéter, et dont nos jeunes officiers doivent se pénétrer. Étudier et connaître à fond le terrain sur lequel on doit opérer, se servir de la pioche autant que du canon et du fusil; avec ces éléments, si l'on n'obtient pas en un jour des succès éclatants, du moins est-on certain d'éviter des désastres et de garder des positions qui vous permettent de reprendre l'offensive à votre heure et d'attendre des renforts. Jusqu'à ce jour, dans l'armée française, on n'a guère employé le corps du génie que pour la défense ou l'attaque des places, ou pour fortifier quelques positions dont la conservation est d'une extrême importance. En ligne, on ne l'employait pas. Les campagnes dernières nous démontrent la nécessité de se servir de cette arme en bataille, aussi bien que s'il s'agit d'attaquer une place. Avec l'artillerie à longue portée et la masse des troupes composant les armées actuelles, lesquelles occupent des espaces énormes de terrain, les batailles ne sont plus une affaire de quelques heures, mais durent plusieurs jours. Elles résultent d'une suite de combinaisons compliquées, dont l'effet peut se faire attendre vingt-quatre et même quarante-huit heures. Pour que ces combinaisons aient le temps d'aboutir, il faut donc tenir, coûte que coûte, sur un certain point; cela ne se peut faire que si l'on donne aux troupes cette sécurité relative dont je parlais tout à l'heure; que si l'on ne livre rien au hasard. L'arme du génie est donc une des conditions essentielles du succès.

Il ne se présentera plus, comme au temps jadis, de ces batailles rangées en plaine, où l'on voyait des régiments manœuvrer sous le feu, des carrés se former froidement pour résister à des charges de cavalerie. Aujourd'hui un régiment qui manœuvre sous le feu est détruit avant d'avoir opéré son mouvement; un escadron de cavalerie est à terre avant d'avoir pu aborder un corps de fantassins. Le combat proprement dit ne consiste plus que dans les feux des tirailleurs et de l'artillerie et quelques abordées partielles à la baïonnette. La bataille, ce sont les grands mouvements tournants à très-longue distance opérés par des troupes qui parviennent, en profitant des localités, à se dérober à l'ennemi, elles et leur artillerie; le choix des positions sur les flancs et les derrières de cet ennemi; et le renforcement immédiat de ces positions, si elles ne sont pas suffisamment défendues par la nature.

Cette tactique nous a fait perdre toutes nos batailles dès le commencement de cette campagne de France, et cependant il ne parut pas, autour de Paris, que nos officiers généraux aient essayé de l'employer à leur tour contre l'ennemi. Il est vrai, que dans les derniers temps du moins, nous n'étions plus les maîtres de l'adopter, serrés que nous étions au centre de positions convergentes fortement occupées. Mais pendant la première phase du siége la chose eût été possible, d'autant que l'ennemi, un peu trop convaincu peut-être de notre faiblesse, n'avait pas pris dès l'abord toutes les dispositions défensives que nos attaques successives, bien que trop décousues, l'engagèrent à prendre pendant la seconde phase.

Toutes les positions importantes que les Prussiens occupaient autour de Paris, positions dominantes, généralement couvertes de bois, sont battues par nos forts, et quelques-unes même par les bastions de l'enceinte. Nous n'ignorions pas que ces positions allaient être fortifiées par eux et armées de batteries ; aussi, dès le commencement du siége, le feu de nos forts fut dirigé contre ces positions un peu au hasard, puisqu'on ne voyait que très-rarement la trace de leurs ouvrages masqués sous bois et n'ayant qu'un très-faible relief. Suivant l'expression officielle des rapports militaires, nous nous contentions de *fouiller* ces bois que nous supposions cacher des troupes, des travailleurs, des ouvrages et de l'artillerie. Notre tir ne pouvait produire beaucoup d'effet, et ne paraît pas avoir déconcerté l'ennemi, qui poursuivait tranquillement sa tâche jusqu'au moment où il pourrait mettre en batterie les célèbres canons Krupp. Notre tir était principalement dirigé sur les hauteurs de Meudon, de Brimborion, de Saint-Cloud, de Clamart, de Fontenay-aux-Roses et de Bagneux. Le terrain sur ces coteaux est littéralement couvert d'éclats d'obus et labouré par l'explosion de ces projectiles ; aussi, sur ces points, plus que partout ailleurs, l'ennemi avait-il multiplié les abris. Les bois de Meudon cachent une véritable bourgade de taupinières; les batteries qui recevaient les projectiles des forts du sud, du Mont-Valérien et du Point-du-Jour, sont mieux que toutes autres protégées par des traverses-abris, des pare-éclats et d'épais épaulements. Il n'en est pas ainsi partout: du côté du nord et de l'est, les Allemands ont élevé des ouvrages que nous considérerions comme insuffisants pour abriter, soit les pièces, soit les hommes, mais qui sont, au point de vue du tracé, très-habilement combinés. Nous commencerons par l'examen de quelques-uns de ces ouvrages.

Le service des grand'gardes, dans les troupes allemandes, se fait sans feu, et, par les grands froids, les hommes sont relevés fréquemment, ce qui assure encore une surveillance plus active. Ces grand'gardes se postent sur deux lignes. La ligne la plus rapprochée de l'ennemi a le soin de garnir le terrain devant elle, pour peu qu'il s'y prête, de piquets appointés posés en zigzag, sortant de terre de $0^m,20$ à $0^m,25$ et reliés par des fils de fer, sur un front plus ou moins étendu, suivant l'importance du poste et la nature du terrain. Autant que faire se peut, la deuxième ligne des grand'-gardes qui sert de réserve ou de point d'appui, en cas d'attaque, se poste dans une maison, derrière un mur ou un pli de terrain, et est protégée par un ouvrage de terre, une simple tranchée-abri ou un petit redan. Cinquante mètres environ séparent les deux lignes. Si cette seconde ligne se compose d'une troupe assez considérable, en raison de l'importance du point à garder, elle se divise par groupes espacés, toujours abrités dans des maisons, derrière des obstacles naturels ou artificiels. Les hommes de cette seconde ligne peuvent faire des feux, deux par groupes, mais modérés avec soin, et toujours cachés, de telle sorte qu'on ne puisse en apercevoir, des avant-postes opposés, ni la lueur ni la fumée (1).

---

(1) Les soldats n'ont ni tentes ni piquets, et portent une seule couverture en bandoulière ou un grand manteau. Leur sac ne contient que les vêtements, la gamelle par-dessus. Ils ont leurs vivres dans une musette, laquelle, outre la courroie passant sur l'épaule, est retenue au ceinturon par deux agrafes. Ce ceinturon est lui-même soutenu par deux pattes tenant aux côtés de la tunique et par deux boutons massifs attachés

Les chemins de retraite sont partout indiqués avec un soin minutieux au moyen d'écriteaux ou de signes visibles la nuit. Les postes dans les bois sont entourés de fils de fer fortement roidis aux arbres, de telle sorte qu'un choc sur ces fils avertit les sentinelles. Leurs barricades sont plutôt des obstacles que des défenses, les bords des routes étant garnis de tranchées, ou les murs qui existent étant crénelés de manière à prendre l'ennemi de flanc.

Leurs tranchées-abris forment rarement des lignes continues, mais se composent de tronçons laissant entre eux des intervalles permettant de passer de la défensive à l'offensive. Mais l'armée allemande n'abuse pas des tranchées, et cherche plutôt à profiter des moindres plis du sol, de tous les obstacles. Les officiers ont acquis l'habitude de reconnaître rapidement le terrain et d'en utiliser les moindres reliefs. Les épaulements des batteries prussiennes sont très-rarement visibles pour l'ennemi, et sont souvent élevés en arrière d'une crête qui les masque complétement. Le tir commencé au jugé par les pointeurs, qui ne voient pas toujours le point à battre, est rectifié successivement d'après l'avis d'un guetteur placé sur la crête en avant de la batterie. Quand la situation des lieux ne permet pas de masquer l'épaulement, on lui donne aussi peu de relief que possible en terrant les pièces. Si ces épaulements n'ont qu'un faible relief et généralement peu d'épaisseur, des traverses sont élevées entre chaque pièce et servent souvent d'abris pour les hommes. Les batteries de position sont protégées par des épaulements de retraite, à distance, qui permettent de placer des pièces de campagne, prennent en écharpe ces batteries dans le cas où l'ennemi parviendrait à s'en emparer. Puis des tronçons de tranchées ou embuscades pour des fusiliers protégent également l'épaulement des pièces de campagne.

---

derrière cette tunique, ce qui fait que tout le poids de la musette est réparti assez également sur la ceinture. Cette musette contient toujours du riz, du café, de la viande, ou plutôt une sorte de saucisse composée de purée de pois, de graisse de porc, de lard, le tout salé et poivré et fortement comprimé. Un morceau de cette saucisse suffit à faire une bonne soupe.

Le relevé des travaux faits au nord de Paris par les Allemands permet de se rendre compte de leur système d'attaque (voyez planche I). En partant de l'ouest, les ennemis occupaient Argenteuil, Sannois, le moulin d'Orgemont et la butte Vacheron, Saint-Gratien, Enghien, Deuil, la butte Pinson, Montmagny, Montmorency, Pierrefitte et Stains. Le tir du Mont-Valérien n'atteignait que les maisons les plus occidentales d'Argenteuil. L'ennemi occupait donc ce village, qu'il avait crénelé et muni d'ouvrages. Il n'avait à redouter une attaque sur sa droite, de ce côté, que si nous passions la Seine au-dessous de Bezons; mais ce dernier village, ainsi que Carrière-Saint-Denis, était bien défendu. Profitant de la ligne du chemin de fer, l'assiégeant avait réuni facilement par quelques ouvrages Argenteuil à Sannois. Bien entendu, il occupait fortement les hauteurs de Sannois à Montigny-lez-Cormeil, qui, avec les hauteurs de Saint-Germain à Maisons-sur-Seine, lui permettaient de commander toute la presqu'île de Houilles. De ce côté, il pouvait être tranquille et n'avait qu'à se maintenir sur la défensive. Ses deux attaques sérieuses sur Paris étaient par Saint-Denis et par le sud. Tous les villages que je viens d'indiquer furent reliés par des tranchées ou en profitant des murs des propriétés, des fossés, des chaussées, etc.

L'ennemi s'avança jusqu'à Ormesson et jusqu'à Épinai, devant lequel il creusa une tranchée coupant le chemin de fer en avant de la station et s'appuyant au nord sur Villetaneuse. De Deuil, il mena une autre tranchée enveloppant la Barre, profitant de la levée du chemin de fer et allant rejoindre Ormesson. Au point dit le Temps-Perdu, il établit un poste pouvant contenir environ 300 hommes, muni d'un retranchement. Tous ces ouvrages de contrevallation, tracés à 2000 mètres environ de la Double-Couronne et à 3000 mètres environ du fort de la Briche, par conséquent battus par ces forts, furent faits la nuit, conformément d'ailleurs à la méthode allemande; les pièces d'artillerie y étaient amenées de même à la tombée du jour. L'ennemi ne dut pas perdre beaucoup de monde pendant l'exécution de ces travaux, qui furent bientôt complétés par l'établissement des batteries suivantes :

Butte d'Orgemont, pour 14 pièces, mais où il n'y eut jamais que deux pièces en batterie, excepté la veille de la signature de l'armistice, où l'on en monta 6 (1).............................	2 pièces.
Batterie en avant de Saint-Gratien...........................	6
— — d'Enghien.................................	6
— au passage à niveau en avant d'Ormesson.............	6
— d'Épinai.......................................	5
Batteries en avant de Deuil.................................	24
— de Montmorency................................	31
(dont une batterie de 3 pièces dirigée contre Épinai)	
— entre Montmagny et Pierrefitte.....................	12
— à l'est de Pierrefitte.............................	3
— entre Pierrefitte et Stains.........................	24
— en arrière de Stains..............................	14
— en avant de Stains...............................	6
— de la butte Pinson...............................	20 ?
	159 pièces.

Sans compter les batteries élevées à Groslay et à Sarcelles.

La plupart de ces batteries ouvrirent leur feu contre les forts et la ville de Saint-Denis dès la mi-janvier.

Examinons l'ouvrage de la butte d'Orgemont (voy. pl. II). Cette butte gypseuse forme un mamelon dont le sommet, peu étendu, se prolonge avec une légère déclivité vers l'est, puis descend abruptement, et, rongé par des carrières sur la route d'Argenteuil à Enghien, se relève légèrement de l'autre côté de cette route en deux monticules connus sous le nom de buttes Vacheron. Le moulin d'Orgemont occupe le point culminant de ces hauteurs. C'est sur le petit plateau situé un peu en contre-bas de ce sommet que les Allemands ont établi une batterie pour cinq pièces de gros calibre, en A ; une seconde pour neuf pièces de calibre moins fort, en B. Un épaulement pour des fusiliers est établi en C, un autre en D. Afin d'arrêter un mouvement tournant, des épaulements de retraite sont

---

(1) Rapport de gens du pays.

élevés en E, une batterie pour deux pièces de campagne en F, et deux embuscades en G destinées à défendre soit le revers de la butte, soit à protéger la batterie F. Sur les buttes Vacheron, un petit ouvrage H, pouvant contenir une centaine d'hommes, renferme deux abris et une traverse masquant l'entrée. Sa gorge est protégée par un épaulement I. Cet ouvrage est relié au sommet voisin par une levée de terre épaisse, K, derrière laquelle on pouvait mettre des pièces en batterie balayant la Seine en amont du pont de Bezons. Puis, sur la pointe extrême sud-est, est une forte embuscade avec abris L, dont l'entrée est naturellement défilée par un petit ravin tenant lieu de caponnière. Tous ces ouvrages ont peu de relief, sont à peine visibles de la route. Il faut les aborder pour en reconnaître l'étendue et la valeur.

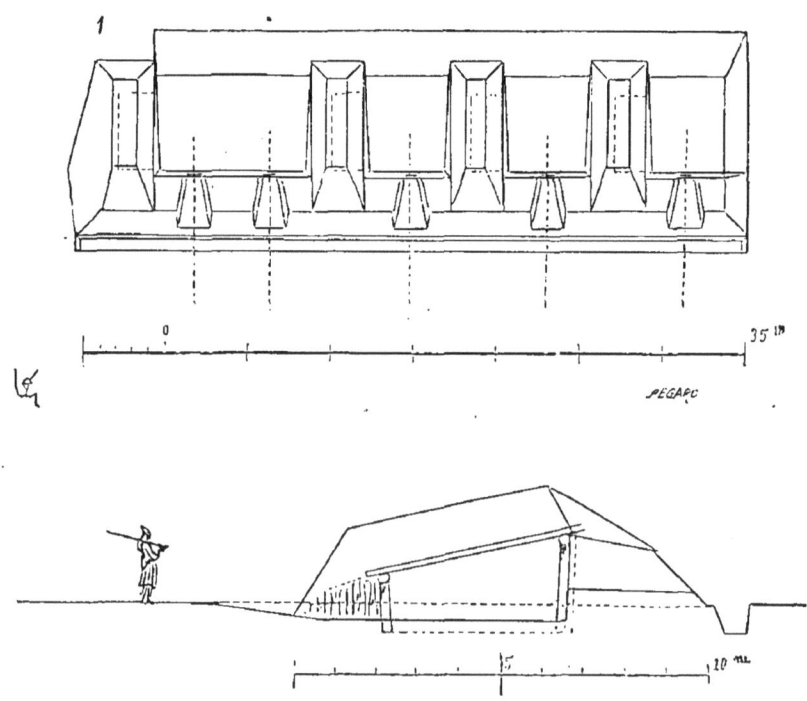

Examinons d'abord la batterie A (fig. 1). Son profil montre que les traverses servent en même temps d'abris couverts, sur des chevalements de bois, par des rails de chemin de fer juxtaposés et une couche de terre de $1^m,50$ d'épaisseur environ. Le relief ne dépasse pas $2^m,80$ de hauteur au-dessus du sol, et les plates-formes des pièces sont en contre-bas de ce sol de 50 centimètres; l'aire des abris au-dessous encore. La crête des merlons est à 2 mètres au-dessus des plates-formes, et la plongée des embrasures à 80 centimètres. On observera que ces merlons n'ont qu'une épaisseur médiocre (2 mètres à la plongée), et que le fossé creusé en dehors de l'épaulement est insignifiant. Comme toujours, les Allemands n'ont fait là que le strict nécessaire, vu l'excellence de la position. Ils ne sont pas sans avoir remarqué que les ouvrages sont d'autant moins sujets à être détruits par les projectiles ennemis, qu'ils sont placés sur des points culminants; qu'alors il n'est pas nécessaire de leur donner une grande puissance de résistance. C'est le contraire qui se produit lorsque les ouvrages sont dominés, placés dans des

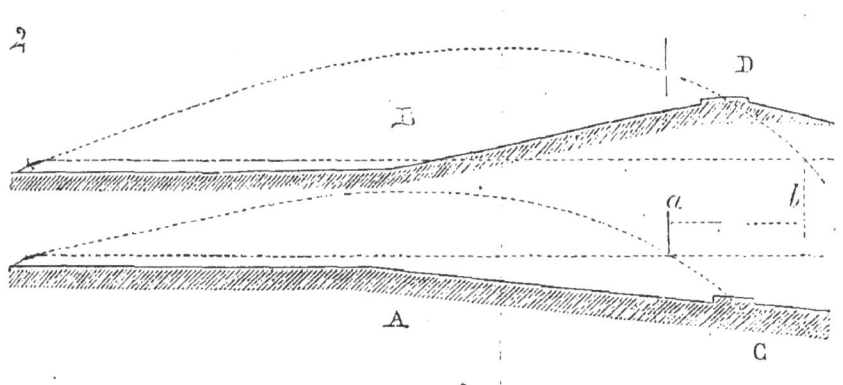

creux; alors ils reçoivent beaucoup plus de projectiles, et ceux-ci leur causent des dommages plus sérieux. Un tracé rendra cette observation plus sensible (fig. 2). La trajectoire est moins étendue en A qu'en B, et, pour rencontrer l'horizontale, elle bénéficie de tout l'espace ab, si le tir est dirigé sur le point C en contre-bas, au lieu de viser le point D en contre-haut. Ce tir, à distances égales, a donc plus d'action et peut être plus sûrement dirigé sur le point C que sur le point D.

La batterie B de la planche II présente un profil plus faible encore que n'est celui de la batterie A (fig. 3) (voyez en A). Les traverses-abris de cette batterie sont percées de part en part, et aux

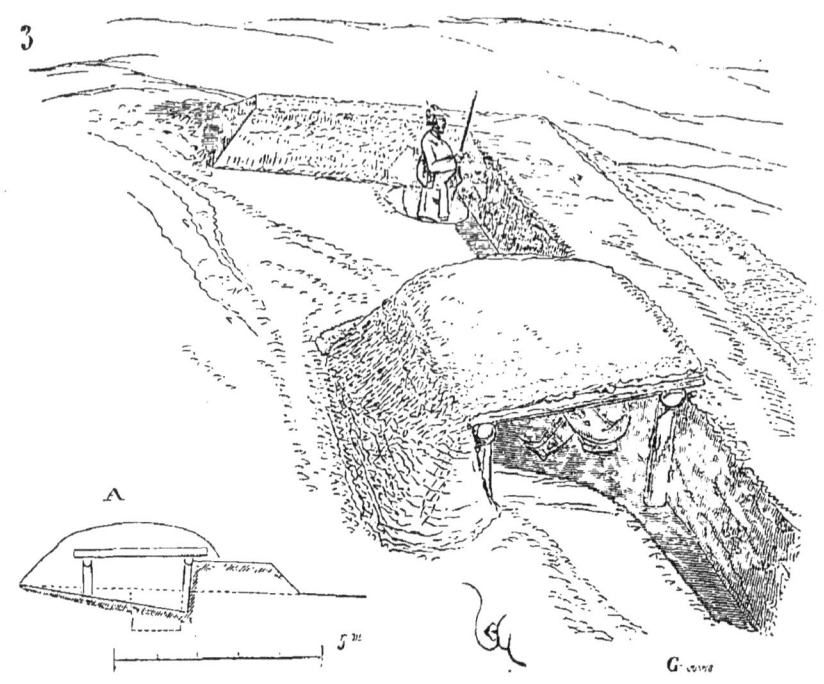

deux angles rentrants de la petite batterie flanquante, pour trois

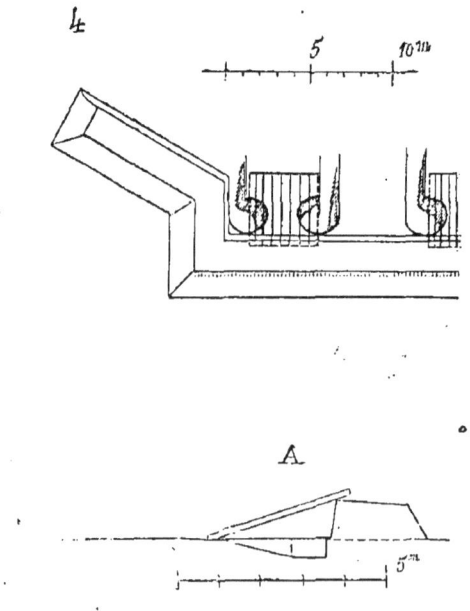

pièces, sont creusés des trous circulaires pour les sentinelles, ainsi que le fait voir la vue perspective : 80 centimètres de terre recouvrent au plus ces traverses-abris. Deux trous de sentinelles existent également aux deux angles de l'épaulement C (pl. II). Quant à l'épaulement D, il présente une disposition curieuse (fig. 4). C'est un simple relief de terre dont le profil est tracé en A, derrière lequel, de 5 mètres en 5 mètres, d'axe en axe, sont creusés des

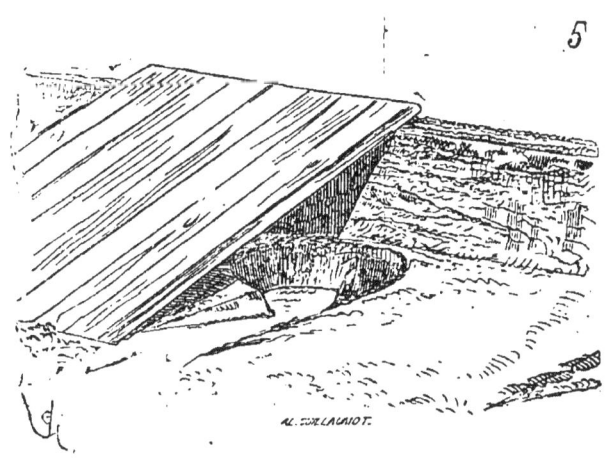

trous jumeaux circulaires avec une descente perpendiculaire à l'épaulement ; ces trous sont disposés ainsi que l'indique le plan, de telle sorte que le demi-diamètre de deux de ces trous profite d'un abri composé simplement de madriers juxtaposés. Les hommes, assis sur les bords de ces trous, dos à dos, sous cet abri, voient les dehors par-dessus la plongée, au besoin, et leur camarade d'en face. La figure 5 donne cette disposition en perspective. La figure 6 donne en A le profil de l'enceinte du poste H, en B de la tranchée de gorge I, et en C de l'épaulement K de la planche II.

Il est aisé de reconnaître que ces ouvrages ne tirent leur valeur que du choix de la position et du soin avec lequel les ingénieurs militaires allemands ont su profiter des moindres avantages fournis par la nature du terrain. Il a fallu très-peu de temps et peu de monde pour les parfaire à l'aide des moyens les plus simples. La ligne de retraite de l'embuscade et du poste retranché est assurée, soit par la route d'Argenteuil, soit en tournant le mamelon d'Orgemont. Les troupes qui occupent le sommet de ce mamelon se retirent par le chemin qui descend vers Sannois ou Saint-Gratien par la route du Havre. Les mouvements tournants par cette route sont prévenus au moyen d'ouvrages flanquants les retraites.

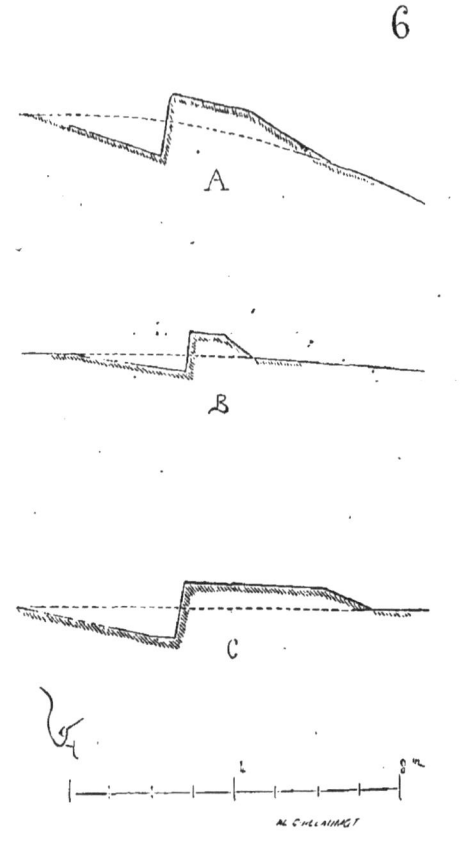

Il est à croire que si nous eussions été chargés d'armer et de soutenir cette position, nous eussions fait des ouvrages beaucoup plus réguliers, plus importants, demandant beaucoup plus de temps et de peines; nous n'eussions certes pas mieux su profiter du terrain et utiliser les moindres avantages qu'elle présente à la défense.

Loin d'être formidable, l'aspect de ces ouvrages attire à peine le regard, ne fait présumer une résistance très-sérieuse. Ces épaulements, dont le profil se voit à peine au-dessus du sol, semblent pouvoir être franchis sans difficultés par une colonne d'assaut : mais le tout se lie et se protége ; les ouvrages en retraite permettent de reprendre l'offensive et d'attendre des renforts. En jetant les yeux sur la carte, on voit que ce poste d'Orgemont ne pouvait guère être attaqué, car il est protégé par Saint-Gratien et Argenteuil. Pour s'en emparer, il eût fallu occuper Enghien, Saint-Gratien et la ligne du chemin de fer, pour ne pas être pris à dos par des troupes descendant de Montmorency et de Montmagny. Contrairement à ce que nous avions fait à Châtillon et à Montretout, les positions occupées par les Prussiens ne sont jamais en l'air, elles se protégent réciproquement. Étant défendues suffisamment, sans grands travaux, par leurs propres ouvrages et leur situation, elles sont choisies et entourées de telle sorte que'en admettant que l'une d'elles tombe au pouvoir de l'ennemi, celui-ci aurait grand'peine à s'y maintenir et à ne pas s'y voir enfermé.

Rien n'étant livré aux hasards, aux seules chances d'un combat, les Allemands procèdent avec cette prudence que nous trouverions exagérée parce qu'elle ne semble pas s'allier à la bravoure, avec cette méthode qui fait la puissance de leurs armées ; tandis que de notre côté les trois quarts de nos opérations militaires étaient livrées à l'imprévu. Nos qualités naturelles se trouvaient ainsi frappées d'impuissance devant cet ennemi dont la tactique ne semblait pas dévoilée à nos officiers généraux. Nos premiers mouvements étaient immanquablement suivis d'un succès ; on avait lieu de s'étonner, si l'on occupait un poste abandonné par l'ennemi, du peu d'étendue et de la faiblesse de ses moyens de défense. Puis, si l'on poussait sa pointe, on se trouvait devant des obstacles accumulés et des forces de plus en plus grandes.

Au dire des habitants voisins de ces ouvrages, il n'y eut jamais que deux pièces en batterie sur la butte principale, et encore ces pièces étaient-elles descendues tous les soirs et retirées du côté de Sannois. L'ouvrage de la butte Vacheron ne reçut pas de pièces. L'ennemi était fort gêné, dans cette position découverte, par les batteries de Saint-Ouen ; il ne s'en servit guère que comme d'un poste d'observation, et la pente extrêmement roide ne permettait pas d'y monter du canon. Le jour de la prise d'Épinai par les nôtres, les Allemands commençaient à évacuer Sannois, et, si nous avions poussé notre avantage, il est à croire qu'ils nous auraient abandonné cette position ; quitte, le lendemain, à revenir en force, suivant leur habitude, et à envelopper nos troupes.

Examinons maintenant l'une de leurs batteries d'Enghien, celle qui s'appuie au passage à niveau du chemin de fer, un peu en arrière d'Ormesson, et qui est reliée avec Enghien au moyen d'une tranchée-abri défilée des feux du fort de la Briche dont elle bat le saillant de gauche. Cette batterie (fig. 7), située en plaine et plus rapprochée de nos ouvrages, est aussi plus forte que ne le sont celles d'Orgemont. Elle a 60 mètres de longueur pour six pièces de gros calibre ; sa plongée a $3^m,50$ d'épaisseur. Elle possède deux traverses-abris D, G, l'une à son flanc gauche, l'autre au milieu, plus un épaulement à l'extrémité droite C, qui se relie à la tranchée-abri qui conduit en zigzag jusqu'à Enghien. Quatre autres petites traverses avec abris percés d'outre en outre séparent les pièces. L'épaisseur totale de l'épaulement de la face de la batterie, de la genouillère au fossé, est de $8^m,50$. De la plate-forme à la crête de la plongée, on compte $2^m,20$. De gros gabions et des saucissons forment le parapet intérieur, et tout le terrassement est fait d'un mélange de bois et de terre bien pilonnée par couches. La coupe X sur AB donne le profil de cette batterie, d'une résistance égale à celles que nous avons l'habitude d'élever. On verra toutefois que le niveau des plates-formes est établi à 80 centimètres en contre-bas du sol, et que le relief de l'épaulement est seulement de $1^m,40$, c'est-à-dire à peine visible à distance. Comme toujours dans les batteries prussiennes, le fossé extérieur est très-étroit et peu profond ; ce n'est pas un obstacle, mais un emprunt de terre. En H est un tracé perspectif de l'une des petites traverses-abris. Les pièces de gros calibre qui armaient cette batterie étaient à barbette et tiraient par-dessus la plongée, sans embrasures et sans gabionnades. De Saint-Denis, il est impossible de découvrir cet ouvrage, caché qu'il est par les mouvements du terrain qui forment une bosse entre la batterie et le fort de la Briche. Les embrasures étaient donc super-

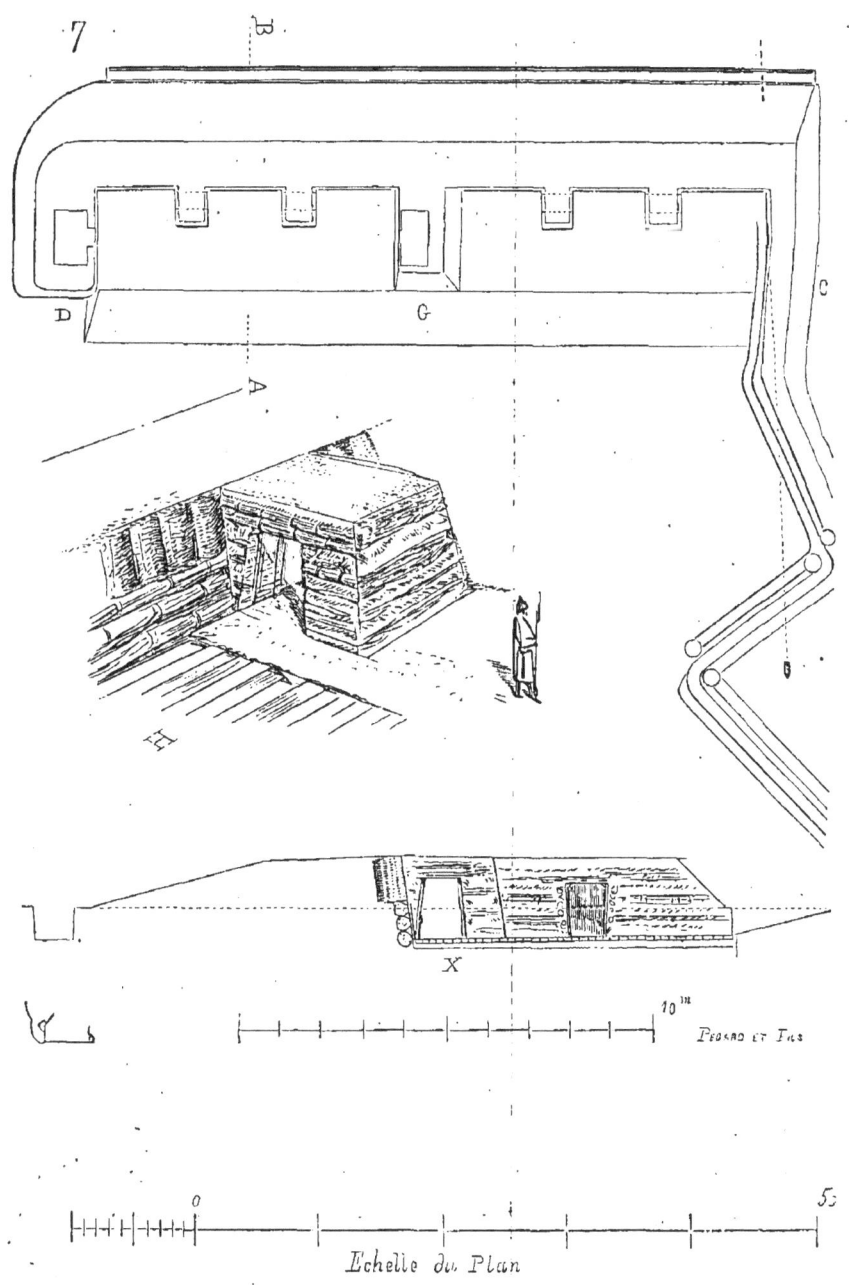

flues, puisque le fort ne pouvait envoyer des projectiles sur la batterie qu'au jugé.

Sur le côté du village d'Épinai, le long de la route qui mène à Enghien, est une autre batterie de cinq pièces dont la disposition est particulière (fig. 8). Légèrement convexe, afin de donner des feux divergents dirigés sur Saint-Denis, cette batterie a 37 mètres de

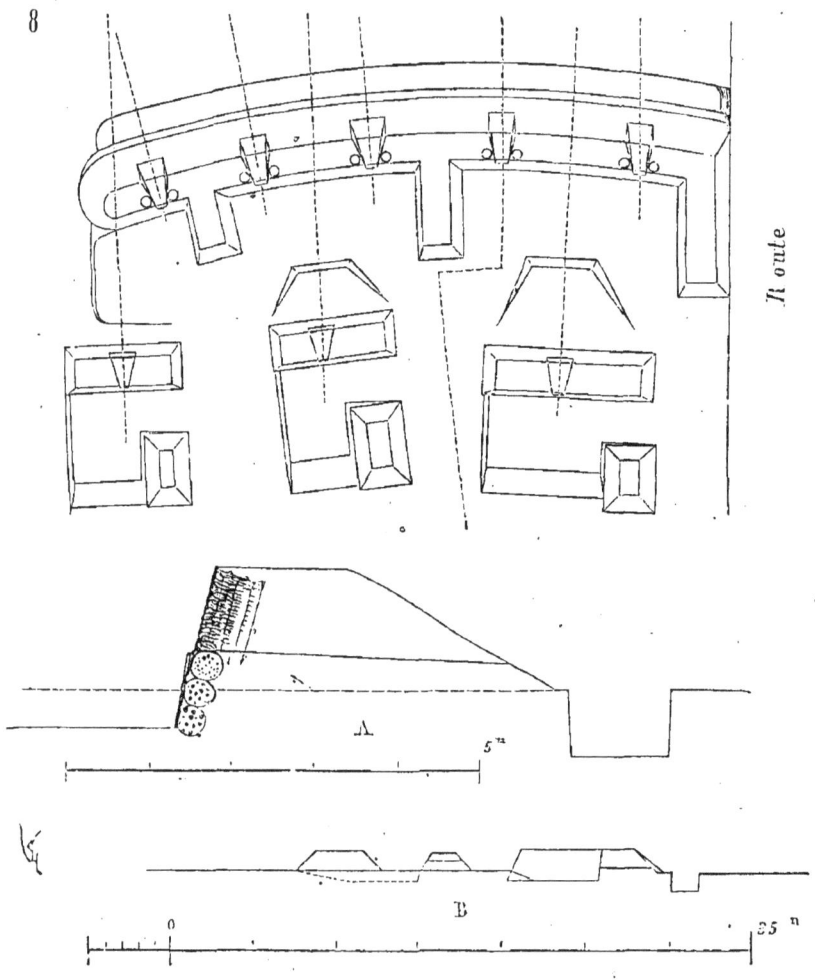

longueur; sa plongée n'a que 1^m,50 d'épaisseur, et le talus 2^m,50. L'épaulement est percé de cinq embrasures avec des gabions aux angles intérieurs posés sur des rangs de saucissons.. Une forte traverse s'appuie à la route; deux autres traverses s'élèvent dans la longueur, ainsi que le fait voir le plan. Suivant l'usage prussien, les pièces sont mises en batterie en contre-bas du sol (voy. la coupe A de l'épaulement), et la crête du parapet ne s'élève qu'à 1^m,30 au-dessus de ce sol extérieur, à 1^m,80 au-dessus des plates-formes des pièces. En arrière, à une faible distance (voyez le plan), trois épaulements, avec une embrasure chacun, renforcent cette batterie ; tous trois sont défilés sur le flanc droit par une traverse non reliée. En B, est tracée la coupe en travers de cet ouvrage à l'échelle du plan. Cette batterie n'était pas destinée à recevoir des pièces de position, Épinai se trouvant en flèche relativement aux lignes ennemies ; aussi les retraites sont-elles bien ménagées pour les pièces de campagne qui pouvaient être changées et placées, soit dans la batterie convexe, soit derrière les épaulements en retraite, pour foudroyer un assaillant qui, croyant avoir éteint les feux de ces cinq pièces, se serait jeté en masses sur l'épaulement externe. Ce sont là de ces surprises que les Prussiens savent adroitement ménager à un ennemi, et c'est pourquoi ils exercent une si complète surveillance autour de leurs ouvrages, et qu'ils interdisent le passage à travers leurs lignes avec des précautions qui nous paraissent ridicules, mais qui sont parfaitement justifiées quand on examine leurs positions, toujours masquées d'ailleurs, établies, non en avant des villages, mais en arrière ou sur leurs flancs, de manière à empêcher l'ennemi qui parvient à s'en emparer de pouvoir s'y maintenir. Aussi avons-nous pris les premières maisons du Bourget, la moitié d'Épinai et quelques autres postes, mais n'avons-nous jamais pu déboucher des positions conquises pour nous étendre et agir au delà. Cet ouvrage d'Épinai, n'étant pas destiné à recevoir des pièces de position, n'a aucun abri dans ses traverses ; il n'était évidemment occupé que temporairement, et que si l'on craignait une attaque sur Enghien ou Saint-Gratien.

Il faut faire mention aussi des batteries qui étaient établies, au nombre de cinq, sur la pente de Montmorency qui regarde Saint-Denis, au lieu dit *le Pavillon rouge*. Quatre de ces batteries battaient le fort de la Briche à 4600 mètres ; la cinquième battait Épinai à 3400 mètres. Le plus important de ces ouvrages est une batterie de dix pièces ; elle est placée la première à la gauche de

DES TRAVAUX DU SIÈGE DE PARIS. 111

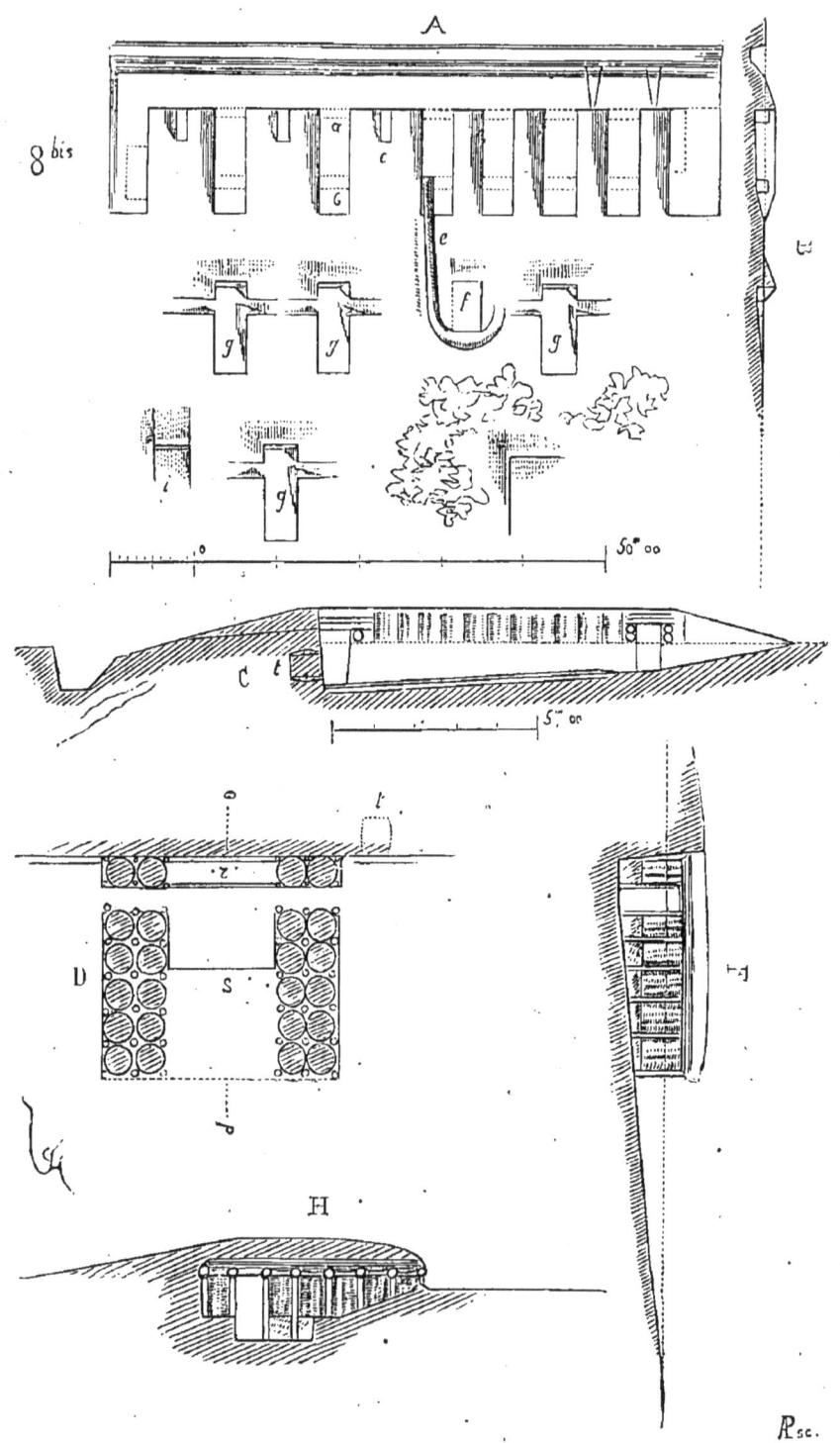

l'ennemi, au-dessous de la route qui descend de Montmorency

à Groslay. En voici le plan (fig. 8 *bis*) en A. L'espace réservé aux pièces est, comme on peut en juger par le tracé, très-étroit. Ces pièces ne devaient certainement pas pouvoir modifier sensiblement leur direction. Deux de ces pièces seulement tiraient en embrasures et étaient peut-être disposées pour envoyer des projectiles de plein fouet. Sous chaque traverse sont ménagés deux passages étroits, l'un au droit du parapet, l'autre à la queue, en *a* et en *b*. De petits pare-éclats *c*, établis en gabionnades, séparent les pièces jumelles de gauche. En *e* est un fossé qui communique à un abri *f* creusé sous terre et blindé, pour servir de poudrière. Des abris non blindés *g*, mais avec épaulement antérieur, deux descentes latérales et une en arrière, étaient destinés à recevoir des projectiles. En *h* est un épaulement en équerre pour les gabionneurs, et en *i* un petit abri servant de latrines. En B est donné le profil de la batterie; en C, le profil, à l'échelle de 5 millimètres pour mètre, de l'épaulement et des traverses. La quatrième batterie possède des traverses blindées particulières, figurées en D. Ces traverses se composent de deux rangées de doubles gabions, espacées l'une de l'autre de 3 mètres environ. Leur face latérale est tracée en F, et leur coupe sur *op*, en H. Les hommes peuvent s'asseoir en *r* sur une banquette réservée à cet effet et se coucher en S. On remarquera en *t* une barrique engagée dans le parapet horizontalement, pour recevoir les projectiles. Auprès de chaque pièce, latéralement, est incrustée une de ces barriques dans la plupart des parapets que nous avons pu voir.

Un signal était placé sur le bord de la route en avant de Soisy. Ce signal, consistant en une barrique mue le long d'un mât, avec étoupe goudronnée donnant un feu la nuit, était vu de Margency où était établi le quartier général du prince de Saxe, de Saint-Gratien et de la plaine. De plus, à côté, un poste télégraphique correspondait à Montmorency, Gonesse, Saint-Gratien, Argenteuil et Versailles.

Mais voici le tracé d'une batterie qui présente un caractère différent encore, cette fois, pour des pièces de position. Je ne sais si cet ouvrage a été exécuté. Il reproduit une épure tracée sur un morceau de papier trouvé dans une habitation de Saint-Gratien, sans indication de localité (fig. 9).

La batterie proprement dite A se compose d'un épaulement brisé avec saillant rectangulaire formant traverse. Sur la plongée s'ouvrent

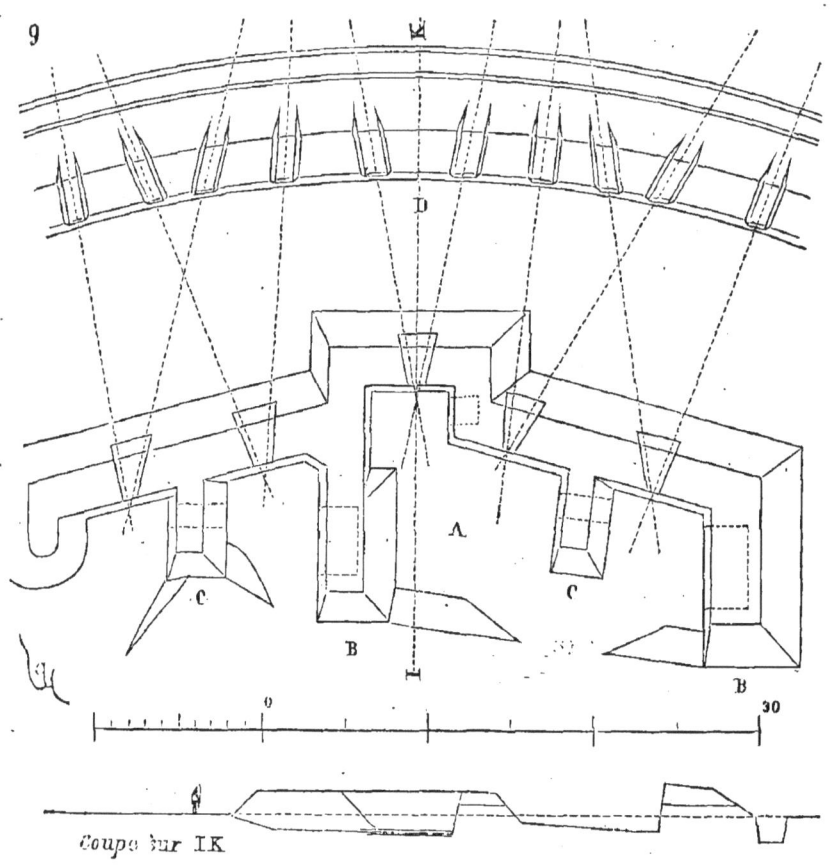

Coupe sur IK

cinq embrasures. Deux fortes traverses-abris B et deux plus petites C séparent et garantissent les pièces. A 10 mètres environ de cette batterie s'élève un épaulement convexe avec embrasures obliques qui correspondent aux joues des embrasures de la batterie. Chacune des cinq pièces peut dès lors tirer dans deux directions différentes fixes, et il est impossible à l'ennemi de pointer sur les véritables embrasures, qu'il ne voit pas. Peut-être n'est-ce là qu'un projet pour préserver les pièces de gros calibre de l'atteinte des projectiles de nos forts, qui ne manquaient pas de causer souvent de graves dommages aux ouvrages des Allemands. Mais il est possible qu'il ait reçu son application sur quelques points, car la fixité de la ligne du tir des pièces de l'ennemi avait souvent de quoi surprendre : sur le plateau de Noisy à Rosny notamment, les lignes de tir étaient si peu variables, qu'on était en parfaite sécurité lorsqu'on se trouvait en dehors de leur action. Les projectiles arrivaient en avant, en arrière ou dans les ouvrages, mais toujours dans un même plan vertical. Si l'ennemi s'apercevait qu'une de ses lignes de tir ne produisait nul effet, ou qu'elle s'inclinait à gauche ou à droite du point qu'il voulait battre, il lui fallait au moins une journée pour rectifier cette ligne : la preuve qu'il ne pouvait pas faire cette rectification rapidement, c'est qu'il cessait le feu de la pièce dont le tir lui semblait défectueux, et que cette pièce ne recommençait à tirer suivant la ligne rectifiée que le lendemain du jour où le feu avait cessé. Du reste, cette idée des doubles embrasures n'est pas nouvelle, puisque des ouvrages du xviie siècle sur la fortification les mentionnent déjà. Je dois dire que sur aucun des points où il m'a été possible de prendre des renseignements, depuis la capitulation, je n'ai pu découvrir une seule batterie établie suivant la donnée précédente. Le fait a pu se présenter toutefois (1). Mais il n'est pas besoin de recourir à cette complication d'embrasures et de doubles épaulements pour expliquer le peu de variabilité du tir de la grosse artillerie prussienne, l'étroitesse de la place laissée aux bouches à feu entre les traverses suffit pour empêcher le changement des directions, une fois les pièces en batterie. Aussi a-t-on observé que sur les forts du sud et sur Paris même, les projectiles arrivaient toujours suivant des lignes de tir constantes. Les batteries de Châtillon étant battues par les trois forts de Montrouge, de Vanves et

---

(1) Depuis l'armistice, les Allemands ont désarmé la plupart de leurs batteries. Ils détruisent et dénaturent en même temps leurs ouvrages, et il faut se presser pour les pouvoir apprécier.

d'Issy, et même par les bastions de l'enceinte, il était important pour l'ennemi d'avoir des embrasures aussi étroites que possible et de multiplier les traverses. Leur direction avait donc été parfaitement arrêtée avant de disposer les pièces. Il n'y a pas à douter aujourd'hui que la véritable attaque des Prussiens ne fût celle du sud; et quand on étudie la topographie des environs de Paris, ce point de la défense, par cela même qu'il avait été puissamment armé par une ligne de forts rapprochés, croisant leurs feux et commandant toute la rive gauche, était plus encore que celui de l'est un point désigné à l'assiégeant. Si la prise des forts de l'est donnait Paris à l'ennemi, celui-ci se trouvait encore, sur ce point, éloigné de la ville et ne pouvait y pénétrer que par des quartiers difficiles à occuper. Si l'on eût voulu s'y défendre, il se trouvait entre le fort de Vincennes et les buttes Chaumont, qui pouvaient offrir des points d'appui à l'assiégé pour une défense intérieure; de plus, ces forts de l'est sont bâtis sur les bords d'un plateau escarpé, qui rendrait l'assaut très-périlleux. Il n'en est pas de même des forts du sud. Il sera toujours difficile d'expliquer le choix de leur emplacement. Puisque les forts de Nogent, de Rosny et de Noisy sont plantés à 4000 et 6000 mètres de l'enceinte, c'est-à-dire au delà de la portée de l'artillerie de position, à l'époque où ils ont été construits, on ne comprend pas pourquoi les forts d'Issy, de Vanves, de Montrouge, de Bicêtre, d'Ivry et de Charenton ne sont élevés qu'à 1500, 2000 et 3000 mètres au plus de l'enceinte; tandis qu'en portant le fort d'Issy à Meudon, celui de Vanves au-dessus de Clamart, celui de Montrouge au plateau de Bagneux, celui de Bicêtre à Villejuif, on ne les éloignait de l'enceinte que de 4000 mètres au plus, et on leur faisait occuper des positions dominantes, au lieu de les placer sur des plans inclinés vers Paris. Si ces forts eussent été bâtis comme le raisonnement le plus simple semblait l'indiquer, les Prussiens auraient pu envoyer de Saint-Cloud des obus sur Auteuil et Passy, mais ils n'eussent pas couvert nos quartiers de la rive gauche de projectiles, et leur ligne de communication de Choisy-le-Roi à Versailles eût été fortement compromise. Avant l'investissement, le génie reconnut la nécessité de fortifier ces positions que nos forts n'occupaient malheureusement pas. On commença une redoute sur le plateau qui domine Châtillon et Fontenay-aux-Roses, à cheval sur la route départementale n° 54 qui occupe ce plateau; mais cette redoute, plantée à 2200 mètres en avant des forts de Vanves et d'Issy, et à 3500 mètres de celui de Montrouge, pouvait être tournée par Clamart et Bagneux, points que l'on avait négligé de protéger, ne fût-ce que par des tranchées et quelques batteries. Cette redoute eût été prise en écharpe des hauteurs de Meudon et du Plessis-Picquet que nous n'occupions pas. Étant ainsi en l'air, elle fut abandonnée, et les Prussiens établirent sur ce plateau une partie des batteries qui ouvrirent leur feu sur les forts de Montrouge, de Vanves et sur Paris même. Au-dessus de Meudon, à Brimborion, au-dessus de Clamart, à Bagneux, à Bourg-la-Reine, au-dessus de l'Hay, de Chevilly, ils mirent également des pièces de siége en batterie, qui couvrirent de projectiles les forts d'Issy, de Bicêtre et d'Ivry. Ainsi toutes nos défenses du sud, placées relativement à l'ennemi dans une position inférieure, furent canonnées sans relâche, et répondaient difficilement, vers les derniers jours du siége, aux obus dont elles étaient couvertes.

Cependant, dès le commencement de l'investissement, nos forts du sud n'avaient cessé de tirer sur les points où l'on supposait que l'ennemi exécutait des travaux; car il était difficile de les voir, la plupart étant élevés en retraite des crêtes et n'ayant qu'un très-faible relief. Ce tir au jugé faisait toutefois assez de mal à l'ennemi pour qu'il ait senti la nécessité, de ce côté, de se couvrir plus et mieux qu'il n'a l'habitude de le faire. Il trouvait d'ailleurs, autour des positions dont il s'était emparé tout d'abord avec une exacte connaissance des localités, du bois en abondance. Il ne se fit pas faute d'en employer, et bien lui en prit; car, contrairement à l'opinion que j'ai entendu émettre souvent par des officiers supérieurs du génie et d'artillerie, autant le bois est d'un mauvais emploi contre les projectiles pleins, autant il offre une résistance efficace aux projectiles creux, si on le recouvre d'une couche suffisante de terre, car il maintient l'éboulement de ces terres, et, à cause de son élasticité, subit, sans se rompre, des chocs considérables.

Sur les plateaux du sud, exposés aux feux croisés de nos forts, les Allemands multiplièrent les abris, et sur certains points très-découverts creusèrent, d'après une méthode usitée ailleurs, des galeries sous terre de manière à ne dépasser qu'à peine le niveau du sol. Ces galeries, disposées parallèlement en arrière des batteries, sont mises en communication avec celles-ci, et entre elles par des tranchées défilées.

La figure 10 montre en A le tracé de ces sortes d'ouvrages en plan, à l'échelle de 2 millimètres pour mètre. La direction des projectiles est indiquée en P. En B, est faite la coupe sur ab; en C, la coupe transversale des abris à l'échelle d'un centimètre; en D, l'aspect des angles d'entrée marqués d sur le plan, et en E, la coupe des tranchées sur gh.

Ces abris sont établis habituellement sur un terrain en pente, ainsi que l'indique la coupe B, parce qu'ainsi les traverses défilent mieux les tranchées des projectiles, puis parce que les eaux peuvent facilement s'écouler en suivant le fond de ces tranchées. De plus, ces ouvrages forment, en arrière des batteries, des épaulements qui les gardent contre les mouvements tournants; car des fusiliers peuvent être postés en i et en l (voyez la coupe E), et mieux en m (voyez la coupe C). Des pentes R permettent de sortir des tranchées en dehors ou en dedans de l'enceinte (1).

Les abris sont faits au moyen de fermes de bois bruts ou ouvrés, posées de $1^m,80$ environ, d'axe à axe, lesquelles portent des rondins ou des madriers avec fascines et terre mêlée. Des coffrages k, posés derrière les fermes, faits de planches ou de fascines, empêchent la terre de couler à l'intérieur. Ces ouvrages sont généralement exécutés grossièrement, ou plutôt à l'aide des moyens les plus simples, par les soldats eux-mêmes; ils ne paraîtraient pas acceptables dans le corps

---

(1) On a résumé ici, pour éviter les longueurs, des exemples variés suivant les localités, et plus ou moins intelligemment exécutés, de ces sortes d'abris.

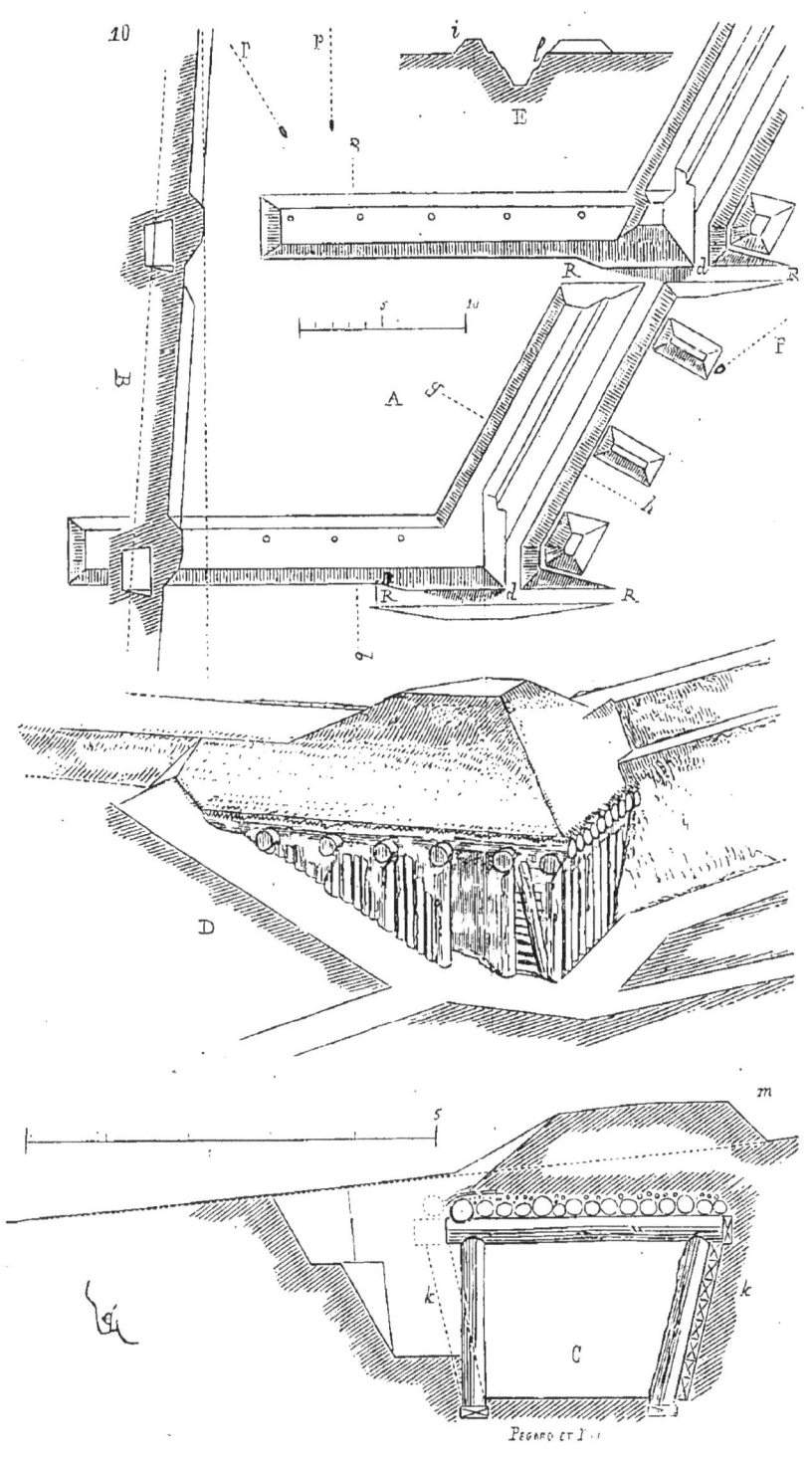

du génie militaire en France, d'autant qu'ils sont variés à l'infini dans les détails d'exécution, ainsi que je l'ai déjà dit. Ils n'en remplissent pas moins parfaitement leur office, et d'autant mieux, qu'ils sont modifiés en raison des dispositions locales et des circonstances plus ou moins favorables ou défavorables.

Il n'en est pas moins certain que, avec notre aptitude particulière pour ces sortes de travaux et l'intelligence de nos travailleurs, si les officiers du génie suivaient, en bien des cas, leur raisonnement naturel plutôt que l'*Aide-mémoire* et les *types* admis officiellement; si surtout ils prenaient l'habitude d'étudier avec plus de soin le terrain sur lequel on opère, il ne leur serait pas malaisé d'élever des ouvrages de défense supérieurs à ceux que les Allemands ont laissés autour de nous; ouvrages, comme je l'ai dit plus haut et ne saurais trop le répéter, qui n'ont de valeur que par le choix excellent des positions, — ce qui est une affaire de stratégiste, — et par l'observation attentive et réfléchie de tous les avantages que peuvent offrir les moindres accidents du terrain. Je ne sais si les Allemands ont la conscience exacte du seul mérite que présentent leurs ouvrages, mais ils les dénaturent, s'ils ne les détruisent pas entièrement, en les abandonnant, comme s'ils craignaient, ou qu'on pût surprendre leur manière de faire, ou que l'on s'aperçût de l'infériorité de leurs travaux de terrassements, si on les compare aux nôtres. Le seul enseignement utile qu'on puisse tirer de la vue de ces ouvrages, c'est, encore une fois, le choix des positions et l'initiative laissée évidemment à chaque officier chargé de pourvoir à leurs défenses.

L'étude de la géologie est très-répandue en Allemagne, et cette étude semble indispensable à tout officier du génie. Elle permet d'apprécier rapidement les conséquences forcées d'un phénomène naturel, de donner des instructions précises rien que sur l'examen d'une carte, et, lorsqu'on se trouve sur le terrain, de procéder sans hésitation. Elle prévient les fausses manœuvres et pertes de temps, parce qu'elle indique les moyens à employer pour travailler tel ou tel sol, pour obtenir le plus rapidement possible le résultat voulu.

Les Prussiens, qui possédaient la carte de France bien mieux que nos propres officiers, la carte géologique surtout, savaient, par les changements de natures de terrains, qu'ils devaient trouver sur certains points des accidents obligés, favorables ou défavorables aux opérations qu'ils avaient longuement méditées. Ils arrêtaient donc à l'avance leurs mouvements, leurs points de défense ou d'attaque, les ouvrages qui convenaient aux premiers, et la vue des localités ne pouvait qu'apporter des modifications de détail à ces projets. Si ces prévisions n'ont pas peut-être une grande valeur lorsqu'il s'agit d'assiéger une place forte devant laquelle on restera plusieurs semaines ou plusieurs mois, et dont on pourra étudier à loisir les alentours, il n'en est pas de même lorsqu'il s'agit de combiner des mouvements en vue d'une bataille sur un terrain que l'armée ne foule pas encore, d'occuper tout d'abord les meilleures positions. Nous sommes bien obligés de reconnaître, sous ce rapport, l'infériorité de notre état-major dans la dernière campagne, et il faut espérer que nous profiterons de la leçon ; qu'avant de songer à aller porter la guerre hors de nos frontières, nous étudierons notre propre territoire. Plus que jamais cette étude doit être très-sérieusement entreprise par nos officiers, puisque ces frontières sont ouvertes à notre ennemi mortel, grâce aux fautes commises.

Les ouvrages élevés par les Allemands au-dessus de Châtillon sont encore une preuve évidente de leur habileté lorsqu'il s'agit de bien choisir les positions, et de leur infériorité relative comme travaux du génie. Ces ouvrages présentent le plus singulier mélange de sagacité et de barbarie. Il y a dans la manière dont ils sont tracés et exécutés quelque chose du sauvage. La planche III présente l'ensemble de ces batteries destinées à battre les forts d'Issy, de Vanves, de Montrouge et les quartiers du sud de la ville, avec les tranchées et caponnières qui les relient. Voici le relevé de ces batteries avec les pièces qui les armaient :

A Batterie de 2 mortiers pointés sur le fort d'Issy.
A' Batterie de 2 mortiers pointés sur le fort de Vanves.
B Batterie de 6 pièces pointées sur le fort d'Issy.
C Batterie de 6 pièces pointées sur le fort d'Issy.
D Batterie de 6 pièces pointées sur le fort de Vanves.
E Batterie de 6 pièces pointées sur le fort de Montrouge.
F Batterie de 6 pièces pointées sur le fort de Montrouge.
G Batterie de 2 pièces de campagne
    et de 4 pièces de position pointées entre les forts de Vanves et de Montrouge.
H Batterie de 2 pièces de campagne.
I Batterie de 8 pièces de campagne.
J Épaulement pour 1 pièce de campagne.
K K K K Épaulements pour 4 pièces de campagne.
L Épaulement pour 1 pièce de campagne.

TOTAUX : Mortiers.................... 4
Pièces de siége................ 34
Pièces de campagne............ 18
Bouches à feu 56

On voit, par la direction des feux indiquée sur le tracé de notre redoute abandonnée de Châtillon M, que toutes ces batteries sont prises en écharpe ou d'enfilade par les pièces de nos forts et par celles des Hautes-Bruyères; que l'assiégeant a cherché à se défiler de ces feux par des tranchées et caponnières tracées en tous sens et qu'il a multiplié les abris blindés, car il était fort à découvert sur ce plateau, et il a dû perdre beaucoup de monde, si l'on en juge par les nombreuses sépultures situées aux environs.

Toutefois la position étant excellente, il s'y tint avec persistance, se terra et se défila autant que possible, ainsi que nous allons le voir en prenant quelques-uns de ces ouvrages par le menu.

Les petits bois plantés en avant des batteries A, B, C, sont sillonnés de tranchées. D'autres tranchées se dirigent vers Châtillon, qui était crénelé et défendu par de l'artillerie. Une tranchée-abri enveloppe en outre tout le bas du plateau, en s'appuyant à la route qui monte de Clamart au cimetière. Clamart était également défendu, à la gauche, ainsi que les avancées de Fontenay-aux-Roses, à la droite, de telle sorte que ces batteries ne pouvaient être facilement tournées.

Si, par un grand mouvement tournant, les Parisiens, qui occupaient la grande route n° 20 de Toulouse, jusqu'à la hauteur de Bagneux, et qui, à l'embranchement de cette route n° 20 avec celle montant à Bagneux, avaient fait des ouvrages importants, se fussent avancés jusqu'à Bourg-la-Reine, et, forçant cette position, eussent pris Sceaux à revers et les hauteurs de Plessis-Picquet, en débouchant par la grande route n° 54 derrière les ouvrages allemands de Châtillon, l'ennemi armait notre redoute abandonnée et battait tout le plateau. Il eût fallu s'emparer de cette redoute, ce qui était difficile, ayant les Allemands à dos et sur les flancs.

En O, est creusé un abri souterrain sur la structure duquel nous allons revenir ; en P, une vaste glacière, utilisée probablement comme magasin de munitions.

En examinant le tracé de ces ouvrages, la quantité de précautions prises évidemment pendant le cours de la possession du plateau par l'ennemi, on voit que la redoute des Hautes-Bruyères a dû le gêner beaucoup. Il n'est jamais parvenu à se défiler de ses feux, et cependant cette redoute est un de nos ouvrages qui aient le moins souffert. Ce qui prouve que si nous avions su occuper dès l'abord de bonnes positions, nous empêchions l'ennemi de bombarder les forts et la ville, et que si nos défenses avaient été aussi bien conçues que l'a été la redoute des Hautes-Bruyères, elles n'auraient pu être entamées, ainsi que l'ont été quelques-uns de nos forts. Ce sont là des faits, non des théories.

On voit (pl. III) que les batteries A, B, C, sont prises à revers par les pièces de la redoute des Hautes-Bruyères, aussi l'ennemi avait-il eu le soin de les munir de parados ; que les batteries D et G sont prises en écharpe par les mêmes pièces, et qu'enfin tout le plateau devait être couvert de nos projectiles, soit des forts, soit de cette redoute. Aussi ces batteries présentent-elles le moins de relief possible, sont-elles terrées, et le plateau est-il couvert d'abris souterrains. Il n'en est pas moins évident que les ouvrages dus, sur ce plateau, au génie militaire de l'armée allemande, sont tracés avec peu de méthode, comme s'ils eussent été construits successivement, d'après les instructions de chaque officier d'artillerie et au fur et à mesure des nécessités. Il y a loin de la réalité à ces descriptions un peu romanesques que l'on nous faisait de l'aspect formidable des batteries ennemies, et si nous avions eu une véritable armée, commandée par des officiers mieux informés que ne l'étaient les nôtres, on pouvait tenter de prendre ces positions, si bonnes qu'elles fussent, qui ne sont défendues, au total, que par des ouvrages assez faibles, où les chicanes sont prodiguées, mais qu'une attaque sérieuse par Clamart et par Fontenay-aux-Roses, bien entendue et soutenue par une nombreuse artillerie, eût pu faire tomber (1). Le fouillis de tranchées-abris creusées dans le petit bois qui se trouve en dehors des batteries A et B est bon contre une attaque de tirailleurs, mais cela n'eût pu servir à rien, si l'on eût occupé Clamart et Châtillon, et si de ces deux points on eût envoyé sur ces taupinières des volées de mitraille et des obus. Nous allons donc examiner ces ouvrages dans le détail. La planche IV donne à l'échelle d'un millimètre pour mètre toute la partie comprise entre les batteries C et K de la planche III. Tout cet espace est de niveau. La batterie C, de six pièces de position, possède des abris dans ses deux grosses traverses a et b. Les traverses et les pare-éclats intermédiaires ne dépassent pas le niveau de la crête de l'épaulement. La traverse a et les quatre pare-éclats ne se réunissent pas à l'épaulement, mais laissent un intervalle d'un mètre environ pour faciliter le commandement. Derrière chaque

---

(1) Il faut dire que la possession de Clamart eût présenté des difficultés que nous n'étions guère en position de vaincre. De Meudon à Clamart, sur les rampes du plateau, les Prussiens avaient établi plusieurs batteries et des retranchements en se servant des bois abondants sur ce point et des moindres plis de terrain. Bien que le fort d'Issy battît ces positions, pour les forcer en détail et déboucher au-dessus de Clamart de manière à prendre le plateau de Châtillon par son flanc occidental, il eût fallu sacrifier beaucoup de monde. C'est cependant en prévision de ce mouvement que les Prussiens avaient établi sur ce plateau même, appuyée à la Tour des Anglais, la batterie de huit pièces de campagne indiquée en I sur la planche III.

traverse et pare-éclats est un parados en gabionnades et terre avec passage pour la pièce. La batterie D, de six pièces, n'a pas de parados et n'en avait pas besoin, étant défilée; tandis que la batterie E, de six pièces, en possède, parce qu'elle est prise en écharpe par les feux du fort d'Issy. La traverse de gauche de cette batterie et celle du milieu recouvrent des abris. De la batterie C, par une double caponnière G, on arrive à la tranchée-abri H, qui, par un boyau défilé, permet de pénétrer sous un abri terré et blindé J, auquel s'appuie un épaulement K pour une pièce de campagne. De la batterie D, sur le flanc de la traverse de gauche, est l'entrée d'un boyau blindé qui communique à un deuxième abri blindé L. Du flanc intérieur de la traverse de droite de la même batterie, on entre dans un autre boyau blindé communiquant à un abri blindé M (1). Un vaste abri blindé N, de 50 mètres de long, fait suite à celui-ci; on y pénètre par une ouverture latérale n. Une caponnière O conduit à deux autres abris blindés P P'. Une autre caponnière en retraite Q, de $1^m,50$ de largeur au fond, mise en contact avec la voie militaire R, tracée par l'ennemi et faite de fascines, de rondins et de madriers posés en travers, met en communication toutes les batteries et permet d'accéder à la batterie de mortiers A' et à son abri blindé g. Un petit abri S paraît avoir été destiné à servir de latrines aux officiers. Les tranchées-abris et les caponnières, pour ne pas être inondées sur ce plateau horizontal, sont saignées de distance en distance avec puisards, ainsi qu'on le voit en V. La terre rejetée de ces puisards forme traverses et défile le revers de ces ouvrages.

Tout cela est intelligemment compris et raisonné, mais est un peu tâtonné, un peu fait d'instinct, dirai-je, sent le travail du barbare, et l'on ne sait trop comment une armée qui exécute de pareils travaux se tirerait d'affaire si on la forçait un beau jour de se tenir en plaine et d'y livrer bataille à des forces supérieures et bien dirigées. On doit donc constater que cette armée allemande, unie dans une

---

(1) On verra tout à l'heure quelle est la destination de ces abris.

pensée de haine contre nous, est commandée par des hommes d'une haute valeur qui savent parfaitement se servir de l'instrument souvent grossier qu'ils ont entre les mains, ne l'emploient que dans la mesure de ce qu'il peut donner, et dès lors choisissent avec une minutieuse attention et une excessive prudence les positions à occuper. Si donc, connaissant cette tactique, nous n'avions pas, depuis le commencement de la campagne, laissé prendre à ces chefs de troupes parfaitement disciplinées, mais barbares au total, toutes les excellentes positions que nous pouvions garder, il y a tout lieu de croire que cette armée eût été fort embarrassée; et l'on peut supposer quels effroyables désastres seraient la conséquence d'un premier mouvement de retraite de ces troupes entraînées sur un territoire ennemi, au milieu d'une population exaspérée. Ces minuties, ces précautions plus multipliées que puissantes, et qui donnent plutôt l'idée de l'enfance d'un peuple que de sa force virile, ne tiendraient pas longtemps devant des armées fortement organisées, composées d'éléments intelligents, et commandées par de véritables hommes de guerre. Ces moyens étaient, malheureusement pour nous, excellents en face de corps armés sans consistance, démoralisés et commandés par des chefs irrésolus et découragés. Cette accumulation de petits obstacles gardés avec des précautions infinies; la supériorité des positions occupées; le prestige des victoires et jusqu'au mystère dont sait s'envelopper cet ennemi toujours caché, toujours terré, toujours prêt sur chaque point attaqué, devaient nous enlever toute chance de débloquer Paris. Mais une étude attentive des moyens adoptés par notre ennemi, de sa tactique peu variée, de ses ressources, peut, avec les qualités militaires que possédait notre pays et qu'il n'a pas définitivement perdues, il faut l'espérer, nous indiquer la voie à suivre pour l'égaler comme puissance militaire, sinon lui être supérieur. Il faut pour cela nous unir dans une seule pensée, le travail; et nous souvenir, nous souvenir de ces façons d'usuriers armés, de la conduite de ces nobles allemands, tous officiers attachés à l'armée prussienne, qui, pendant des années, dans nos salons, à la cour et à la ville, remplissaient le rôle d'espions et inventoriaient, dans le château où vous

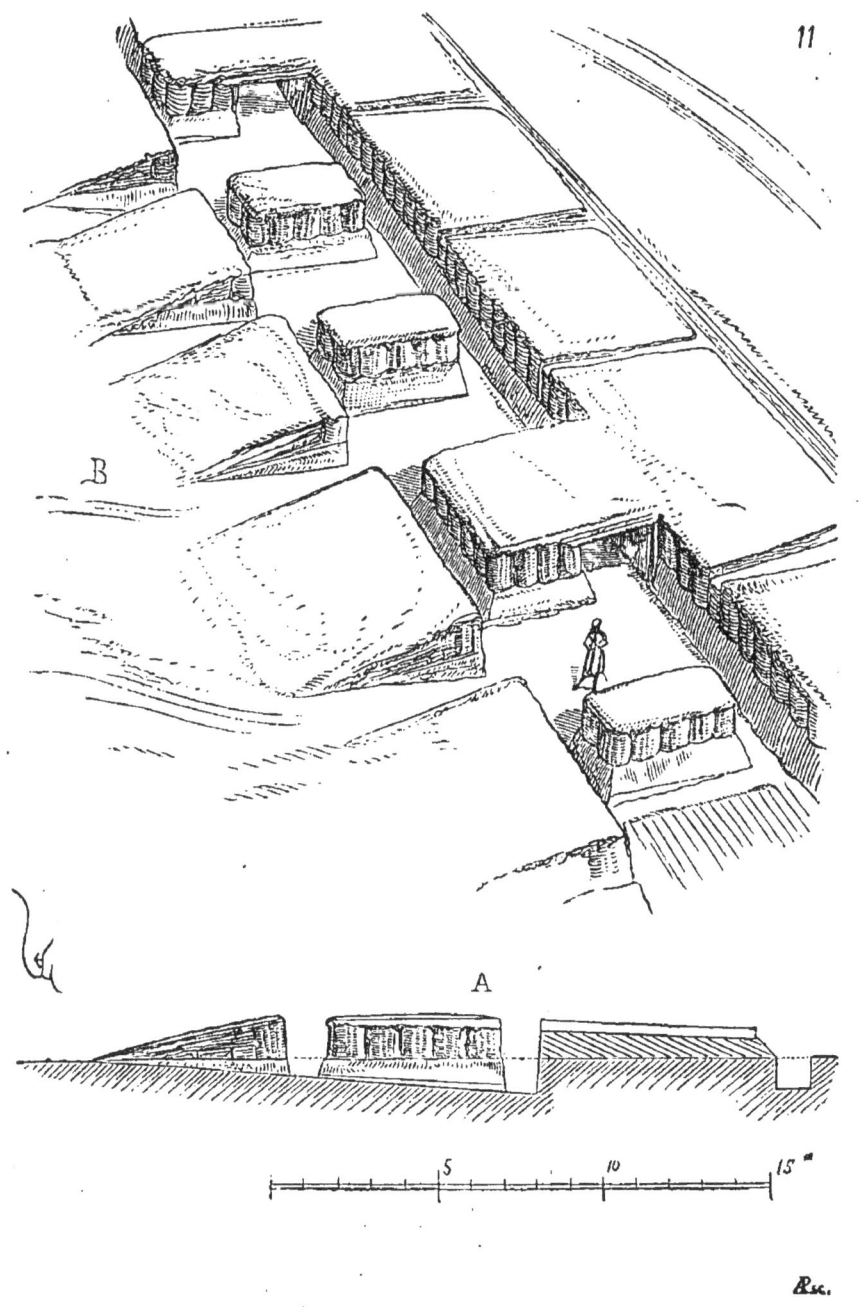

leur donniez une hospitalité cordiale, les mobiliers qu'ils feraient emballer au lendemain d'une victoire. Nous souvenir de ces procédés, non pour les imiter, si jamais nous nous trouvons en pareille occurrence, mais pour nous défier, nous guérir de cette bienveillance banale, dont le barbare se raille, parce qu'il n'y voit qu'une marque de légèreté vaine, non l'effusion d'une nature généreuse et ouverte. Nous souvenir à chaque heure, pour que les générations qui grandissent soient armées des moyens intellectuels et matériels propres à empêcher à tout jamais la fourberie et le pédantisme de prendre la place de la civilisation et du véritable progrès.

Entrons plus avant dans le détail de quelques-uns des ouvrages que donne la planche IV. La figure 11 trace en A le profil de la batterie E de cette planche, et en B son aspect perspectif. Les traverses laissent entre elles et l'épaulement un passage blindé, et les pare-éclats sont isolés de cet épaulement d'un mètre environ, afin de laisser entre les pièces, le long du parapet, un passage et la vue pour le commandement. Des parados, avec entrée pour chaque pièce, s'élèvent en talus, en laissant de même un couloir de circulation entre eux et ces traverses et pare-éclats. Tout le terrassement élevé au-dessus du sol vierge est gabionné. L'ensemble de ces ouvrages ne s'élève pas à plus d'un mètre au-dessus de ce sol et est à peine visible à distance. Les embrasures ne sont creusées que de 30 centimètres et sont étroites, la ligne de tir étant fixée d'avance et ne variant pas. Le plan tangent au-dessus du canon placé dans la position horizontale passe exactement au niveau de la crête de la plongée et des traverses. Le peu de variabilité de la directrice explique pourquoi, contrairement à ce que supposaient nos officiers du génie et d'artillerie, les espaces réservés aux pièces sont relativement étroits. Aussi ces batteries ont peu d'étendue, les pièces sont enterrées aussi bien par l'épaulement que par les traverses, et étaient ainsi mieux défilées de nos projectiles ; mais devant un ennemi prévenu, et qui, au lieu de s'enfermer dans des fortifications permanentes, saurait changer rapidement la position de sa grosse artillerie, — ce que les moyens dont on disposait à Paris permettaient de faire, — l'invariabilité des directrices des pièces de l'armée allemande devenait pour elle un grand embarras. Ce qui démontre encore une fois de plus que nos fortifications permanentes nous empêchaient de profiter des avantages que nous aurions pu prendre.

La figure 12 présente en A le plan et en B la coupe transversale des abris marqués M et N sur la planche IV. Les abris terrés du côté opposé à l'ennemi, mais ouverts sur un large déblai du côté

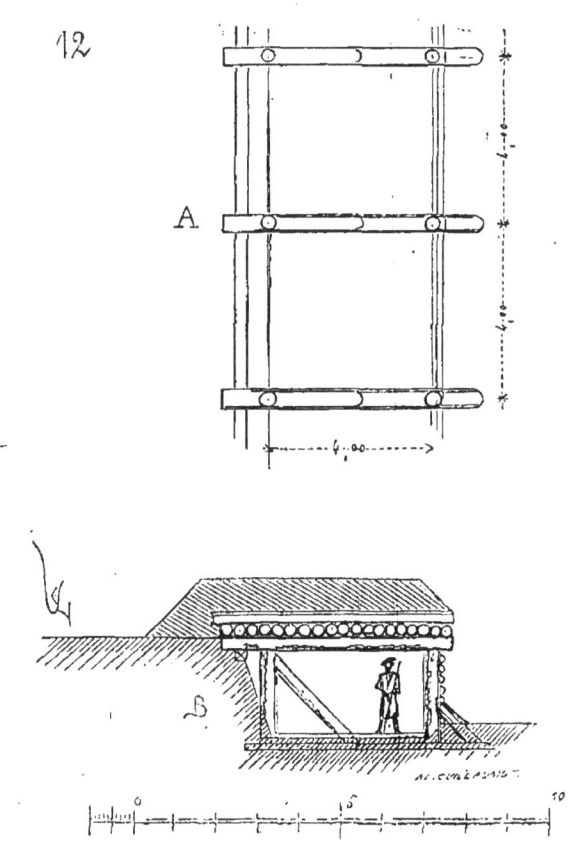

intérieur, se composent de fermes espacées à 4 mètres l'une de l'autre, lesquelles reçoivent deux couches de rondins ou de bois de charpente croisés, recouverts d'une toile goudronnée, de feuilles de zinc ou de carton bitumé, et d'une couche de terre d'un mètre environ. Le devers est maintenu par de grandes contre-fiches à l'intérieur et par de petites à l'extérieur. Le devant est fermé au moyen de rondins ou de madriers cloués sur les poteaux. L'abri M est divisé en plusieurs petites pièces par des cloisons de planches, pour des officiers probablement, et pour recevoir un poste télégraphique.

La figure 13 donne le profil d'une des caponnières qui, des batteries, communiquent aux tranchées extérieures.

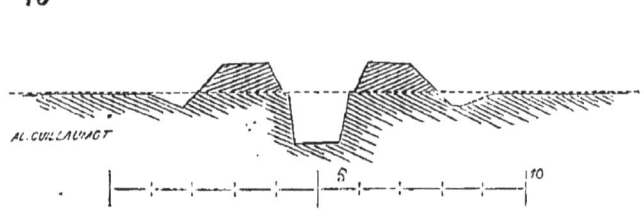

On voit que ces ouvrages ne présentent aucun de ces dispositifs formidables dont on ne cessait de nous entretenir pendant le siége; que toute leur force réside dans le choix des positions et dans leur peu de relief, qui les dérobait à la vue de nos batteries. Cependant ces ouvrages, très-découverts et réunis sur un plateau peu étendu, ont souffert passablement du feu de nos forts et de la redoute des Hautes-Bruyères. Ils étaient occupés par des Bavarois, et il est évident que l'état-major prussien ne tenait pas beaucoup à épargner le sang de ces alliés dociles. Il n'en est pas de même des positions occupées par l'armée prussienne : celles-ci sont moins exposées et mieux défendues; les ouvrages sont exécutés avec une perfection que l'on ne peut accorder à ceux déjà présentés. Les troupes prussiennes ont choisi les postes les mieux couverts par la nature du sol et par les alentours; le tracé des ouvrages est fait avec des connaissances plus avancées sur l'art de la fortification : on sent la présence d'officiers du génie distingués. Les précautions dictées par la prudence sont plus nombreuses encore, les retraites indiquées avec un soin minutieux. On découvre, en parcourant ces ouvrages, la préoccupation constante d'un état-major qui veut ménager ses troupes et ne jamais les compromettre pour un résultat insignifiant. Ces préoccupations n'existent pas évidemment au même degré lorsqu'il s'agit des alliés.

Je ne sais si les mécontentements que l'on prétendait chez nous s'être parfois manifestés dans les corps bavarois et wurtembergeois ont en effet éclaté ; mais il y avait en vérité de quoi, et ils ont dû, comparativement, faire des pertes considérables.

Telles étaient les défenses du plateau de la Bergerie et du Haras au-dessus de Saint-Cucufa, positions que nous avons attaquées sans succès dans la journée du 19 janvier, et qui cependant eussent pu être tournées, ainsi qu'on pourra en juger, si nous avions su ou pu employer de l'artillerie contre elles en temps opportun, c'est-à-dire avant le moment où les Prussiens s'y furent solidement établis.

La planche V présente l'ensemble de ces défenses depuis le parc de Buzanval jusqu'à Garches, Vaucresson et la Celle-Saint-Cloud. Les travaux de terrassement élevés sur le plateau font un contraste frappant avec ceux que nous avons analysés jusqu'à présent. D'une régularité parfaite, tracés et dressés avec le plus grand soin, ils peuvent être comparés aux meilleurs ouvrages exécutés en temps de paix sous la direction de nos ingénieurs militaires. Il est vrai que nous avons laissé aux Prussiens campés sur ce plateau le temps de travailler à loisir. Jamais les ennemis n'ont occupé Rueil ; ils se contentaient d'envoyer de temps en temps, dans ce village, des reconnaissances qui, le plus souvent, étaient accueillies à coups de fusil par les paysans restés dans la commune et par les francs-tireurs qui y maintenaient des postes. Nous avons même, pendant la dernière période du siége, conservé nos avant-postes à la maison Crochard, située en A. Quant aux grand'gardes prussiennes, elles ne dépassaient pas la ferme de Fouilleuse, en B, et le parc de Buzanval, en C. L'ennemi avait toutefois creusé une large tranchée en V, pour couper la route montant à Fouilleuse. Du côté de Saint-Cloud, les ennemis occupaient les villages de Garches, de Villeneuve et de Vaucresson, sur la route descendant au nord de Versailles. Ces villages étaient crénelés avec soin. La redoute de Montretout, que nous avions abandonnée, n'était pour eux qu'un poste d'observation, ils ne paraissent pas y avoir jamais établi de batteries. Leur véritable ligne de défense s'appuyait au village de Garches, pourtournait le plateau, occupait la propriété de Buzanval au nord, et s'appuyait à l'ouest au ravin du Longboyau. Du Haras ils avaient fait une sorte de camp retranché commandant : au nord, le cirque de Saint-Cucufa; au sud, la route de Roquemont ; à l'est, Garches, et à l'ouest, la Celle-Saint-Cloud. Une sorte de demi-lune ou de redan D permettait de sortir de ce camp ou d'y rentrer à couvert du côté de la Bergerie ; sur le flanc droit de cette demi-lune était élevé un épaulement pour quelques pièces de campagne ; puis des épaulements brisés, avec fossés F, et une longue barricade E, fermaient le passage entre la Bergerie et le Haras. Des abatis protégeaient en outre cette ligne de défense. Des blockhaus G de charpente, blindés, flanquaient les murs crénelés du Haras. Un ouvrage intérieur I, parfaitement établi, permettait de balayer le camp au cas où il eût été forcé du côté de Saint-Cucufa. Une batterie H, semi-circulaire, propre à recevoir des pièces de campagne, rendait la prise de ce plateau fort difficile, et en K un redan protégeait la retraite ou permettait de reprendre l'offensive. Une batterie L prenait en écharpe ces ouvrages. De plus, en X X X, trois redoutes avaient été élevées avec le plus grand soin et balayaient toute la crête du cirque de Saint-Cucufa, entre la Celle-Saint-Cloud et l'angle nord-ouest du Haras. Ces redoutes, de 40 mètres de longueur chacune, étaient fermées à la gorge par des palanques, avec un blockhaus au milieu servant de réduit. Devant leur saillant, les abatis les rendaient inabordables. En Y Y, deux batteries enfilaient la route de Belleval à la Celle-Saint-Cloud. Le bois des Hubies, coupé entièrement, formait en outre un fouillis d'abatis inextricable. Le parc de Buzanval avait été crénelé, principalement du côté de la porte de Longboyau, et un mur intérieur MN, solide, partant de cette porte pour aboutir au plateau de la Bergerie, formait une seconde ligne de défense masquée sous bois. Le village de la Celle-Saint-Cloud avait été crénelé et fortement barricadé.

Une batterie paraît avoir été établie à la Jonchère, en P. Toutes les maisons, tous les murs de jardins étaient crénelés autour du plateau.

Ainsi que je l'ai dit déjà, l'attaque du 19 janvier se fit par Saint-Cloud et Montretout à notre gauche, sur le parc de Buzanval au centre, et par la gorge de Longboyau à notre droite. Le parc de Buzanval fut vivement enlevé par la troupe et par la garde nationale; mais le mur intérieur MN, crénelé, opposa à nos colonnes une invincible résistance. On essaya de tourner la position par Fouilleuse, vers le rentrant O; mais ce rentrant, défendu par un mur crénelé et une tranchée-abri en équerre, ne put être forcé, faute d'artillerie. Les colonnes qui s'étaient avancées jusqu'à la redoute de Montretout par Saint-Cloud ne dépassèrent pas cette limite, écrasées qu'elles étaient par des batteries établies sur le plateau de la Bergerie. Les pièces qui garnissaient les ouvrages du Haras et la Bergerie ne tirèrent, pendant cette journée, que sur Montretout et Rueil, car elles ne pouvaient envoyer des projectiles dans le parc de Buzanval, sans risquer de toucher les troupes allemandes retranchées derrière le mur. Notre droite ne put dépasser les barricades R élevées au sommet de la gorge de Longboyau. Elle était d'ailleurs inquiétée par des mouvements de troupes ennemies qui se faisaient du côté de Bougival, et craignait d'être coupée. C'est pourquoi, vers deux heures, nous établîmes des batteries de douze et des mitrailleuses sur le mamelon S, au-dessus de la Malmaison.

Il paraît utile de présenter le détail de l'ouvrage I élevé dans le Haras (fig. 14). Il donne un front flanqué dont le profil sur AB est indiqué en C. Le fossé est à l'extérieur; l'épaulement, qui a 2 mètres d'épaisseur à la plongée, est muni d'une banquette de tirailleurs. Des traverses D couvrent les issues latérales. Une seule porte, E, donne entrée dans l'intérieur de l'ouvrage du côté de Vaucresson, par un couloir crénelé. En F, est une batterie établie sur un rond-point avec saut-de-loup qui existait. Cette batterie possédait cinq pièces dirigées principalement vers la partie du plateau voisine de

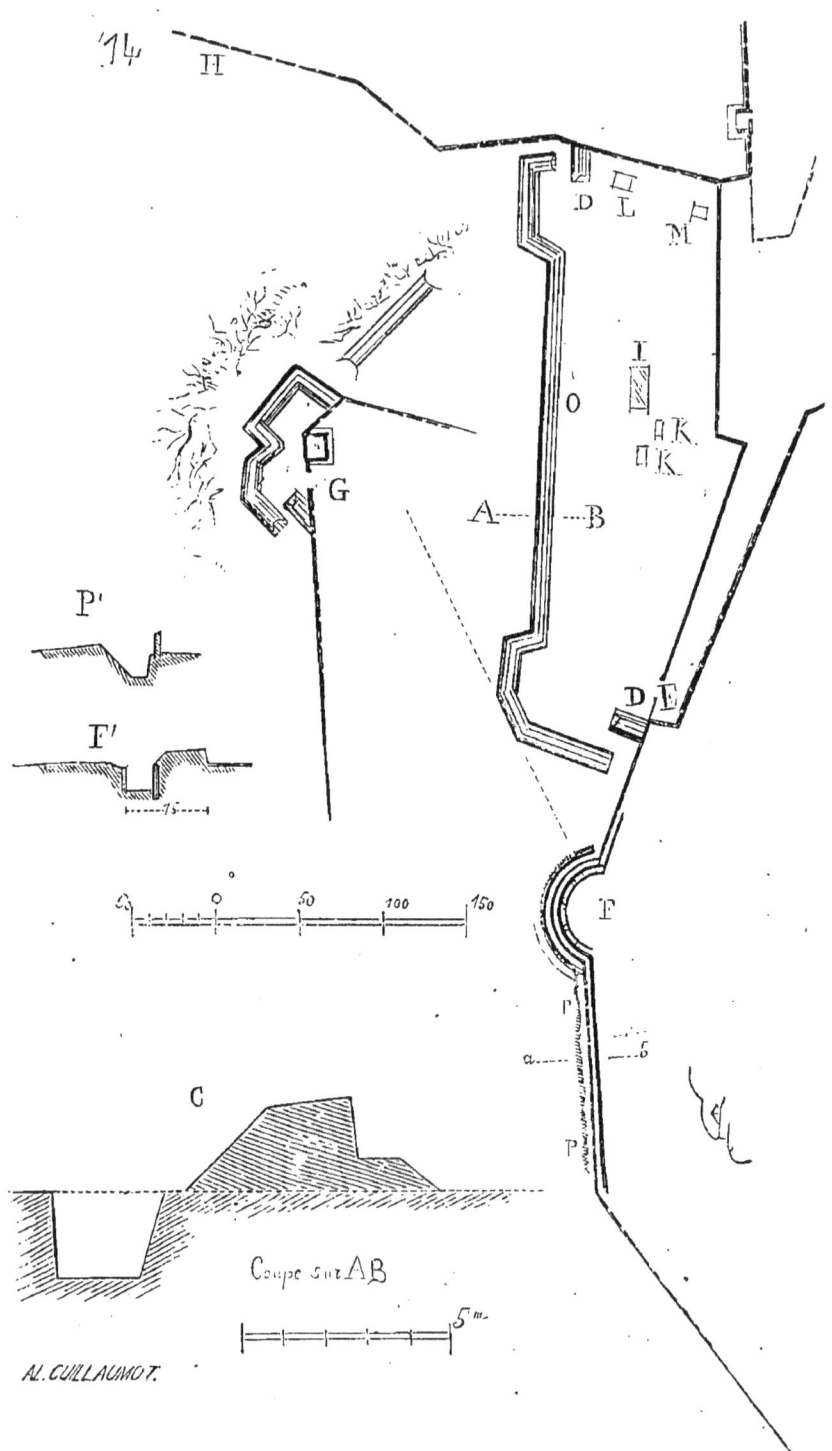

l'issue G sur la Bergerie, percée à l'angle du mur crénelé H. Le fossé se prolonge en P jusqu'au redan (voyez la planche V). En F', est tracé le profil de la batterie F, et en P' le profil sur *ab*. Les Prussiens n'ont fait que profiter là des dispositions existantes, n'ont eu qu'à créneler les murs et à élever l'épaulement de la batterie. Au milieu de l'ouvrage O est une maison I, qui servait de logement pour les officiers, puis des abris blindés sont creusés en K. En M, est un atelier de gabionneurs.

La figure 15 présente en A le plan, en B la coupe transversale, et en C la vue perspective d'un des blockhaus de charpente qui flanquent les murs crénelés du Haras. Ces ouvrages sont très-bien exécutés, en bois de gros échantillon et parfaitement solides. Toutefois les crénelages n'offriraient pas un abri contre de l'artillerie; mais les Prussiens savaient bien que nous ne pourrions mettre des pièces en batterie contre leurs ouvrages de la Bergerie et du Haras. Leurs poudrières sont établies d'après le même système, seulement elles sont plus enterrées, et les bois, verticaux, sont complétement revêtus de terre mêlée de gazon.

Avec plus de perfection dans le tracé et dans l'exécution, c'est, sur ce plateau occupé par les troupes prussiennes, le même système de défenses multipliées, se protégeant réciproquement, ménageant les retraites et les couvrant. Il est évident que les ouvrages de Châtillon sont faits par des élèves, par les subalternes, mais le principe est le même. Occupation de positions excellentes, que l'on cherche à rendre inexpugnables par une quantité de chicanes et en profitant de tous les obstacles. Maisons, murs, escarpements naturels, plis du terrain, abatis d'arbres, tout est occasion de défense. Les angles rentrants, qui donnent des flanquements répétés, sont utilisés, et nous nous sommes heurtés pendant deux heures à cet angle rentrant marqué O sur la planche V, dans l'espoir de prendre le plateau par son saillant. Lorsque les nôtres cherchaient à gagner la hauteur à la pointe, ils étaient pris en écharpe par le mur crénelé et balayés par les pièces de la batterie T qui envoyait ses obus dans la direction de la redoute de Montretout. Il n'est pas douteux cependant que des troupes très-solides et entraînées par des officiers

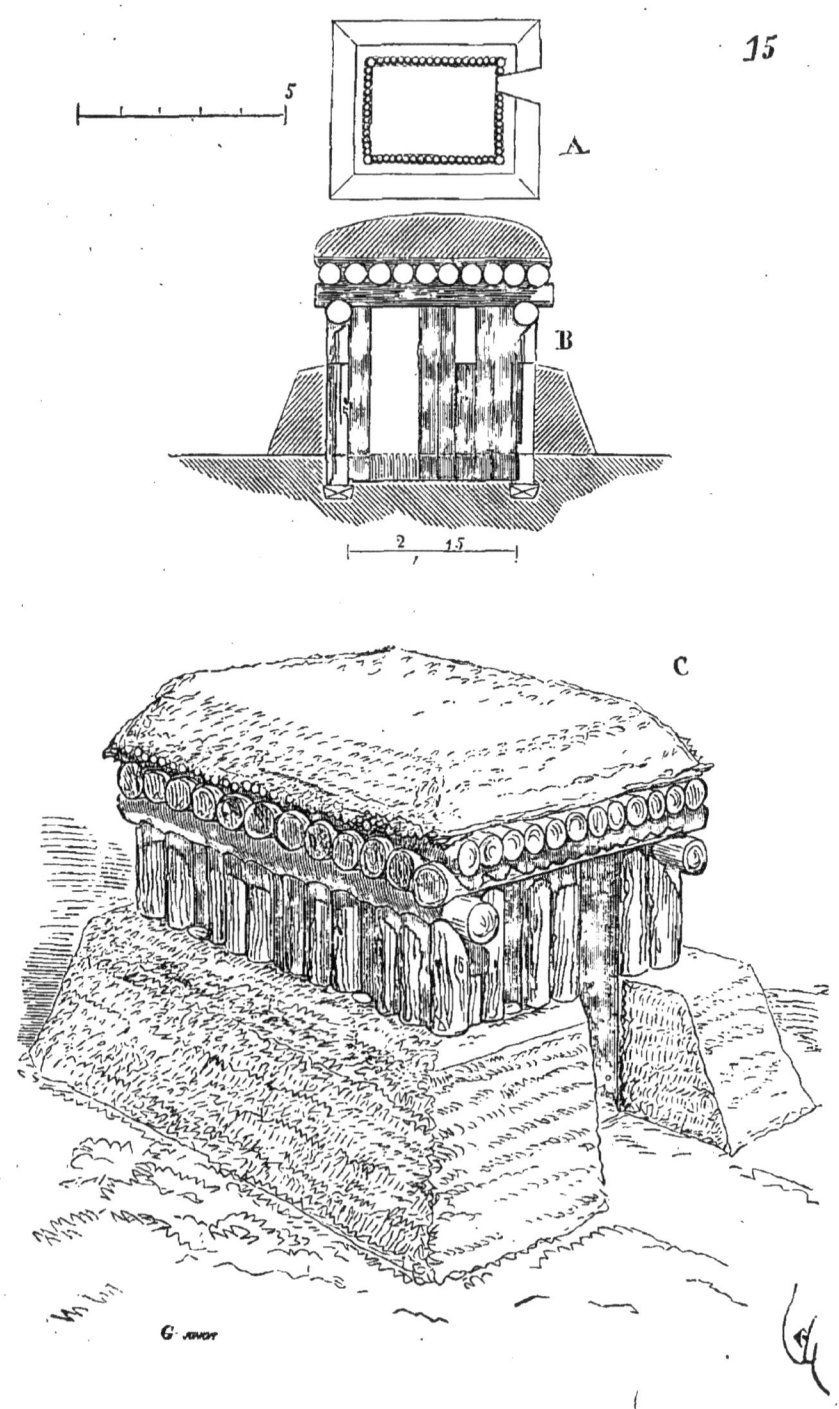

résolus eussent pu s'emparer de cette pointe ; mais elles trouvaient devant elles le mur crénelé de la Bergerie. Il eût fallu amener là de l'artillerie, agir avec vigueur et ensemble, ce qui a toujours manqué dans toutes nos affaires autour de Paris. Eût-on cependant réussi à s'emparer de la Bergerie, qu'on trouvait les défenses du Haras, lesquelles n'eussent pu être forcées qu'à l'aide d'une puissante artillerie. On eût perdu, même en admettant un succès, beaucoup de monde, et l'on ne pouvait couper la retraite aux troupes prussiennes. Toutefois la prise de ce plateau eût certainement obligé l'ennemi à abandonner Versailles précipitamment, et cela eût pu avoir les plus graves conséquences. La grande difficulté était d'amener de l'artillerie pour battre ces positions. Dans la journée du 19 janvier, par suite du dégel, les chemins étaient impraticables ; on eût évidemment trouvé moins de difficultés du côté du Longboyau, et un mouvement offensif très-énergique sur ce flanc eût pu passer entre la Celle-Saint-Cloud et le Haras, mais à la condition de pouvoir contre-battre les trois redoutes X, en s'emparant du plateau du Haras par l'attaque du centre. Notre attaque de droite, combinée avec l'attaque du centre, était celle qui offrait le plus de chances. Cette attaque de droite, ainsi que je l'ai dit déjà, commencée beaucoup trop tard, fut rendue indécise par le mouvement de l'ennemi venant de Saint-Germain sur notre droite, par Bougival. Il était impossible d'ailleurs d'amener de l'artillerie de ce côté jusqu'au bois Toutain, sur ces pentes escarpées et sur des chemins rendus impraticables par le dégel, et des batteries ennemies établies à Saint-Michel, au-dessus de Bougival, ainsi que l'artillerie que l'on voyait s'avancer par le bois du Vésinet, de l'autre côté de la Seine, vers la fin de la journée, pouvaient gêner beaucoup notre mouvement tournant. Nous nous étions condamnés, par l'abandon de ces positions, à une offensive qui exigeait de la part des chefs une rare énergie, et de la part des troupes beaucoup de sang-froid et de solidité. Aussi les derniers efforts de cette campagne eussent demandé dix fois plus de vigueur qu'il n'en eût fallu montrer pour garder dès l'abord les positions que nous étions forcés de reprendre.

Comme les positions de la Jonchère et du Haras, celles du parc du Raincy sont soigneusement défendues, bien que les ouvrages ne présentent qu'une construction assez grossière. L'état-major prussien attachait certainement une grande importance à la conservation de la position du Raincy, qui neutralisait tous nos mouvements vers l'est. La planche VI donne le dispositif de ces hauteurs, dont la conservation par nous eût pu avoir des conséquences si favorables. En A, est une batterie de dix pièces (car les batteries de ce plateau sont généralement armées, entre chaque traverse, de deux pièces, avec ou sans pare-éclats composés de trois ou quatre gros gabions à la file) ; cette batterie dirige ses feux sur la ferme de Graulai, sur le Drancy (5500 mètres).. A sa droite est creusée une tranchée caponnière descendant à l'entrée du parc. Cette tranchée est profonde et a été évidemment rectifiée, défilée de la batterie au plateau d'Avron, lorsque l'ennemi s'est aperçu que nous travaillions à son établissement. En a, est une poudrière blindée.

En B, une autre batterie de six pièces, dont les feux sont dirigés sur le fort de Rosny ; elle possède également sa poudrière blindée en b. En C, est un observatoire établi sur une ancienne glacière, au milieu d'un bouquet d'arbres. Du haut de cet observatoire, on découvre en effet tous les environs, depuis Gonesse jusqu'à Neuilly-sur-Marne. Une autre petite tranchée va rejoindre la route inférieure. Tous ces ouvrages sont protégés par des abatis, ainsi que le poste D. En E, au-dessus de l'allée de l'Hermitage, est une troisième batterie de six pièces, battant les ouvrages du plateau d'Avron. A sa droite, une tranchée se défile derrière une petite maison avec bout de mur, et descend sur l'allée de l'Hermitage bordée d'une profonde tranchée de 2 mètres de largeur sur une profondeur de $2^m,50$, avec banquette. Cet ouvrage, qui a 200 mètres de long, est en outre fortement défendu par des abatis et troncs d'arbres sur l'épaulement. Il est réuni à la tranchée F, derrière l'Hermitage, par un bout de tranchée défilé du plateau d'Avron. En G, des maisons et murs crénelés appuient une quatrième batterie H, de quatre pièces, réunie par une large tranchée-abri à la cinquième batterie K, de quatre pièces dirigées sur le plateau d'Avron. En I, un mur crénelé. Total : trente pièces. De cette batterie K une caponnière descend se réunir à une longue tranchée L, bordant le bois et allant rejoindre Gagny. Au rond-point en M, sont de fortes tranchées bien munies d'abatis ; en N, un mur crénelé, et dans le bassin O, des embuscades faites pour des fusiliers. En outre, les murs P, ainsi que tous ceux des jardins épars sur ce plateau, sont crénelés et barricadés. Partout un luxe d'abatis soigneusement disposés et religieusement conservés en place, malgré le froid, ce que ne faisaient point nos troupes, qui s'en emparaient pour les brûler. D'autres batteries en contre-bas battaient Bondy et notre plateau de Noisy. Cette position, comme celle de la Bergerie et du Haras, est une sorte de camp retranché avec de bonnes lignes de retraite assurées par les bois R, vers Montfermeil et Chelles et le chemin descendant à Gagny. Les murs de ces bois étant crénelés, la retraite pouvait être fortement appuyée, et l'ennemi, débouchant de nouveau par ces bois qui le masquaient, reprenait ses positions si elles eussent été enlevées.

Toutes les batteries ont leurs poudrières blindées, soit en arrière, soit à côté, ce qui est prudent, afin d'éviter l'effet des explosions. Ainsi, la batterie E a sa poudrière en e ; la batterie K en k, en dehors de leurs épaulements.

D'ailleurs, même système que pour les batteries précédemment décrites : traverses avec petit passage abrité le long du parapet, mais dont le relief ne dépasse pas la crête de la plongée ; abris blindés dans les traverses d'extrémités ; sol des plates-formes à un mètre au moins en contre-bas du sol naturel ; le relief obtenu au moyen de gros gabions, soit pour la plongée, soit pour les traverses.

Du plateau d'Avron, on ne pouvait espérer prendre ces retranchements qu'après les avoir bouleversés.

Les tourner par Bondy, on se trouvait dans un vallon bordé de batteries établies de chaque côté, sur des points que nous ne pouvions contre-battre qu'avec une évidente infériorité.

Mais il ne paraît pas nécessaire de s'étendre plus longuement sur le système d'investissement de l'armée allemande, ce serait répéter à peu près les mêmes descriptions.

Ce n'est pas par l'invention que brillent les troupes de la Prusse, mais par la méthode et la discipline la plus absolue. Il fallait notre faiblesse pour leur assurer le succès. Un coup hardi, mené par un général sachant user des moyens mis à sa disposition, eût pu compromettre la situation de l'armée allemande autour de Paris. Il fallait se décider à perdre 10 000 hommes au besoin, et inspirer à nos corps assez de confiance et d'entrain pour qu'ils marchassent en avant, avec cette certitude du succès qui seule entraîne la troupe. Cet effort était possible peut-être pendant le mois de novembre; plus tard, après les affaires du Bourget et de Champigny, nos troupes avaient perdu confiance, et jetaient toujours un regard sur leur ligne de retraite. Il fallait prévoir la rigueur de la saison d'hiver; ne pas exposer ces troupes à des souffrances inutiles, les relever souvent; les bien vêtir; ne pas les laisser geler dans les tranchées, sur des points où parfois on les oubliait. Il fallait que les officiers s'occupassent de leurs hommes avec plus de sollicitude et montrassent plus de confiance, des fronts moins soucieux. Il faut bien le dire, nous n'avions pas un officier général qui eût pris l'habitude de faire mouvoir une armée; nous n'avions que des généraux de division, et pas un major général qui sût coordonner de grands mouvements, établir l'ordre avant et surtout après l'action. Nos soldats, qui, la plupart, n'avaient jamais fait campagne, ignoraient la manière de se garder, de camper devant l'ennemi, et personne ne s'inquiétait de leur indiquer ces éléments de la guerre; il eût fallu du temps pour tout cela, et le temps manquait. Les recrues, gauches, sachant à peine le maniement des armes, qu'on avait si malheureusement laissées oisives dans Paris pendant des semaines et qui y perdirent toute valeur morale, ne savaient se *débrouiller*, suivant l'expression du soldat. Elles mangeaient mal, ne trouvaient pas le repos nécessaire, n'ayant aucune expérience de la vie de campagne. Pendant les nuits glaciales, elles se débandaient pour chercher des abris dans des maisons, qu'elles laissent brûler en dormant près de feux extravagants. De leur côté, les officiers, sitôt l'action terminée, se réfugiaient dans des habitations, sans s'inquiéter de ce que devenaient leurs hommes. Jamais de rondes de nuit. A l'aube, tous étaient réveillés par les premiers coups de fusil. Cette inexpérience, et le défaut de discipline surtout, retardaient tous nos mouvements. Les hommes, dispersés par la difficulté de se procurer le nécessaire, par la rigueur du froid, étaient lents à se rassembler, lents à se mouvoir. Aucun officier général ne prenait l'initiative de mesures d'ordre (1).

Le hasard présidait seul à la manière de camper en face de l'ennemi ; chacun prenait sa place où il pouvait ; les différents corps, confondus, mêlés, n'avaient pas leur poste de bataille indiqué.

A la vue de cette infériorité, de ce désordre, de cette insouciance, on se demandait comment la résistance pouvait encore se montrer ce qu'elle a été, et si l'ennemi que nous avions en face de nous n'était pas lui-même au-dessous de l'idée qu'on se faisait de sa force. Il était prudent, extrêmement prudent, et il savait qu'il ne perdait rien à attendre, puisque nous étions hors d'état de percer ses lignes. Pendant ce temps-là il s'établissait sans se presser, se terrait, se tenait dans les endroits couverts, occupait les bois, les jardins dont il crénelait les murs, se faisait de bons établissements de campagne en plein air, et se contentait de se garder avec un soin minutieux. Ses soldats, bien couverts généralement, bien chaussés, habitués au froid plus que les nôtres, savaient prendre de bonnes dispositions de campement, car leur éducation militaire était faite de longue date. Tous, plus ou moins habilement, manient la pioche et la pelle, savent faire des ouvrages de vannerie grossière, des

---

(1) On a beaucoup parlé de la rapidité des mouvements de l'armée allemande. J'ai pu constater que cette rapidité est due à l'excellente discipline de cette armée. Le soldat allemand est plus lourd que le nôtre, est moins facile à entraîner ; il a besoin d'une nourriture plus substantielle et régulière ; il est plus prompt à s'affecter d'un échec. La discipline supplée à cette infériorité, et a su faire des corps allemands les troupes les plus maniables et les plus rapides dans leurs mouvements, de notre temps.

clayonnages, employer le bois. Ils ont appris à être ingénieux, s'ils ne le sont pas naturellement : sous ce rapport, ils rappellent l'organisation de la légion romaine, qui suffisait à tous les travaux. On eût pu donner à nos mobiles, qui traînèrent si longtemps dans les cabarets et les cafés, ces notions nécessaires au soldat en campagne ; mais ce n'étaient ni les officiers inexpérimentés qu'on leur nomma d'abord, ni ceux qu'ils choisirent parmi eux plus tard, qui pouvaient leur enseigner ce qu'eux-mêmes ignoraient absolument. Ces occupations, cependant, qui les eussent rendus adroits, ingénieux, qui auraient établi les bases d'une bonne discipline et fortifié leur tempérament avant la mauvaise saison, remontaient leur moral en même temps et développaient leur intelligence. On n'a pas voulu qu'il en fût ainsi, ou plutôt aucun officier général n'a pensé probablement que cela fût nécessaire ; et le jour où, par suite d'une résistance plus longue qu'on ne la supposait dans notre état-major, ces travaux eussent pu rendre tant de services, épargner des maladies, ou tout au moins des souffrances à nos recrues, personne dans cette jeune armée n'était en état de les exécuter. Ce ne fut que dans les derniers temps du siége que l'on vit des mobiles s'armer de pioches et se faire des abris comme ils pouvaient, en imitant ce qu'ils voyaient faire par nos soldats du génie.

Parmi les corps d'armée de l'invasion allemande, plusieurs possédaient des méthodes de campement assez ingénieuses et qui méritent d'être signalées.

Les Saxons, en se retirant sur les hauteurs de Villiers-sur-Marne, avaient laissé en notre possession un de leurs campements situé dans le petit bois le Plant, qu'on trouve à la droite de la route n° 45, montant de la Fourche à ce village. Sur ce terrain, passablement sec, les soldats allemands avaient creusé des trous en forme de cône très-aplati, garnis de clayonnage, et sur lesquels ils se couchaient la nuit, au milieu desquels ils faisaient la cuisine le jour. La figure 16 donne en A la coupe d'un de ces cônes, et en B une vue perspective. Au centre est une petite plate-forme avec cailloux sous-jacents pour absorber l'eau. Cette petite plate-forme circulaire est entourée de pierres un peu saillantes. On fait le feu au milieu de ce cercle. Autour sont rangés des secteurs formés de claies conformes aux détails C. Ces claies sont maintenues en place par les bâtons D.

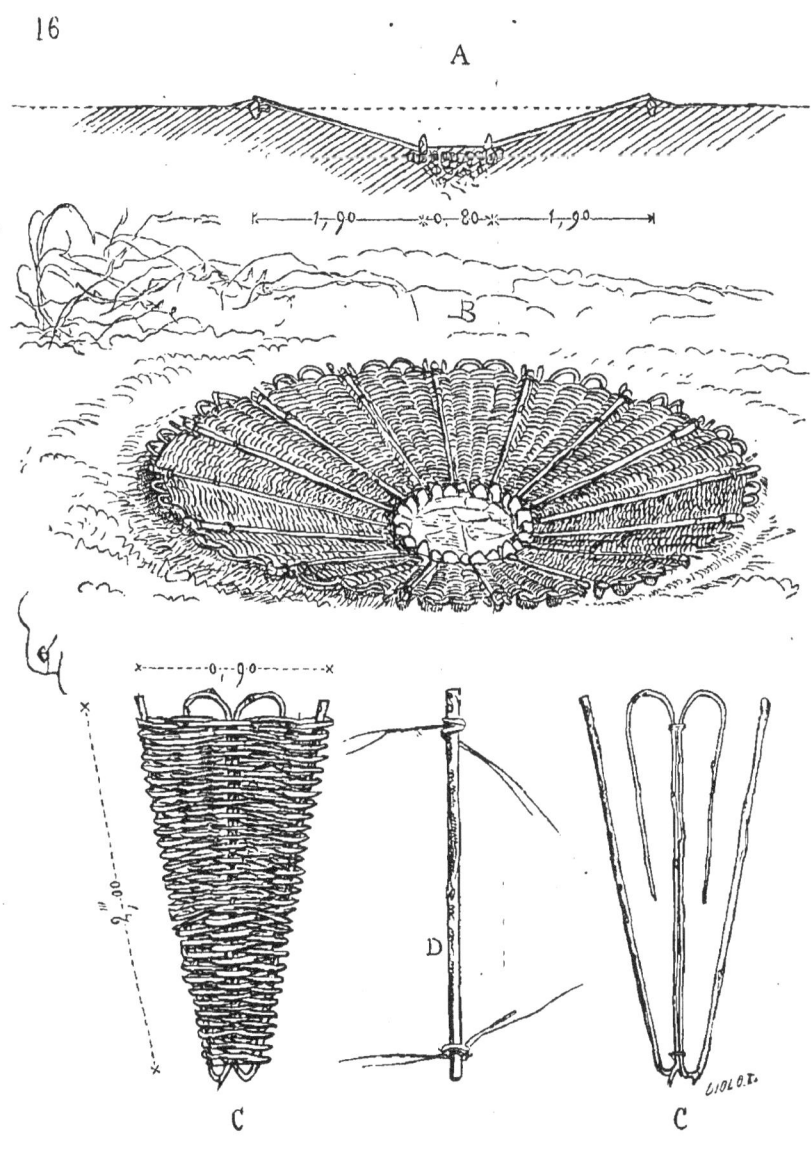

Chaque claie peut recevoir un homme, couché les pieds vers le centre. Seize hommes trouvent ainsi place dans une position suffisamment inclinée, ayant leurs pieds réunis autour de ce cercle recevant un feu ou chauffé et séché par le brasier allumé dans le jour pour faire la cuisine. Ils sont soustraits à l'humidité du sol par le clayonnage; et s'il pleut, l'eau s'écoule sous ces claies et est

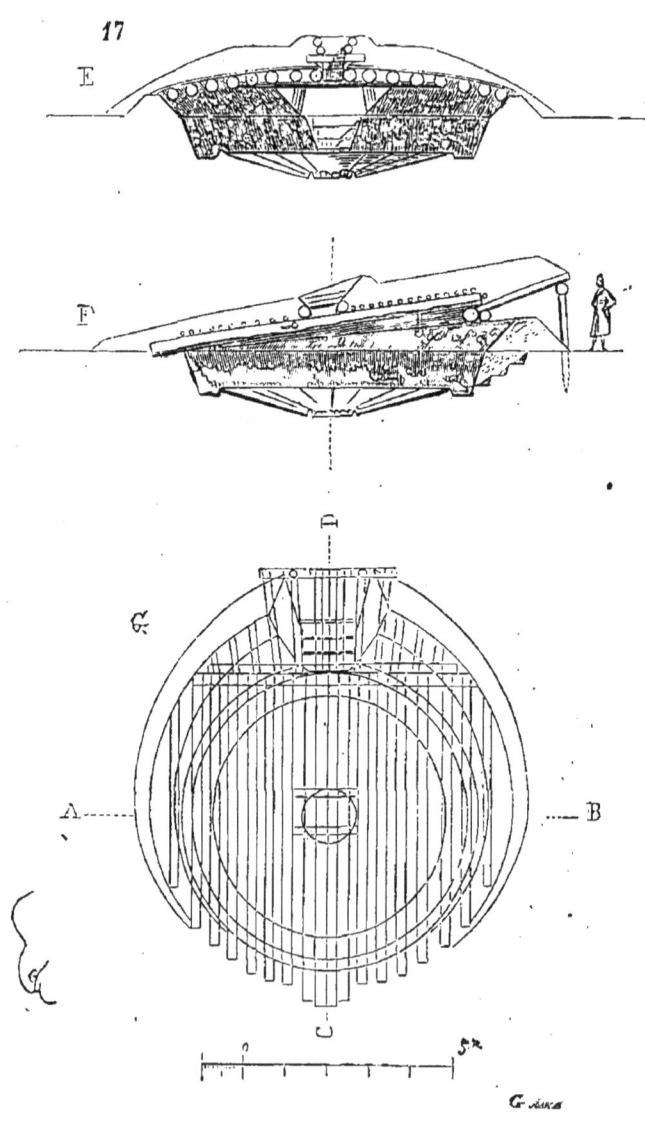

absorbée dans le cailloutis central. Quelques-uns de ces cônes étaient couverts, ainsi que le montre la figure 17. Dans ce cas, plus creusés en terre, ces cônes sont entourés, sur la moitié de leur circonférence, d'un épaulement incliné qui reçoit des bois, inclinés eux-mêmes et recouverts d'une couche de terre. Un orifice est ménagé au milieu de cette couverture pour le passage de la fumée. En G, est présenté le plan de cet abri ; en F, sa coupe sur CD ; en E, sa coupe sur AB. Il s'en faut cependant que le même soin ait été apporté par tous les corps allemands dans la disposition de leurs campements. Les campements, comme tous les ouvrages de défense élevés par les Bavarois, sont les plus imparfaits et les plus grossiers. Les soldats de ce corps, avec les Poméraniens, sont aussi les plus négligés dans leur tenue et les moins instruits. Il faut remarquer que les troupes allemandes, procédant en cela d'après des instructions fort sages de l'état-major prussien, campent, toutes fois que cela est possible, dans les bois ; et les belles positions qu'elles occupaient autour de Paris sont toutes, sauf le plateau de Châtillon, couvertes de bois. Les bois de Meudon, très-fouillés par les projectiles des forts d'Issy, du Point-du-Jour et des canonnières, sont cependant remplis de ces abris terrés, dépassant à peine le sol. Des abatis défendent leur approche et préviennent les surprises.

Les Allemands, ainsi retranchés solidement autour de Paris, n'ayant plus d'inquiétudes sérieuses sur leurs derrières, gardant une seconde ligne de circonvallation aussi solide que leur ligne de contrevallation, ayant sur tous les points des fils télégraphiques qui mettaient leurs postes en communication, assurés de leurs approvisionnements, se livrèrent dans cette large zone, jadis si riche et si brillante de la capitale, à un pillage organisé. Les soldats se contentèrent de dévaster ; mais les officiers firent emballer soigneusement, pour être transportés en Allemagne, les mobiliers, les objets d'art. Des bibliothèques coupées en lanières de papier servirent à ces emballages. C'est ainsi que ces messieurs entendent être les promoteurs de la civilisation et de l'instruction en Europe. Pour ces officiers cantonnés entre les lignes si bien gardées, les nuits se passaient, en beaucoup de localités, à boire jusqu'à l'ivresse ; car si nos soldats se grisent trop souvent, les officiers de l'armée allemande possèdent le même avantage, mais c'est un privilége. Il est vrai que dans le jour on les voyait à leur poste; des orgies de la nuit il ne restait plus trace. C'était bien le cas, pour nous, de tenter des attaques de nuit, auxquelles on n'a jamais songé, je ne sais trop pourquoi. Au commencement du siége, ayant ainsi rassuré l'ennemi sur nos entreprises de nuit, il eût semblé habile de le surprendre désagréablement, vers la fin, par une sortie en force sur ses lignes, pendant que les officiers cuvaient notre vin. Cela n'a pas été tenté.

Maintenant nous allons examiner ce qui a été exécuté de notre côté en fait de travaux de contre-approches.

QUATRIÈME PARTIE

DES TRAVAUX DE LA DÉFENSE DE PARIS

Il était donc décidé, dès avant l'investissement, que, renonçant à occuper les belles positions qui font autour de Paris une couronne d'excellents points de défense, nous allions nous enfermer dans nos forts et notre enceinte, quitte à reprendre l'offensive dans les conditions les plus défavorables. Se rendait-on compte, dans l'état-major français, de la puissance de résistance que pouvaient opposer et ces forts et cette enceinte aux nouveaux engins dont nous avions vu des échantillons à l'exposition de 1867? Se formait-on une idée exacte des effets produits par une artillerie envoyant ses projectiles à 8000 mètres sur des ouvrages tracés pour résister à des batteries établies à 2000 mètres? A la distance de 6 à 8 kilomètres, ces bastions, leurs flancs courts, ces courtines peu étendues, ces bâtiments des casernes dont le relief dépasse les plongées, paraissent être des jouets d'enfants. L'ennemi, ayant monté ses pièces de gros calibre, n'allait-il pas tirer à même *dans le tas,* sans se soucier autrement de ces flancs, de ces saillants, de ces combinaisons trouvées pour résister à une attaque relativement rapprochée? Ces malencontreuses casernes n'allaient-elles pas servir de points de mire et attirer dans l'enceinte même des forts une pluie d'obus? A la distance du tir de l'ennemi, il lui était difficile de reconnaître si ses projectiles tombaient dans les forts mêmes ou au delà de leur gorge; mais ces casernes allaient lui permettre de reconnaître avec une parfaite exactitude si l'explosion des obus se produisait dans l'enceinte des ouvrages ou au delà, et de rectifier promptement le tir. Avait-on supposé que les flancs des bastions des forts et de l'enceinte ne serviraient qu'à permettre à l'ennemi de prendre nos pièces en écharpe? Ne les armait-on pas d'obusiers, comme si cet ennemi allait entreprendre un siége en règle, tracer ses parallèles, ses cheminements, placer ses batteries de brèche et tenter le passage du fossé? Se rendait-on compte enfin des procédés d'attaque que les Prussiens allaient adopter contre nos forts? Évidemment non. On ne voulait ou l'on ne savait se mettre en face de la réalité, et l'on se croyait ou l'on voulait bien se croire attaqué par un assiégeant qui procéderait comme nous avions procédé au siége d'Anvers ou au siége de Sébastopol.

Confiants d'ailleurs dans la longue portée de nos pièces de marine et de nos canons rayés de 24, nous pensions que l'assiégeant, tenu à distance, ne pourrait, s'il voulait prendre un de nos ouvrages, commencer les premières parallèles qu'à 6000 mètres, et qu'il éprouverait les plus sérieuses difficultés à mettre ses pièces en batterie. Il semblait qu'en raisonnant un peu, on devait admettre que l'ennemi, ayant aussi bien que nous des pièces à très-longue portée, ne s'amuserait pas à procéder comme au temps où les pièces de siége n'envoyaient que des projectiles pleins à la distance de 2000 mètres, que son armement nouveau l'amènerait naturellement à adopter de nouveaux moyens d'attaque; qu'il abandonnerait les anciens errements, et ne ferait pas, pour se conformer à l'art des siéges en vue desquels nos défenses avaient été construites et pour nous être agréable, une ou plusieurs attaques d'après les méthodes employées depuis le xviiie siècle jusqu'au siége de Sébastopol.

Pleins de confiance dans la solidité de nos forts et de notre enceinte, dans le tracé de ces ouvrages qu'on avait eu le soin de vanter beaucoup dès le moment où le siége de Paris avait pu être prévu, nous étions un peu comme ces barons du moyen âge dans leurs forteresses au moment de l'invention des bouches à feu. La lenteur de l'arrivée autour de Paris des pièces de gros calibre destinées à nous foudroyer ne faisait que nous confirmer dans l'opinion répandue dans les masses, aussi bien que dans l'armée, sur l'excellence de nos défenses. J'entendais dire que si nous étions bloqués, réduits à l'impuissance, l'ennemi, de son côté, était hors d'état d'entamer un seul de nos ouvrages, et que si Paris se rendait faute de subsistances, il tomberait sans qu'un seul moellon de ses forts eût été dérangé par l'ennemi : car, dans le public, on ne cessa un instant de se leurrer d'illusions. Cependant le peu de personnes qui savaient à quoi s'en tenir sur l'artillerie prussienne et sur les moyens que pourrait employer l'ennemi, se faisaient part tout bas des craintes sérieuses qui les agitaient. Elles croyaient que l'effet de cette artillerie serait autrement funeste pour la défense qu'il ne l'a été en réalité ; elles accordaient à l'armée prussienne une intelligence de l'attaque des places qu'elle n'a montrée heureusement dans aucun des siéges entrepris pendant cette campagne : ce qui ferait supposer que son organisation, excellente pour une guerre active, rapide, qui lui permet de faire mouvoir avec ordre et ensemble des masses énormes et de les concentrer sur un point à l'heure voulue, est défectueuse si une résistance sérieuse, si un obstacle arrête les corps d'armée et les oblige à entreprendre les opérations longues et savantes d'un siége. S'il n'en eût pas été ainsi, si l'armée prussienne eût été aussi propre à l'attaque des places qu'elle peut l'être à faire la guerre en campagne, Paris n'eût pas tenu quatre mois et douze jours sous un commandement désorganisé, qui ne croyait pas à la possibilité d'une défense active, dont les ordres contradictoires et décousus, les rivalités personnelles, paralysaient les volontés les plus fermes et les dévouements les plus sûrs.

La partie du siége de Paris touchant l'investissement, la possession immédiate et la conservation d'excellentes positions stratégiques, l'ordre et la discipline maintenus sur cette immense ligne de contrevallation, l'approvisionnement des corps divers et leurs communications rapides, sont pour l'armée allemande, au point de vue militaire, une marque de supériorité incontestable, pour nous un enseignement. Quant à la période de ce siége qui commence à l'attaque de nos ouvrages par le canon, pour finir à la capitulation, elle ne fait pas autant d'honneur à cette armée ; et en laissant de côté le bombardement de la ville elle-même, qui n'est pas un fait militaire, mais un simple acte de barbarie, une explosion de basses haines et d'envie contre une ville riche, prospère et aimée du monde entier, l'effet de l'artillerie ennemie sur les défenses n'a permis nulle part de tenter un assaut, malgré la défectuosité de ces défenses.

Abrité derrière des plis de terrain, à longues distances de nos ouvrages, l'ennemi pouvait envoyer des millions de projectiles sans courir beaucoup de risques ; mais au total, en détruisant, en bouleversant nos escarpes, en brûlant, en réduisant les bâtiments d'habitation en poussière, en démontant même nos canons, il ne faisait pas qu'un assaut pût être tenté sur un fort ou sur une partie de l'enceinte, si l'assiégé voulait se défendre. En face d'une population exaspérée et prête à tous les sacrifices, — et rien n'est tel qu'un bombardement pour amener ce résultat moral, — la prise de Paris, pourvu de vivres, était impossible avec les seuls moyens employés par l'ennemi. Il lui eût fallu recourir aux cheminements, aux parallèles, et alors l'infériorité de nos défenses disparaissait et nous rentrions dans la méthode ancienne. Les Prussiens, si habiles aux manœuvres, eussent-ils été à hauteur de cette nouvelle tâche? Nous n'en savons rien. On ne peut que constater ce fait que, pour les Allemands, la dernière phase du siége de Paris, la phase offensive, est une opération manquée, dans laquelle ils n'ont obtenu qu'un résultat : montrer comment on pourrait détruire une ville sans la prendre.

L'artillerie à longue portée étant entre nos mains aussi bien qu'entre les mains de l'ennemi, l'emplacement de nos forts, comme je l'ai dit plus haut, était mal choisi. Cette ceinture de défenses eût dû être située sur un rayon plus étendu et de manière à occuper les véritables positions stratégiques qui entourent Paris, lesquelles sont : au nord, les hauteurs de Sannois à Montigny-lez-Cormeil, de Montmorency, d'Arnouville et Gonesse; à l'est, de Montfermeil, de Cœuilly, de la Queue en Brie ; au sud, des bois Notre-Dame et de la Grange, au-dessus et à l'ouest d'Orly, au-dessus et à l'ouest de Wissous, des bois de Verrières, entre Vélizy et Viroflay; à l'ouest, de Saint-Cucufa, de Saint-Germain, de Maisons et de Poissy. En outre, et toujours en tenant compte des effets de la nouvelle artillerie, nos forts présentent un tracé défectueux : ce sont de véritables nids à obus. Leurs escarpes de maçonnerie sont exposées au tir; deux de leurs faces sont toujours enfilées par les feux de l'ennemi, et les bastions, avec leurs petits flancs pour défendre le fossé, ont aujourd'hui l'inconvénient d'être enfilés et d'être certainement détruits avant que l'ennemi puisse tenter le passage de ce fossé, ce qui les rend plus nuisibles qu'utiles; leurs casemates sont prises, à l'intérieur, en écharpe; leurs magasins à poudre sont incomplétement protégés ; leurs abris insuffisants, du moment que les casernes ne sont plus tenables ; et, même avec l'ancienne artillerie, on ne s'explique pas la construction de ces casernes, qui devaient être évidemment détruites par les premiers coups de canon et les obus. Les gorges, à cause de la profondeur de ces ouvrages, sont prises à revers et détruites en rendant ainsi l'entrée des forts impraticable après quelques jours de bombardement. L'ensemble présente trop de relief au-dessus des terrains environnants et des points de mire favorables au tir de l'ennemi.

Lorsque les batteries prussiennes ouvrirent leur feu contre ces forts, tous leurs défauts ne tardèrent pas à apparaître. Quelques obus de gros calibre tombant normalement sur les ouvrages de maçonnerie par-dessus le chemin couvert de la contre-escarpe, suivant un angle de 30 degrés environ, crevèrent le revêtement, qui n'avait pas plus de 80 centimètres d'épaisseur, et entrèrent dans les casemates voûtées perpendiculairement à ces escarpes; d'autres crevèrent, dans les cours, les fermetures des casemates situées sur la face opposée à celle obliquement placée par rapport au tir de l'ennemi. Un grand nombre de projectiles atteignirent naturellement les casernes, si bien faites pour les recevoir. Ces casernes étaient évacuées, mais les débris de moellons encombraient les cours; les obus, en frappant les parois, éclataient assez haut pour gêner beaucoup la garnison et surtout les artilleurs à leurs pièces. Les entrées des forts situées dans l'axe devenaient fort dangereuses, étant battues à revers, malgré les traverses et pare-éclats par-dessus lesquels passaient les obus en venant parfois éclater sous le passage même et jusque sur le pont-levis. Les gorges étaient criblées et détruites avant que les escarpes faisant face à l'assiégeant fussent entamées (1).

La figure 18, donnant la coupe d'un de nos forts suivant l'axe, la gorge étant en A, on voit, par les lignes ponctuées du tir de l'assié-

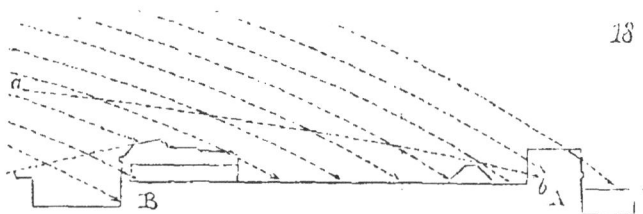

geant, que cette gorge est très-exposée et prise à revers, même en supposant le tir très-tendu ab. Ces ouvrages profonds AB, horizontalement, présentent donc les inconvénients les plus graves en présence de l'artillerie de siège; il faut évidemment y renoncer. Ils sont intenables pour une garnison avant que les véritables ouvrages

---

(1) Dans les derniers jours du bombardement, nos travailleurs furent obligés de recreuser le fossé de la gorge du fort de Montrouge, le tir de l'ennemi ayant fait brèche à revers.

défensifs B aient été entamés. Celle-ci est déconcertée par cette pluie de projectiles que la disposition même de l'ouvrage provoque drue et constante. J'ai vu des artilleurs de la marine, dans ces forts, hommes insoucieux du danger, qui, après avoir pris ce bombardement gaiement pendant les premiers jours, au bout de deux semaines, étaient énervés par cette constance du feu sur ces plateaux si bien disposés pour le recevoir, présentés comme un but à l'ennemi au polygone.

Le problème à résoudre est donc celui-ci : Dérober au feu de l'ennemi le plus de surfaces possible, au lieu de les lui présenter comme sur une assiette, suivant la méthode de la fortification depuis le XVIIIe siècle. Ainsi un ouvrage dont une coupe sur l'axe donnerait le profil ci-contre (fig. 19) se trouverait dans de bonnes conditions. L'ennemi en serait réduit, ou à tirer au jugé par-dessus la plongée A, ou à s'attacher à bouleverser l'escarpe AB ; mais si cette escarpe n'est faite

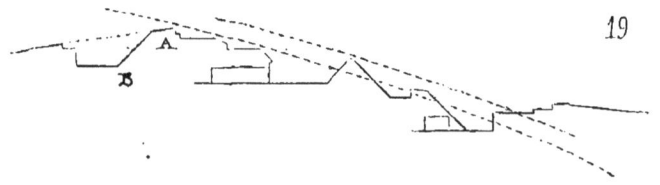

que de terre coulante, les dégâts sont insignifiants et peuvent être réparés à mesure qu'ils se produisent. Il faut, il est vrai, dans l'exemple que nous présentons ici, que le terrain se prête à ce profil ; je répondrai que c'est à l'ingénieur militaire à choisir le terrain favorable au tracé du meilleur profil, et c'est en cela seulement que les Allemands ont montré une supériorité comme assiégeants devant Paris. En effet, quelques-unes de leurs batteries et tous leurs abris se *dérobent* au feu, tandis que parmi nos ouvrages récents (je laisse les forts de côté) élevés en vue de la défense, je n'en connais qu'un qui remplisse à peu près ces conditions : c'est la redoute dite des Hautes-Bruyères, située sur une sorte de petit promontoire entre

Cachan et Villejuif, et qui se trouve à un niveau supérieur au fort de Bicêtre (1). L'emplacement de cet ouvrage est bien choisi ; il domine l'Hay, Chevilly et Bourg-la-Reine, mais il est battu de flanc par les hauteurs de Bagneux (2). C'est le seul point de la ligne protectrice des forts du sud, avec le moulin Saquet, que nous ayons su conserver et qui ait gêné beaucoup l'ennemi. Cet ouvrage des Hautes-Bruyères eût dû être relié à la redoute de Châtillon par des tranchées passant au-dessus de Cachan et de Bagneux. Ainsi la redoute de Châtillon n'eût pu être tournée, surtout si on l'eût appuyée par des batteries élevées sur les hauteurs de Clamart. Cette ligne de défenses avancées occupée, le bombardement de la rive gauche était impossible.

Élevée sur un plan horizontal et un peu hâtivement, la redoute des Hautes-Bruyères n'a pu recevoir les perfectionnements nécessaires, notamment à sa gorge, et se conformer au nouveau programme ; d'ailleurs, au moment où elle fut projetée, on n'avait pas fait encore l'épreuve des nouveaux engins employés par l'ennemi. Peu profond, cet ouvrage a du moins cet avantage de ne pas donner à l'assiégeant des chances certaines d'atteindre son terre-plein. Les abris sont entièrement défilés ; les escarpes de terre coulante, hautes, dérobent une partie des surfaces intérieures aux projectiles. Projetée comme une batterie, sans bastions, sans redans, sans saillants prononcés, elle ne donne pas de ces points faciles à battre et à détruire comme il y en a dans nos forts permanents. L'entrée souterraine, abritée par conséquent, permet de circuler du dedans au dehors sans encombre et sans danger. Le passage du fossé est défendu par des ouvrages que l'ennemi ne soupçonne pas et qu'il ne peut détruire. Ils remplissent dès lors parfaitement leur objet. La planche VI présente le plan de la moitié de cette redoute, sa coupe transversale sur ab, et l'aspect perspectif de l'angle avec son orillon (3).

---

(1) Le fort de Bicêtre s'élève sur l'extrémité d'un plateau dont la cote est 100, tandis que la redoute des Hautes-Bruyères est établie à la hauteur de 120.

(2) La cote de la hauteur de Bagneux est 108.

(3) Quelques modifications ont été introduites dans l'exécution de cet ouvrage, dans

Une petite demi-lune A avec chemin couvert protége son entrée. On pénètre dans la redoute par la rampe B, qui descend dans le fossé. Les lignes ponctuées *d* figurent des palanques qui font le tour de l'ouvrage et qui sont plantées à 2 mètres environ du pied de l'escarpe de terre coulante de l'ouvrage. Ces palanques sont percées de créneaux pour la mousqueterie. Pour entrer dans le corps de l'ouvrage, les hommes et charrois passent par les portes *h* et suivent l'ouverture souterraine C qui débouche à droite et à gauche en *c*. De là les pièces sont montées par les rampes D sur leurs plates-formes. En E, sont pratiqués des abris blindés pour les hommes, dans l'intérieur de la redoute, et en E, dans le fossé de la gorge. Ces abris sont faits au moyen de rails jointifs posés sur des murs de maçonnerie. Ces rails sont recouverts de zinc et d'une couche de bitume sous le terrassement, qui a environ 2 mètres d'épaisseur. Pour couvrir le souterrain d'axe, le terre-plein se relève (voyez la coupe) au niveau du chemin de l'escarpe de la gorge, et forme ainsi une traverse médiane qui défile en partie les deux parties inférieures H. Chaque pièce est séparée par une forte traverse. Dans l'axe, sur le saillant, est une sorte d'*oiseau* I, avec deux réduits J pour recevoir chacun une ou deux petites bouches à feu qui flanquent le fossé en dehors et en dedans des palanques. On arrive dans ces réduits par le chemin souterrain d'axe. Ces réduits sont protégés contre les feux de face et d'écharpe par deux orillons, et les abris sont munis de *visières* qui soutiennent le terrassement (1). Deux *ailerons* ou orillons K sont de même disposés aux deux saillants, avec des réduits L destinés à recevoir deux petites pièces d'artillerie pour flanquer le fossé. Ces réduits J et L sont percés de portes communiquant sur le chemin intérieur des palanques. On arrive au réduit L par les passages souterrains M. La vue à vol

---

la crainte, semble-t-il, de trop innover. Il paraît préférable de le présenter à peu près tel qu'il a été conçu, sauf en ce qui concerne le système de construction des réduits et fausses-braies, qui avaient été projetés en maçonnerie, et qui, faute de temps, ont été établis en bois, comme l'indique notre planche.

(1) On voit le détail de cette disposition, figure 20.

d'oiseau donne l'aspect de l'un de ces ailerons avec les palanques et leurs redans N destinés à flanquer les faces O. La figure 20 présente le détail de l'un des réduits J.

En A, est tracé le plan. Bien entendu, les orillons B sont terrassés, et les palanques ne font là, comme dans la partie K des ailerons (voyez la planche VI), que maintenir et coffrer les terres. En C (voyez la figure 20), sont les embrasures pour les petites pièces ou mitrailleuses légères (1); en D, est la porte qui donne entrée sur le chemin intérieur des palanques. La coupe transversale de l'ouvrage est tracée en E. La saillie *ef*, qui forme visière, porte le terrassement destiné à préserver les embrasures des coups plongeants de l'ennemi, ainsi que le font voir la perspective G et la coupe E. En H, est donnée la face extérieure d'une des embrasures, et en I la coupe à l'échelle de 2 centimètres pour mètre.

Il n'est pas besoin de faire ressortir l'avantage de ces palanques : elles empêchent l'escalade de l'escarpe et protégent les fusiliers qui défendent le fossé ; et si les projectiles ennemis font ébouler la terre coulante, celle-ci est arrêtée et ne peut combler ce fossé. Ces palanques sont un renouvellement de ce qu'on désignait, au XVII° siècle, sous le nom de *fausses-braies*. De petits fossés F protégent les réduits de l'oiseau et des ailerons.

Ce système de fortification peu profonde, avec abris parfaitement défilés, entrée masquée, casernement placé dans le fossé de la gorge, fausses-braies et flanquements bas du fossé au moyen d'oiseaux, avait déjà été adopté par les ingénieurs autrichiens dès 1866, dans la construction du fort de Cavecchia à Vérone ; et la redoute des Hautes-Bruyères est évidemment inspirée de cet ouvrage publié dans le *Mémorial*. On peut tirer un très-bon parti de ce dispositif dans un grand nombre de cas, et lorsqu'il s'agit de résister à l'effet de bouches à feu de gros calibre, envoyant des projectiles creux suivant un angle ouvert de 25 à 30 degrés, auxquels il faut

---

(1) Dans ces réduits, une seule pièce suffit et peut être changée de place suivant la nécessité du moment.

opposer par conséquent un système de traverses répétées et puissantes.

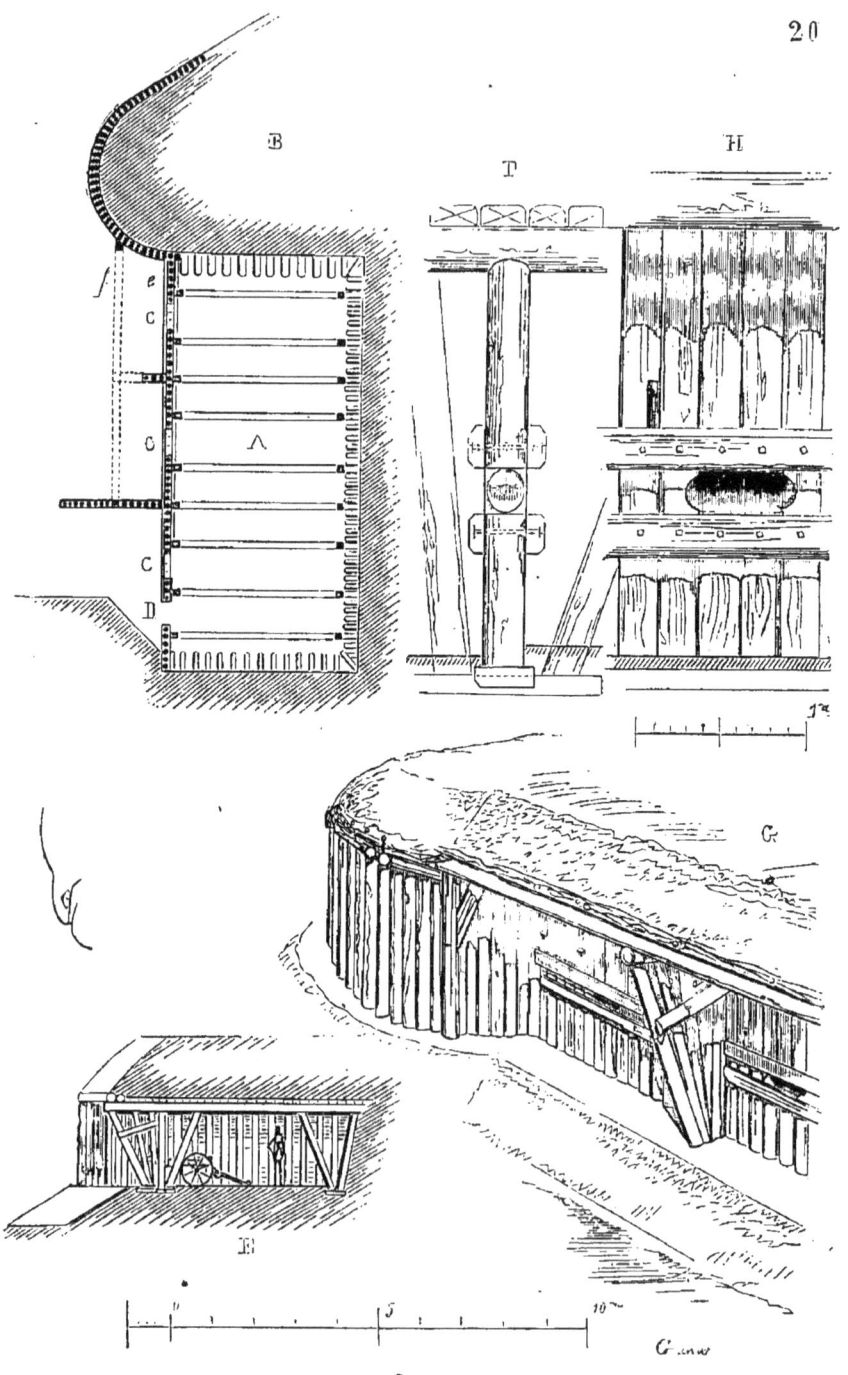

Il est évident que les forts isolés, formant de véritables places, sont, en présence de l'artillerie actuelle, condamnés à être bouleversés par un bombardement prolongé, et rendus intenables sans qu'il soit nécessaire de les attaquer méthodiquement comme par le passé. Si ces forts, comme ceux qui entourent Paris, sont appuyés à une enceinte bastionnée, il n'est besoin de les considérer que comme de fortes batteries bien protégées et abritées, peu profondes, mais présentant des fronts très-étendus et des flancs suffisants. Les bastions de nos forts élevés du côté de la gorge n'ont servi à rien et ne pouvaient être utilisés, car il était certain qu'en face de l'artillerie dont ces forts et notre enceinte étaient armés, l'ennemi n'allait pas se placer entre eux et cette enceinte. La profondeur de ces ouvrages n'a fait que donner à l'ennemi une chance de plus pour bouleverser leurs défenses postérieures et pour couvrir leurs terre-pleins de projectiles. Ces forts, se protégeant réciproquement, ne pouvaient être tournés, pour peu qu'on les reliât par quelques ouvrages de campagne, ce qu'on a fait dès les premiers jours de l'investissement. Dès lors le système qui convient le mieux en pareil cas est celui que les Anglais ont adopté depuis peu, que les Américains ont pratiqué dans la guerre de sécession, et dont les ingénieurs autrichiens ont fait emploi en partie dans les ouvrages qu'ils ont élevés à Vérone en 1866. Il devient évident : 1° Qu'il faut aujourd'hui renoncer aux escarpes revêtues, que les glacis sont impuissants à garantir contre le tir plongeant de l'artillerie actuelle et qui peuvent être battues en brèche sans qu'il soit nécessaire d'aborder la place. 2° Que les flancs, dont la fonction consiste à défendre le passage du fossé et à enfiler les faces des bastions, sont détruits par l'artillerie à longue portée, bien avant le moment où ils deviendraient utiles ; que les épaules ou orillons qui pourraient protéger les obusiers mis en batterie sur ces flancs sont insuffisants pour assurer leur conservation. 3° Que les angles droits ou aigus saillants offrent une prise aux gros projectiles percutants, et sont bouleversés promptement. 4° Que les terrassements, étant facilement réparables, sont les seuls obstacles à opposer à l'artillerie de siége ; n'offrant pas de résistance aux obus percutants, ceux-ci s'y enterrent souvent sans éclater, et, s'ils éclatent, le dommage qu'ils causent ne tire pas à conséquence, pourvu que les épaulements aient une bonne épaisseur. 5° Que le fossé, pour être toujours maintenu à sa profondeur et présenter un obstacle sérieux, doit être, si faire se peut, défendu par une contre-escarpe revêtue verticale, et munie de batteries casematées pour de petites pièces demeurant intactes jusqu'au moment où l'ennemi veut tenter le passage; et que les éboulements de l'escarpe de terre doivent être arrêtés, soit par une fausse-braie de maçonnerie, soit par des palanques plantées dans le fond du fossé et parfaitement défilées par le relief de la contre-escarpe. 6° Que les casernements, les poudrières, les magasins doivent être complétement défilés, ne présenter aucun relief au-dessus des escarpes. 7° Que les gorges et entrées seront entièrement abritées des feux de face ou d'écharpe de l'assiégeant.

Les Anglais ont tenté de résoudre ces questions posées par l'artillerie de siége actuelle. Ils ont, en plusieurs circonstances, élevé des escarpes en terre coulante, ne donnant au tracé général de leurs ouvrages que des angles obtus et en établissant des contre-escarpes revêtues, hautes, dans les angles rentrants desquelles sont, au niveau du fond du fossé, ménagées des casemates pour petites pièces; casemates auxquelles on communique de la place par des passages pratiqués sous le sol du fossé; en élevant encore longitudinalement, au milieu de ces fossés, des murs de maçonnerie destinés à arrêter les éboulements des escarpes, murs trop bas pour ne pas être entièrement défilés par le relief de la contre-escarpe.

Les Autrichiens ont adopté un système analogue, mais ils ont remplacé les casemates des angles rentrants de la contre-escarpe, dont les bouches à feu défendent le fossé, par des oiseaux de maçonnerie ou de bois analogues à ceux qui ont été adoptés dans la redoute des Hautes-Bruyères, ainsi qu'il est dit plus haut.

La planche VII résume les avantages du système autrichien. La moitié du plan D est prise au niveau du fossé; la moitié E donne le plan de l'ouvrage avec ses terrassements et batteries.

L'examen du plan D fait voir que les ouvrages de maçonnerie

n'ont qu'une très-médiocre importance (1). Ils se réduisent : 1° à la contre-escarpe a; 2° à la construction des oiseaux b, 3° des passages souterrains c, 4° de la fausse-braie d (2), 5° des poudrières e, 6° des murs de soutenement du fond des abris blindés faits de bois au moment du siége et suivant le besoin. Tout l'ouvrage apparent pour l'ennemi ne consiste qu'en des terrassements. Les traverses sont faites au moment du siége avec des gabions et fascines. Comparativement à ce qu'ont coûté nos forts, un ouvrage de ce genre est une dépense minime, ne demande en temps de paix aucun entretien, et peut être armé en quelques jours. Il doit recevoir vingt-quatre pièces de gros calibre sur son front et ses deux flancs, quatre pièces sur les bastions postérieurs défendant sa gorge. Le fossé est défendu par deux pièces dans chaque oiseau (3); en tout, six pièces. Tout transport, toute arrivée dans cet ouvrage se fait par le souterrain G, qui débouche en H et en I sur le terreplein, à droite et à gauche, de manière à être toujours défilé des feux d'écharpe par la traverse médiane K qui couvre ce souterrain. Les abris blindés, en bois, sont élevés en L dans le fossé de la gorge pour la partie de la garnison chargée du service extérieur et de la garde des deux bastions M qui n'ont pas de communication avec l'intérieur. D'autres abris blindés sont établis le long du front en N pour la garnison intérieure. Deux énormes traverses O défilent le terre-plein des bastions M, et une traverse P l'entrée et ses galeries blindées L. Les ponts-levis, qui aujourd'hui sont plus gênants qu'utiles, et qui peuvent si facilement être détruits par un projectile ennemi, sont supprimés. Les troupes et l'artillerie descendent du chemin couvert du redan de la gorge par les rampes R dans le fossé, et, pénétrant par les portes S pratiquées dans la fausse-braie, vont chercher l'entrée G. Ce trajet se fait sans

---

(1) Ces ouvrages sont teintés en noir plein.

(2) Cette fausse-braie peut être établie au moyen de palanques, et est même plus résistante ainsi faite.

(3) Ces pièces légères peuvent être changées de place pour tirer, soit en dedans, soit en dehors de la fausse-braie.

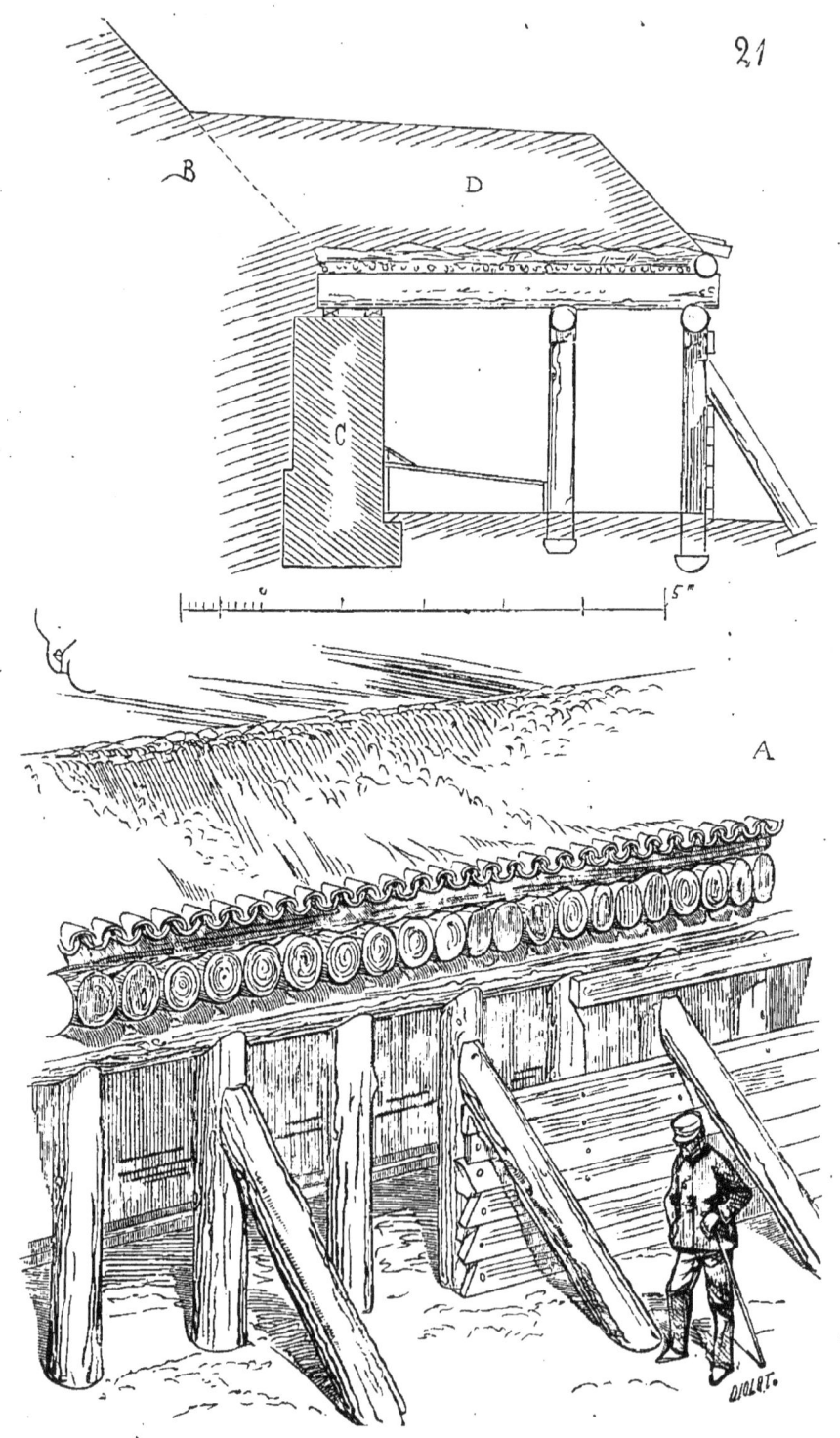

danger, puisque ce fossé est défilé par la traverse de gorge P. On suppose que cet ouvrage est élevé sur un terrain de niveau, et cependant, par son peu de profondeur, ses entrées masquées et la défense de la gorge masquée, il présente les avantages de l'ouvrage indiqué dans la figure 19. La planche VIII donne les coupes sur les lignes AB et CD du plan. Le relief de l'escarpe au-dessus du sol extérieur ne dépasse pas 7 mètres. Seules les grandes traverses postérieures O s'élèvent à $9^m,50$. La planche VIII présente aussi le plan détaillé de l'oiseau d'axe, construit en maçonnerie, sa coupe sur $a\,b$ et sa face latérale sur cd.

La figure 21 donne la coupe d'une des galeries blindées, en bois, conformément au système adopté dans les ouvrages du fort de Cavecchia bâti par les Autrichiens à Vérone, et en A l'aspect extérieur perspectif de ces galeries. Par la manière dont sont construits ces appendices, on voit qu'ils peuvent être établis au moment d'un siége et ne tiennent pas à l'ouvrage permanent, puisque les terres B de l'épaulement sont maintenues par le mur C. La terre D du blindage est fournie alors par le creusement du sol de ces galeries et du chemin qui les longe (voyez la planche VII).

Pour résister à l'artillerie actuelle de gros calibre et pouvoir y répondre, il paraît difficile, quant à présent, de trouver un système remplissant mieux les conditions nécessaires. On objectera peut-être que ces sortes d'ouvrages ne présentent de résistance que sur un front et deux flancs; qu'ils ne sauraient être isolés. Aussi n'est-ce qu'une batterie, ce n'est point un fort dans l'ancienne acception du mot. Mais, en face de l'artillerie moderne, je ne crois pas que les forts ou les places fortes plus ou moins étendues puissent opposer une résistance longue et efficace à une armée d'investissement, et il paraîtrait, par les expériences que l'on vient de faire, que des camps assis sur de bonnes positions, appuyés par quelques ouvrages de ce genre, reliés entre eux, sont les seules places fortes auxquelles il faille songer. Si nous avions eu autour de Paris trois ou quatre camps ainsi disposés, la capitale française n'aurait pu être investie et assiégée; et si ces camps fussent tombés les uns après les autres, un mur d'enceinte autour de la ville eût suffi pour obtenir une capitulation. Mais, de toutes manières, la présence d'une armée ennemie, si nombreuse qu'on la veuille supposer devant ces camps, n'eût jamais pu mettre la ville en état de blocus complet. Celle-ci eût eu ses environs protégés et des ressources en vivres frais qui lui ont cruellement fait défaut. La dépense de quatre camps établis sur le plateau de Saint-Germain, sur le plateau au-dessus de Marly, sur celui de Villiers, et, au nord, au-dessus de Montmorency, ne se serait pas élevée au tiers de la somme employée pour construire notre enceinte et nos forts, et les conditions de la défense étaient autrement favorables pour nos armes. Mais l'occasion va se présenter tout à l'heure de développer ce système de défense.

Parlons d'abord de ce qui a été tenté pour assurer la résistance dans les conditions qui nous étaient faites. Il est à croire que nous n'avions pas des données certaines sur le tir des pièces de gros calibre de l'armée prussienne. Cependant nos bouches à feu de gros calibre donnent un résultat analogue, c'est-à-dire que les projectiles lancés par les unes et les autres tombent suivant un angle qui varie entre 25 et 40 degrés, en raison de la distance. Chez nous, l'arme du génie, en retard sur l'arme de l'artillerie, suivait les données admises à Sébastopol, et ne paraissait pas tenir grand compte de l'angle sous lequel tombent les projectiles lancés par des batteries établies à 6000 et 7000 mètres ; de sorte que dans les forts, pas plus que sur l'enceinte, on n'avait paru se préoccuper de ces conditions nouvelles qui doivent faire modifier le système défensif. On a vu précédemment que toutes les batteries prussiennes multiplient les traverses, que chaque bouche à feu est pour ainsi dire encastrée dans une cellule ; que les parapets de ces batteries ont au-dessus du sol un relief d'un mètre environ, et que les pièces à barbette, c'est-à-dire pouvant tirer dans un champ très-étendu, ne se rencontrent guère. Sur toutes nos défenses, nous avions au contraire établi beaucoup de pièces à barbette, protégées seulement par une traverse ayant un relief prononcé au-dessus de la plongée. Nos bouches à feu d'embrasures étaient rarement prises entre des traverses, et pouvaient être ainsi facilement démontées par des coups d'écharpe. Dans nos forts, les blindages n'existaient nulle part en avant des casemates ; celles-ci seules pouvaient offrir des abris à peu près sûrs. En aucun point de l'enceinte, dans les redoutes, aucune poudrière n'avait été prévue. Il fallut installer tout cela à la hâte, et la plupart des forts restèrent dépourvus de blindages et d'abris. Les tranchées que l'on creusa dès le mois de septembre entre les forts, pour les relier, ne furent pas pourvues d'abris et n'étaient faites que pour résister à la fusillade, à la mitraille et aux projectiles envoyés de plein fouet. L'armée allemande, n'ayant à sa disposition, jusqu'à la mi-décembre, que des pièces de campagne, ne fit aucune démonstration contre nos ouvrages permanents. Cependant, lors des combats qui furent livrés à Montretout, au Bourget, à Champigny et à Drancy, nos officiers du génie observèrent que les obus ennemis arrivaient sur nous suivant un angle tellement ouvert, que les tranchées et parapets ordinaires ne suffisaient pas à abriter les défenseurs postés derrière. On pensa donc à munir ces ouvrages d'abris blindés. Il fallut même encore un peu de temps pour que cette nécessité fût reconnue, tant, chez nous, l'esprit de routine est puissant. Au Point-du-Jour, particulièrement destiné à être battu, le génie avait reconnu la nécessité de multiplier les traverses et d'établir dans chacune d'elles un petit abri ; mais ces ouvrages n'étaient ni assez multipliés ni suffisants. Il existait alors trois ou quatre corps qui avaient pris la charge des travaux ; ils ne s'entendaient pas, agissaient chacun de leur côté, et rien n'était fait avec ensemble et avec méthode. Les uns tenaient pour les ouvrages de maçonnerie avec blindages de fer, ceux-ci ne voulaient que remuer de la terre, ceux-là comptaient employer le bois comme soutien nécessaire. Il fallait alors une initiative robuste pour aboutir à un résultat quelconque au milieu de tant d'avis différents, de rivalités inopportunes, d'ordres contradictoires. Des journées entières étaient employées à défaire ce qu'on avait fait la veille. Cependant, si grande était la bonne volonté de tous, que l'on arrivait au but, mais sans avoir des données certaines sur les effets du tir de l'ennemi, en tâtonnant et en présumant. La question principale était, pour les forts comme pour l'enceinte, non de renforcer leurs escarpes ou de les modifier, ce qui n'était pas possible, mais de faire en sorte que les pièces et les hommes fussent abrités de manière à ne pas être réduits à l'impuissance. Nos braves officiers de marine qui commandaient dans presque tous les forts, confiants, avec raison, dans la solidité de leurs artilleurs, ne se préoccupaient pas beaucoup de ces détails de l'ingénieur militaire, et la plupart de ces forts restaient dépourvus des abris les plus nécessaires, qu'il fallut faire plus tard, et quand le feu de l'ennemi rendit le tir difficile et le travail fort pénible et dangereux. Les matériaux devenaient rares alors, tandis que nous en possédions en abondance pendant les premiers jours du siége ; matériaux qui furent en grande partie gâchés.

Lorsqu'il fut décidé, si malheureusement, que Paris se bornerait à défendre la zone de ses forts, il fallait tout d'abord démolir ces malencontreuses casernes jusqu'au niveau des planchers du premier étage, étayer ceux-ci, et les blinder, ainsi que les murs inférieurs, avec les bois provenant des démolitions. Il fallait renforcer intérieurement les murs des escarpes qui masquent les casemates au moyen de doublures, ce que les moellons de démolitions provenant des casernes eussent permis de faire économiquement et promptement. Il fallait blinder les faces intérieures de ces casemates s'ouvrant sur les cours, terrasser intérieurement les gorges, puis établir en avant de ces forts des batteries terrées qui eussent forcé l'ennemi à donner plus de diffusion à son tir et eussent fourni au nôtre une plus longue portée. Il fallait désarmer les bastions des gorges dont les pièces étaient les plus exposées et qui ne furent pas utilisées, et se servir de ces pièces pour multiplier les batteries entre ces forts, ce qui eût gêné l'ennemi en le forçant à faire diverger ses feux. Il fallait, dès l'abord, creuser de très-nombreux abris blindés le long des tranchées et dans les redoutes qui reliaient les forts. Il eût été bon d'établir sur quelques points très-découverts des batteries casematées, comme, par exemple, sur tout le front du sud et autour de Saint-Denis. Le bois ne nous manquait pas alors, et les ouvrages de bois sont, dans la fortification, ce qu'il y a de meilleur, de plus solide et de plus aisément réparable. Des essais ont été faits pour mettre en œuvre le moellon et le fer pour les abris, les poudrières, les casemates. Ce moyen présente des inconvénients qui frappent toutes les personnes qui ont l'habitude des travaux. Des murs élevés en moellon n'offrent pas une cohésion suffisante pour résister à l'ébranlement qu'un projectile occasionne à un plancher composé de traverses de fer, soit rails, soit fers à T; ou si le plancher résiste, par suite de sa rigidité, de son manque d'élasticité, il produit une violente secousse sur les têtes des murs et les écrase, les disloque, ou il s'effondre.

J'ai vu de ces planchers, faits de rails de fer jointifs, épaufrer les têtes des murs en moellon sous la charge de terre qui les recouvrait, avant même qu'aucun projectile les eût atteints. Ces rails ou fers à T ne présentent pas une assiette suffisante à leur portée, et font, sur ces murs, l'effet de lames de couteau fortement appuyées sur des corps peu résistants.

Dans ces travaux entrepris hâtivement, les maçonneries n'ont pas le temps de prendre et n'acquièrent aucune cohésion. Le bois, au contraire, par son assiette, son élasticité, sa légèreté, avec une résistance considérable, se prête merveilleusement à ces sortes d'ouvrages rapidement exécutés. Les Prussiens en ont employé en grande quantité dans leurs travaux de siége et s'en sont bien trouvés.

Si l'on prétend employer le fer avec la maçonnerie pour les abris blindés, il n'en faut pas moins avoir recours au bois comme appoint indispensable.

Je prends un exemple (fig. 22). En supposant qu'on veuille établir des galeries-abris analogues à celles que nous avons vues figurer dans les planches VII et VIII, mais d'une manière plus durable, et en n'employant que peu de bois : si cette matière est rare, on peut élever perpendiculairement au mur du fond A, des

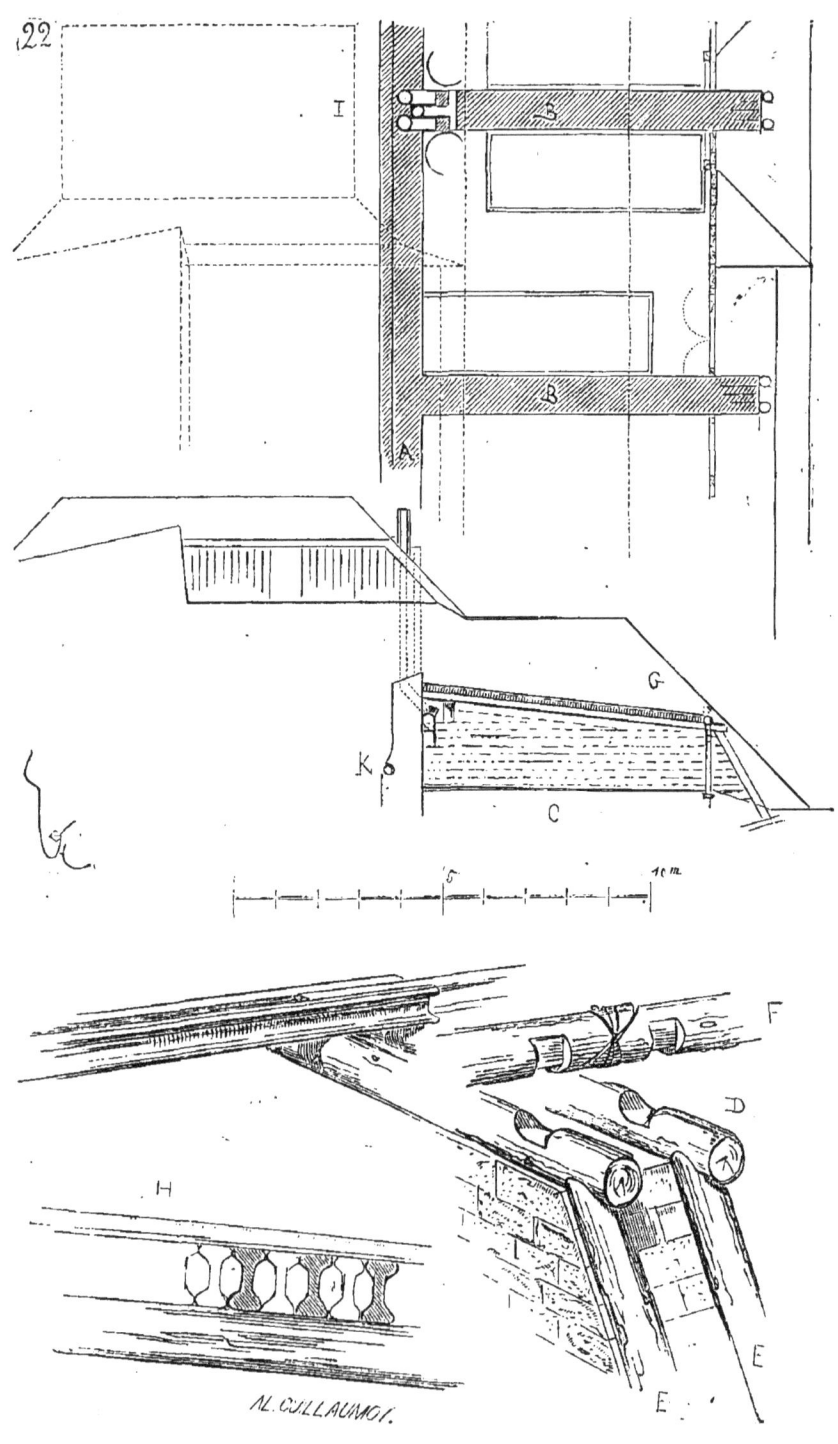

murs de maçonnerie B, présentant en coupe C leurs têtes légèrement inclinées. Sur ces têtes on posera des sablières jumelles D de bois, retenues à leur extrémité antérieure par deux jambes de force E appuyées le long du mur monté en talus; une traverse F reposera sur ces sablières et recevra les cloisonnements de fermeture qui la roidiront. En arrière de cette traverse qui forme rive du terrassement G, on placera des rails de fer chevauchés, ainsi que l'indique le géométral H. Ces rails recevront des madriers ou de la planche avec une couche de bitume ou des feuilles de zinc, puis la couche de terre. De cette manière, la partie de ces rails reposant sur les sablières de bois ne pourra, par son propre poids ou sous l'action d'un choc violent, disloquer ou épaufrer la maçonnerie, et les jambes de force E elles-mêmes empêchent cette maçonnerie de se disjoindre. Des casemates ainsi disposées, avec des ventilations et des tuyaux pour le chauffage I et de drainage K, seraient parfaitement sûres et habitables; tandis que les abris blindés au moyen de rails de fer établis le long de l'enceinte sont aujourd'hui en mauvais état et moins sains que ne le sont demeurés ceux faits de charpente. D'ailleurs il est toujours bon de donner aux plafonds de ces abris une pente, soit vers le dehors, soit vers l'intérieur du terrassement, pour ménager l'écoulement des eaux qui pénètrent la charge de terre. Voici un de ces systèmes de galeries complétement en charpente, qui remplit exactement, et dans de meilleures conditions, la fonction des abris que présente la planche VII.

La pente (fig. 23) est inclinée vers la masse du terre-plein. Ce système se compose d'une suite de fermes espacées de 2 mètres d'axe en axe. Chacune d'elles comprend une semelle basse A, un poteau incliné B pour résister à la poussée du terre-plein, un poteau vertical intermédiaire C, deux jambes de force D, un chapeau E et un gousset F à peine assemblé par deux entailles et maintenu par du fil de fer. Tout ce travail de charpente, comme tout travail de campagne, doit être fait sans tenons ni mortaises. Il suffit à l'ouvrier charpentier, pour façonner ses bois, d'une coignée, d'une scie et d'une herminette. Le chapeau E est simplement maintenu sur ses

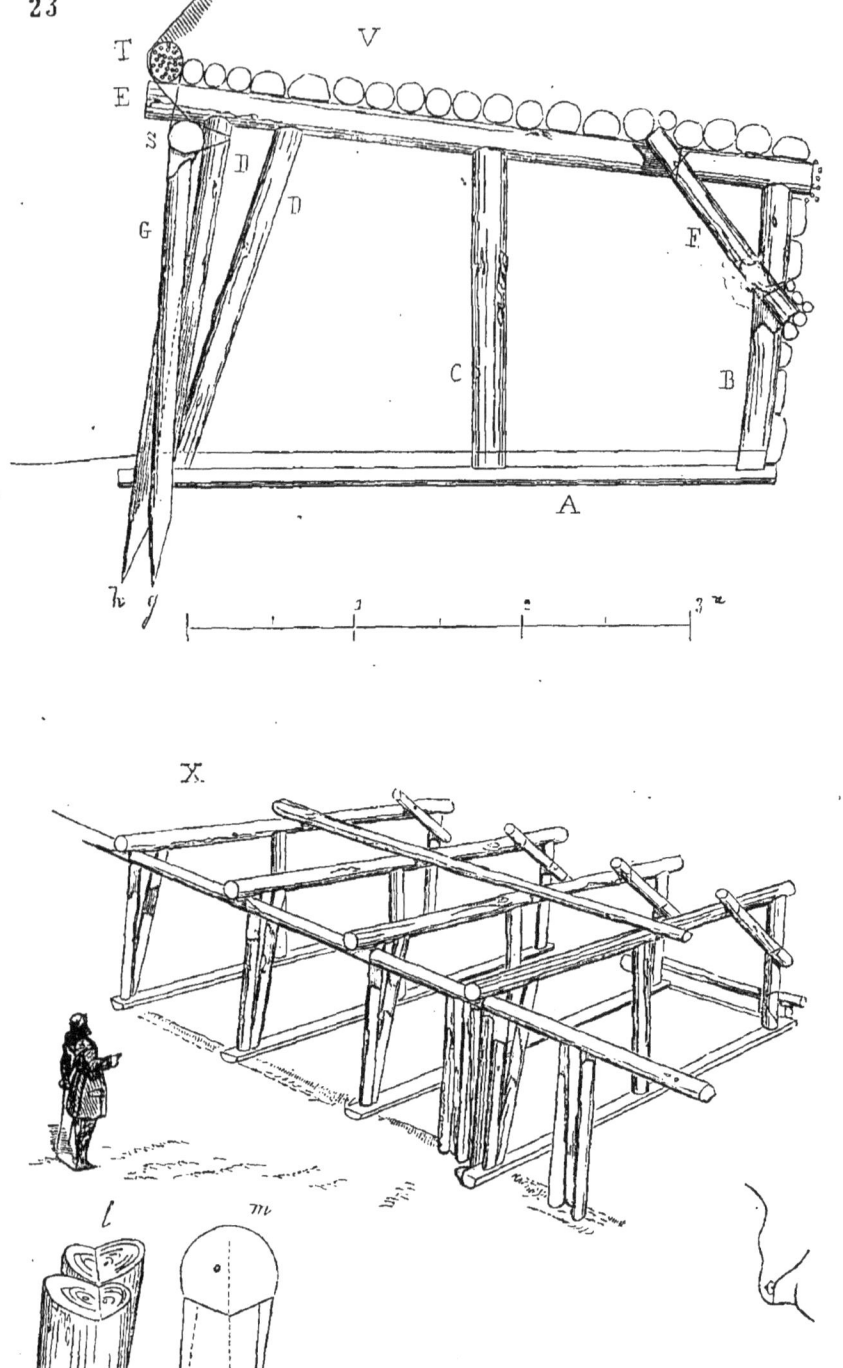

poteaux par des embrèvements faits à la scie. La clôture G consiste en des poteaux g et h fichés en terre, et se chevauchant de manière à présenter une grande résistance et à maintenir la sablière S, ainsi que le fait voir le détail géométral m et perspectif l. Des fils de fer relient cette sablière à l'extrémité des chapeaux et aux saucissons T qui forment semelle traînante. Des rondins ou des madriers épais et des fascines peuvent recouvrir les chapeaux, puis une couche de bitume ou de zinc sous la couverture de terre V. La vue perspective X fait suffisamment comprendre l'économie du système, qui a l'avantage de ne pas laisser visibles en dehors les contre-fiches des galeries autrichiennes, lesquelles peuvent être brisées par des éclats de projectiles et gêner la circulation.

Mais outre ces abris, qui peuvent être étroits, s'ils sont destinés au casernement, et dans lesquels il n'y a nul inconvénient à multi-

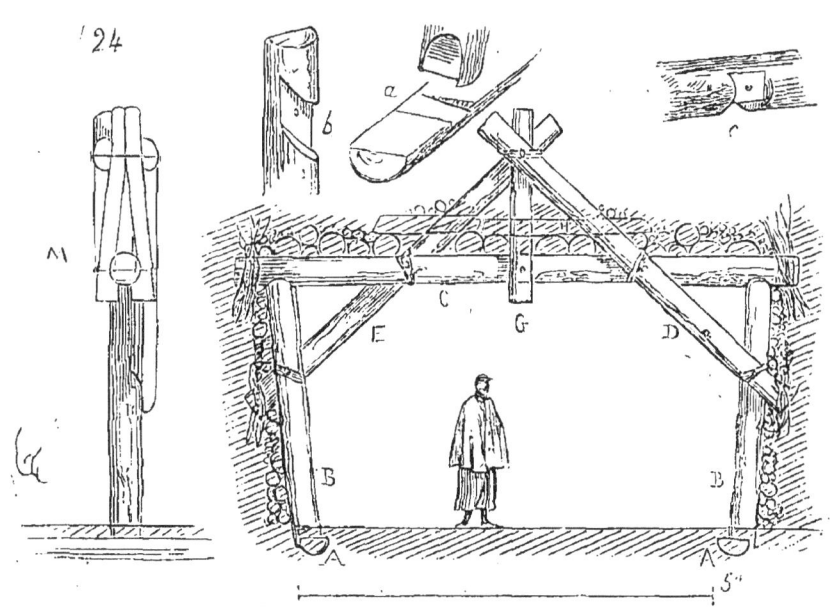

plier les points d'appui, il est nécessaire, en certains cas, d'obtenir des espaces libres de poteaux, assez vastes, couverts par d'épais blindages : s'il s'agit, par exemple, de casemater des bouches à feu entre des traverses. On peut, pour ce faire, employer des fermes en partie noyées dans l'épaisseur du blindage, fermes que l'on espace d'un mètre environ d'axe en axe. Voici l'une d'elles (fig. 24). Des semelles traînantes A réunissent le pied des poteaux inclinés B. Un chapeau C couvre ceux-ci. Deux arbalétriers assemblés à mi-bois, le premier D sur une face, le second E sur l'autre, viennent pincer un double poinçon G qui mord le chapeau C formant entrait (voyez la coupe M). Tout ce système s'assemble sans tenons ni mortaises, mais au moyen d'embrèvements, de boulons, de chevillettes de fer ou de simples chevilles de bois et de fils de fer. Les poteaux reposent sur les semelles traînantes dans l'entaille a. En b, est indiquée l'entaille faite dans l'une des branches du poinçon qui reçoit l'un des arbalétriers; en c, l'entaille de l'entrait pour former la prise de ces deux branches de poinçons. Des fermes ainsi combinées peuvent supporter le plus lourd blindage de bois et 2 à 3 mètres d'épaisseur de terre; elles opposent au choc des projectiles sur ces terres une puissance d'élasticité qui prévient tout accident immédiat (1).

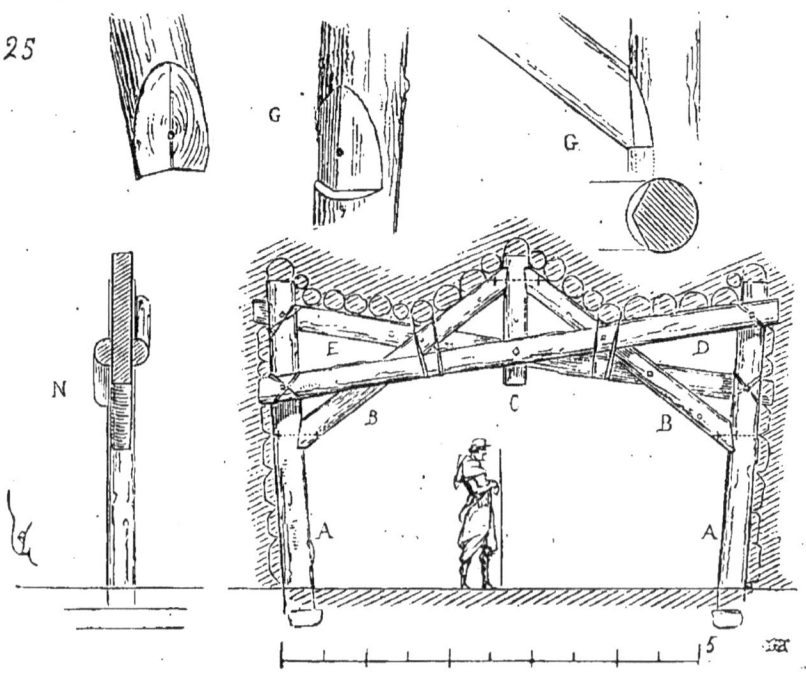

(1) Des casemates ainsi combinées ont été exécutées dans l'un des bastions du Point-du-Jour (bastion 66).

Un moyen plus résistant encore est celui que présente la figure 25. Ce système consiste de même en deux poteaux A portant, comme précédemment, sur des semelles traînantes; en deux arbalétriers B, embrevés dans ces poteaux, et en un poinçon C. Cet ensemble, sur le même plan, est bridé par deux étrésillons, D, E, assemblés à mi-bois (voyez la coupe N). Les embrèvements des arbalétriers, dans les poteaux, sont indiqués en G. Il est facile de voir que ces embrèvements peuvent être faits à la scie et très-rapidement. Des fils de fer doivent toujours réunir les jonctions du bois; c'est un moyen d'ajouter beaucoup à la résistance, sans nuire aux propriétés d'élasticité. Ces sortes d'ouvrages, que la plupart des officiers supérieurs du génie n'admettaient pas volontiers au commencement du siége, parce qu'ils n'usent pas habituellement de ces moyens, furent adoptés vers les derniers temps par la force des choses et parce qu'on avait quelques données sur les travaux que les Prussiens exécutaient autour de nos lignes; qu'on les supposait même beaucoup plus considérables qu'ils ne le sont réellement, et qu'on savait que le bois et la terre étaient les seules matières mises en œuvre par eux, sauf de très-rares exceptions. On était alors beaucoup trop pressé par le temps pour faire de la maçonnerie, et la rigueur de la saison ne le permettait pas.

Ce fut après l'affaire du Bourget (29 et 30 octobre) qu'on parut comprendre, dans l'état-major de l'armée assiégée, qu'il fallait, pour garder les positions que l'on enlèverait à l'ennemi, employer le secours du génie. Jusqu'alors cette arme n'avait guère été occupée qu'à perfectionner les défenses de l'enceinte, à creuser quelques tranchées entre les forts et en avant de leurs saillants. Ce travail était décousu et ne se reliait à aucun système général d'attaque des positions ennemies; on restait entre la défensive et l'offensive, et, voyant que l'ennemi ne se disposait nullement à engager une action contre nos lignes, il fallait bien prendre le parti de l'aller trouver: chaque jour qui s'écoulait rendait nos chances moins favorables et augmentait la force des positions occupées par l'armée allemande.

Toutefois il ne fut rien entrepris de bien sérieux avant l'affaire de Champigny, 30 novembre. Conjointement avec les corps d'armée qui eurent à engager l'action ce jour-là, on fit marcher la légion de guerre du génie auxiliaire tout entière. Elle ne put toutefois rien entreprendre avant la nuit, la bataille étant restée indécise jusqu'à deux heures, et le mouvement de notre gauche ayant seulement vers le soir décidé l'ennemi à se replier sur Villiers et Cœuilly, en abandonnant Champigny et les parties du plateau qui se trouvent à la gauche de ce village jusqu'à Brie-sur-Marne.

La planche IX indique les opérations de cette journée et de celle du 2 décembre. Les corps allemands occupaient toute la presqu'île de Champigny les jours précédents. Ils avaient leurs avant-postes à la Fourche, et ces avant-postes étaient protégés par quelques tranchées. Ils occupaient en force Champigny, et avaient relié ce village à la Marne par une tranchée en zigzag défilée des feux de la batterie A de la boucle de Marne que nous n'avons cessé de posséder. En B, au-dessus des fours à chaux qui dominent Champigny, ils avaient ébauché deux épaulements pour des pièces de campagne. En C, une tranchée était commencée par l'ennemi pour prévenir un mouvement sur Villiers. Les maisons du village de Champigny étaient crénelées, ainsi que les nombreux murs de jardins qui s'élèvent entre la Fourche et le bas de ce village. De notre côté, on avait pu jeter des ponts de bateaux en aval et en amont du pont rompu de Joinville, qui avait été rendu à peu près praticable à l'infanterie; deux autres ponts de bateaux avaient été établis au-dessous de l'île de Beauté, en D; puis un cinquième pont de bateaux permettait de traverser la Marne en E, au-dessous de Brie, non sans difficultés. Dès avant le jour, les batteries H de Nogent, de la Faisanderie, du parc de Saint-Maur A, et de la redoute G, ouvrirent un feu nourri sur la presqu'île de Champigny et sur ce village. Appuyées par cette canonnade, nos troupes enlevèrent toutes les positions ennemies jusqu'à Champigny. Là, elles trouvèrent une résistance acharnée; notre centre ne pouvait non plus s'avancer beaucoup au delà du chemin de fer, sur la route de Villiers, lorsque notre aile gauche, qui était en retard, passa le pont E et enleva avec vigueur les hauteurs qui dominent la Marne en face de ce pont, déborda l'aile droite allemande en s'établissant dans une partie du village de Brie. Nous étions maîtres de la gorge de la presqu'île et des premières pentes du plateau. La nuit se passa à creuser les tranchées ab qui protégeaient nos positions, à établir une flèche en avant du pont E, et à ébaucher une batterie c. A notre droite, nous possédions tout le village de Champigny, mais les postes prussiens s'avançaient jusqu'en o derrière les murs du parc qui termine le village, sur la route qui monte à Cœuilly. La journée du 1er décembre fut employée à faire des reconnaissances sur le plateau; les avant-postes prussiens tiraient sur tout ce qui dépassait les fours à chaux, en h. Cependant il eût été possible sur ce point de retourner les ouvrages des Allemands, protégés que l'on était par les excavations des carrières. Au total, cette journée fut malheureusement perdue. Le 2 décembre, ce furent les troupes allemandes qui attaquèrent. Arrêtées en bas de Villiers par les tranchées-abris creusées de a en b, elles rentrèrent dans Champigny, qu'elles barricadèrent à la hâte, avancèrent leurs batteries jusqu'au bas du village et envoyèrent des obus jusqu'au delà de la Fourche sur nos troupes de réserve. Nous reprîmes l'offensive dans la journée. Craignant un mouvement de retraite, nous fîmes les tranchées l qui défendent l'entrée de Joinville-le-Pont, on crénela la ferme du Tremblay ; et lorsque nos troupes, vers une heure, marchèrent de nouveau sur Champigny, pour qu'elles ne pussent être débordées sur leur droite le long de la Marne, les tranchées mn furent creusées sous le feu de l'ennemi et aussitôt occupées par les mobiles, qui, ainsi abrités, tenaient assez bien. Cependant le haut de Champigny restait au pouvoir des Allemands, et la nuit fut occupée à nous retrancher dans la partie du village que nous possédions et à établir une bonne défense le long de la chaussée du pont. Les officiers du génie auraient voulu élever une batterie en h, qui, en prévision d'une nouvelle attaque de notre part, eût été fort utile ; mais des ordres supérieurs ne permirent pas de dépasser la route des Carrières. Cependant en *o*, en face de Villiers, une nouvelle batterie fut élevée pendant la nuit pour battre ce village, en prévision de l'attaque que l'on supposait devoir recommencer dès l'aube. Dans la journée du 2, nos troupes avaient tenté un mouvement en avant de Créteil pour s'emparer de Montmesly, tourner l'île Barbière et attaquer les corps prussiens sur leur gauche. Mais c'était là une opération qui eût demandé plus de monde et d'artillerie que nous n'en avions, et, vers le soir, les corps parisiens engagés de ce côté se replièrent dans Créteil, protégés par les défenses établies en avant de ce village. Lorsque, le lendemain matin, les troupes parisiennes eurent ordre d'évacuer la presqu'île de Champigny, les travaux du génie consistèrent à réunir Poulangis à la ferme du Tremblay, et celle-ci au viaduc du chemin de fer, par des tranchées *qp*. On se bornait alors à conserver Joinville et ces deux postes.

C'était la première fois, dans cette campagne, que l'on maniait la pioche pendant une action, pour permettre aux corps qui s'emparaient d'une position de la garder. Si l'on avait eu des troupes plus solides et des réserves nombreuses, il est évident qu'on pouvait ainsi cheminer jusqu'au bois de Cœuilly, où était établi un parc d'artillerie ennemi; mais j'ai expliqué ailleurs les conséquences possibles de la bataille de Champigny, et je n'y reviendrai pas. Ce qu'il est bon de signaler, c'est que, pendant ces deux journées et ces deux nuits, des corps d'ouvriers du génie, qui ne s'élevaient pas à plus de 1200 hommes, avaient pu, sous le feu de l'ennemi, exécuter des travaux considérables, et dont la planche IX montre l'importance. C'était donc un encouragement; et en effet, dans l'état-major parisien, les officiers généraux commençaient — un peu tard, il est vrai — à comprendre le parti que l'on pouvait tirer de l'arme du génie pendant une action engagée contre un ennemi tenace et occupant les meilleures positions.

Pendant ces deux journées, l'ennemi avait perdu beaucoup de monde, soit à Champigny même, soit au point du plateau de Villiers, où notre tranchée fut creusée. Des carrières au parc *v*, il était resté un assez grand nombre de ses morts, malgré l'empressement qu'il mettait habituellement à les enlever. L'affaire avait donc été très-chaude, particulièrement à notre gauche, au moment de l'assaut des hauteurs par nos troupes débouchant sur Brie. Il n'est pas douteux que si, dans la matinée du 3 décembre, une nombreuse artillerie eût été réunie de a en b, nous eussions pu prendre Villiers, car à cette époque nos soldats conservaient encore un reste de confiance qu'ils perdirent plus tard après ces retraites continuelles qui suivaient des premiers succès.

Donc, le 3 décembre au soir, nous n'occupions plus que Joinville, Poulangis et la ferme du Tremblay, et nous conservâmes ces positions jusqu'à la fin du siége.

La seconde affaire dans laquelle le génie eut à prêter un concours actif et prolongé, est celle de Drancy.

Nous avions occupé Bobigny et Bondy, et il s'agissait, en prenant la ligne du canal de l'Ourcq et le fort d'Aubervilliers comme base d'opérations, de faire une pointe, de s'emparer définitivement du Bourget, de la route de Lille et des défenses que les ennemis avaient élevées à Pont-Iblon, au-dessus du Bourget.

Après notre première retraite du Bourget, les Allemands avaient réoccupé le Drancy, ou tout au moins y maintenaient des avant-postes. Ils tenaient la ferme de Graulai, le poste de l'Alouette, et venaient jusqu'aux maisons extrêmes de Bondy, qui était un centre de combats continuels.

Pendant le mois de décembre, nous avions commencé à creuser des tranchées sur le flanc droit de Bobigny, à retrancher la Courneuve, et à établir une redoute en A (voyez la planche X), qui ne fut jamais armée. Sur le canal, en B, une batterie pour de grosses pièces de marine avait été armée. De fortes batteries en arrière de Bondy, en C, avaient également reçu de grosses pièces, ainsi qu'une batterie D en retour d'équerre. Des tranchées avaient été ébauchées entre Bondy et le chemin de fer de Strasbourg, faisant face au Raincy, afin d'arrêter un mouvement tournant de l'ennemi.

Le 20 décembre, l'ordre était donné au génie d'établir des ponts sur le canal de l'Ourcq pour le passage de l'infanterie, de la cavalerie et de l'artillerie, entre Pantin et Bondy. Ce travail était terminé à minuit. Outre les ponts fixes du chemin de fer, de la Folie et de l'entrée de Bondy, ces ponts de bois étaient au nombre de onze : deux pour l'infanterie, en face de Pantin ; deux pour l'artillerie, à la sortie de ce faubourg ; un pour l'infanterie, entre le pont fixe du chemin de fer et celui de la Folie ; quatre pour l'infanterie, en amont de ce pont ; deux pour l'artillerie, en aval du pont de Bondy (voyez la planche X).

Le 21, à cinq heures du matin, nos troupes commencèrent à se mettre en mouvement, et la canonnade commença vers huit heures à la droite et à la gauche de Drancy. Les avant-postes allemands évacuèrent ce village. La tentative de notre aile gauche sur le Bourget ayant échoué, la journée se passa en canonnades et fusillades sans résultats fort importants. Nous occupions sur notre droite la ferme de Graulai, sur notre extrême gauche la Courneuve. Cette fois on n'abandonna pas les positions ; mais, au lieu de reprendre l'offensive par une action de vive force, on se décida à entreprendre une sorte de siége contre le Bourget. A cet effet, le Drancy fut armé de batteries ; une tranchée *ab* dut réunir ce village à la Courneuve, et fut commencée dans la soirée du 22 et poussée activement toute la nuit, en face des grand'gardes allemandes qui occupaient la station du chemin de fer en *g*. D'autres tranchées furent creusées en avant de Drancy, s'appuyant au cimetière *d* et allant rejoindre le poste de l'Alouette. La ferme de Graulai fut fortement retranchée et réunie au Drancy par une tranchée-abri.

Des batteries s'élevèrent à la droite de Drancy : deux dirigées sur Aunai-lez-Bondy, une troisième sur le Bourget, et une quatrième sur Bondy. Une batterie fut établie à la ferme de Graulai, battant le Bourget ; une autre double, à crémaillère, au poste de l'Alouette, battant le Bourget et la gauche de Bondy. Toutes ces batteries ne furent jamais armées. Une tranchée-abri dut réunir la ferme de Graulai au petit bois situé à sa droite, bois qui fut renforcé d'abatis au centre. Une autre tranchée joignit ce bois à Bondy. De l'extrémité nord de la ferme de Graulai une parallèle *e* fut commencée avec l'intention de se rapprocher du chemin de fer de Soissons et de le battre, les Prussiens occupant cette ligne et ayant des postes et une batterie en *f*. Nous entreprenions évidemment des travaux de siége contre le Bourget, que l'ennemi s'était borné à créneler et à entourer d'abatis, ainsi qu'il est indiqué sur la planche X. Les Allemands ne paraissent pas avoir accumulé au Bourget des défenses de quelque valeur. Ils se contentèrent de s'y maintenir en s'abritant derrière les maisons, les murs de jardins, des barricades assez légères. La défense du Bourget était en arrière, à Pont-Iblon, où des batteries étaient établies derrière des terrassements et défendues par des redans. La route de Lille traverse sur ce point le ruisseau la Morée, formant un fossé naturel entre Dugny, le Blanc-Ménil et Aunai-lez-Bondy. C'était une bonne ligne de défense; d'autant qu'au delà de Pont-Iblon, la plaine se relève légèrement. Comme partout, les Prussiens avaient défendu leur poste du Bourget en retraite, afin de se donner tout le temps de reprendre l'offensive si le Bourget était pris. C'est ce qu'ils firent le 30 octobre et ce qu'ils se préparaient à faire le 21 décembre, car on voyait au delà du Bourget, dans la journée, leurs colonnes arriver compactes et prendre position derrière ce ruisseau de la Morée.

Il ne parut pas que l'ennemi eût établi des batteries fixes à la voirie de Bondy et au parc du Raincy pour battre la ferme de Graulai et Bondy. Sur ce village tombèrent souvent des projectiles, mais tirés par des pièces de campagne. Ce ne fut que vers les premiers jours de janvier que des batteries de pièces de position ouvrirent le feu sur Bondy en même temps que sur le plateau de Noisy. Depuis la signature de l'armistice et l'occupation de nos forts par les Prussiens, ceux-ci ont retourné nos ouvrages élevés entre le fort d'Aubervilliers, la route des Petits-Ponts et le chemin de fer, contre Belleville (voyez planche X, en *y*) et ont mis en batterie derrière ces épaulements une quarantaine de leurs grosses pièces.

Cependant l'ennemi nous plaçait dans l'alternative, ou de nous laisser bombarder au plateau d'Avron sans autre résultat que de perdre du monde, ou d'abandonner cette position, qui seule couvrait notre droite et devait tenir le Raincy en échec. Du moment que les Prussiens n'avaient plus rien à redouter de ce plateau, ils pouvaient, des hauteurs du Raincy, prendre tous nos ouvrages à revers. Nous avions bien établi des batteries à la sortie et sur le flanc nord de Bondy, en face de ces hauteurs, mais la position de ce village était trop mauvaise pour qu'on pût espérer s'y maintenir dès que l'ennemi voudrait sérieusement l'attaquer. On abandonna donc le projet de siége du Bourget, qui n'était qu'un premier pas pour s'emparer de la ligne de la Morée.

Mais on garda les positions occupées avec quelques bataillons sans artillerie, on renforça même le Petit-Drancy, sur lequel, du Bourget, l'ennemi ne cessa de lancer des obus depuis les premiers jours de janvier jusqu'au 15.

Si le plateau d'Avron eût pu être conservé, et, étant conservé, s'il eût pu servir de point d'appui à un corps d'armée opérant contre le Raincy, les travaux de Drancy étaient bons et pouvaient conduire à la possession définitive du Bourget. Le Bourget pris, il fallait continuer à opérer de la même manière contre Pont-Iblon, que les Allemands avaient fortement retranché. Mais le plateau d'Avron fût-il resté en notre possession, que, procédant avec la lenteur méthodique de l'assiégeant contre les positions de l'ennemi, il eût fallu à Paris trois mois de vivres de plus pour arriver à rompre l'investissement. Il est vrai qu'on eût pu commencer dès le mois d'octobre ces travaux de contre-approches que la rigueur de la saison rendait fort pénibles et longs (1).

Qu'avions-nous fait cependant sur le plateau d'Avron, et comment advint-il que nous ne pûmes conserver cette position ? La planche XI

---

(1) Pendant tout le temps où nos ouvriers du génie firent des ouvrages de terrassements aux environs de Drancy, la terre était gelée à une profondeur de 60 centimètres.

indique en quoi consistaient nos ouvrages. En A, la double batterie de pièces de marine destinée à battre Chelles et les rampants de Montfermeil. En B et en C, les deux doubles batteries élevées en face de Noisy-le-Grand et des hauteurs de Brie-sur-Marne. En D, deux autres batteries dirigeaient leur feu sur les hauteurs de Gagny, et en E, sur les hauteurs du Raincy. En arrière, la batterie de 100 mètres de long, qui fut, vers la fin de notre occupation, destinée à tirer de même sur le parc du Raincy, où il était apparent que les Prussiens élevaient des épaulements étendus. Toutes ces batteries étaient reliées entre elles par des tranchées qui, faites successivement et sans plan d'ensemble, ainsi qu'il a été dit, ne présentaient que des défilements assez imparfaits. La batterie E, peu étendue et mal protégée, était celle qui devait principalement agir contre le Raincy; le mauvais état des terres détrempées par le dégel du mois de décembre ne permettait pas de faire des travaux très-solides, puis les gros bois manquaient, et l'on ne paraissait pas croire d'ailleurs qu'il fût nécessaire de munir les ouvrages d'abris blindés.

Les ennemis ouvrirent le feu contre le plateau d'Avron après l'affaire de Drancy, des batteries établies au Raincy, en avant de Montfermeil sur le plateau, au-dessus de Chelles et au-dessus de Brie-sur-Marne. La planche XI indique la direction et la distance du tir de ces batteries. Pour soutenir ces feux croisés, nos ouvrages étaient complétement insuffisants. Nos batteries étaient prises en écharpe et même à revers; nous ne pûmes répondre à l'ennemi, et l'on abandonna la position.

Pouvait-on cependant faire sur le plateau d'Avron des ouvrages qui en assurassent la conservation? Ignorait-on l'existence des batteries ennemies, et par conséquent la direction de leurs feux? On connaissait ces positions, puisque nous avions des batteries dirigées contre elles; donc nous pouvions tracer nos ouvrages en conséquence, et nous défiler autant que possible de ces feux, car il n'y avait pas à supposer que l'ennemi se bornerait à bombarder le plateau sur une seule de ses faces, pouvant le faire à la fois sur plusieurs.

Le tracé que donne la figure 26 indique comment il eût été

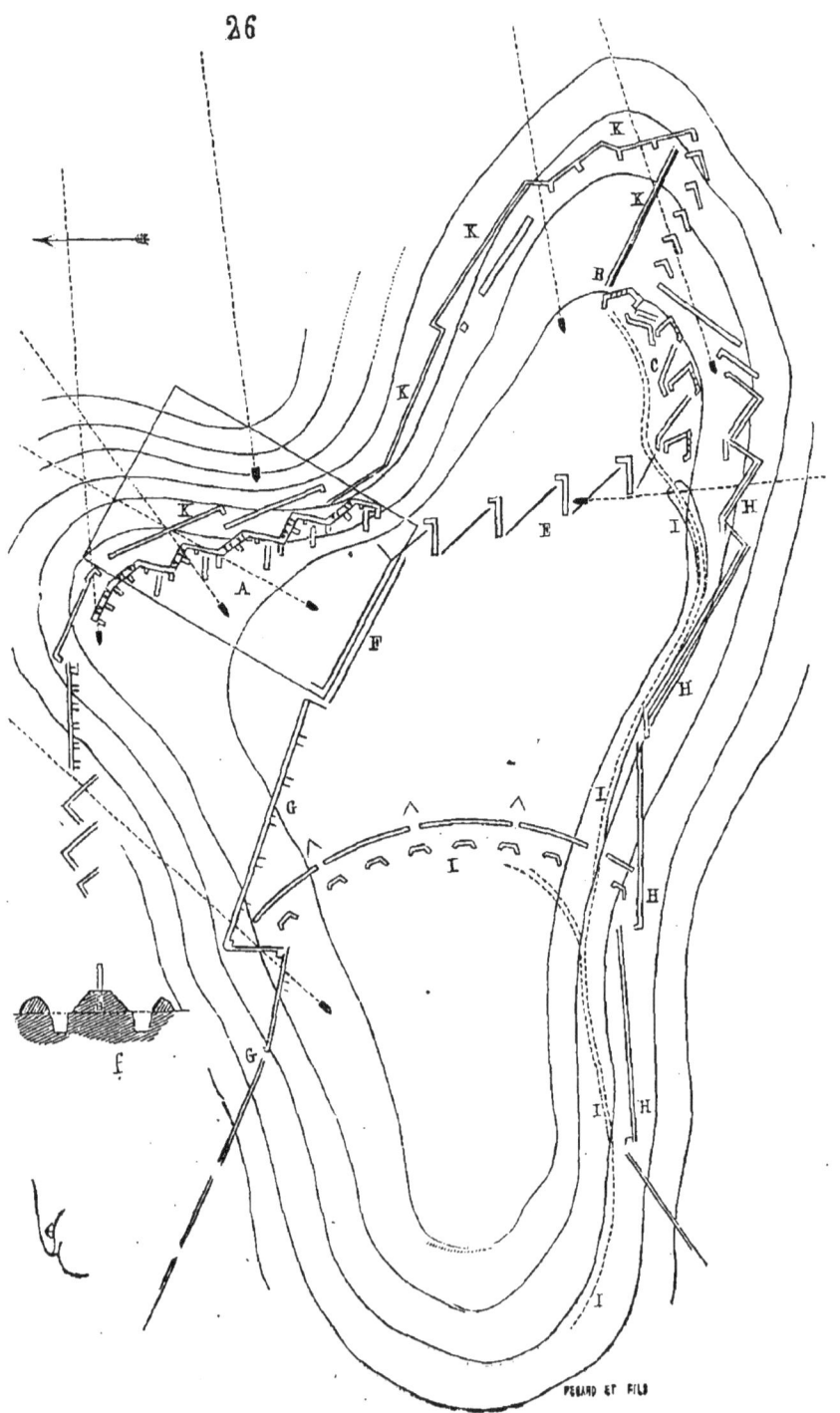

possible de disposer les batteries sur le plateau. En A, les batteries

184　MÉMOIRE SUR LA DÉFENSE DE PARIS.

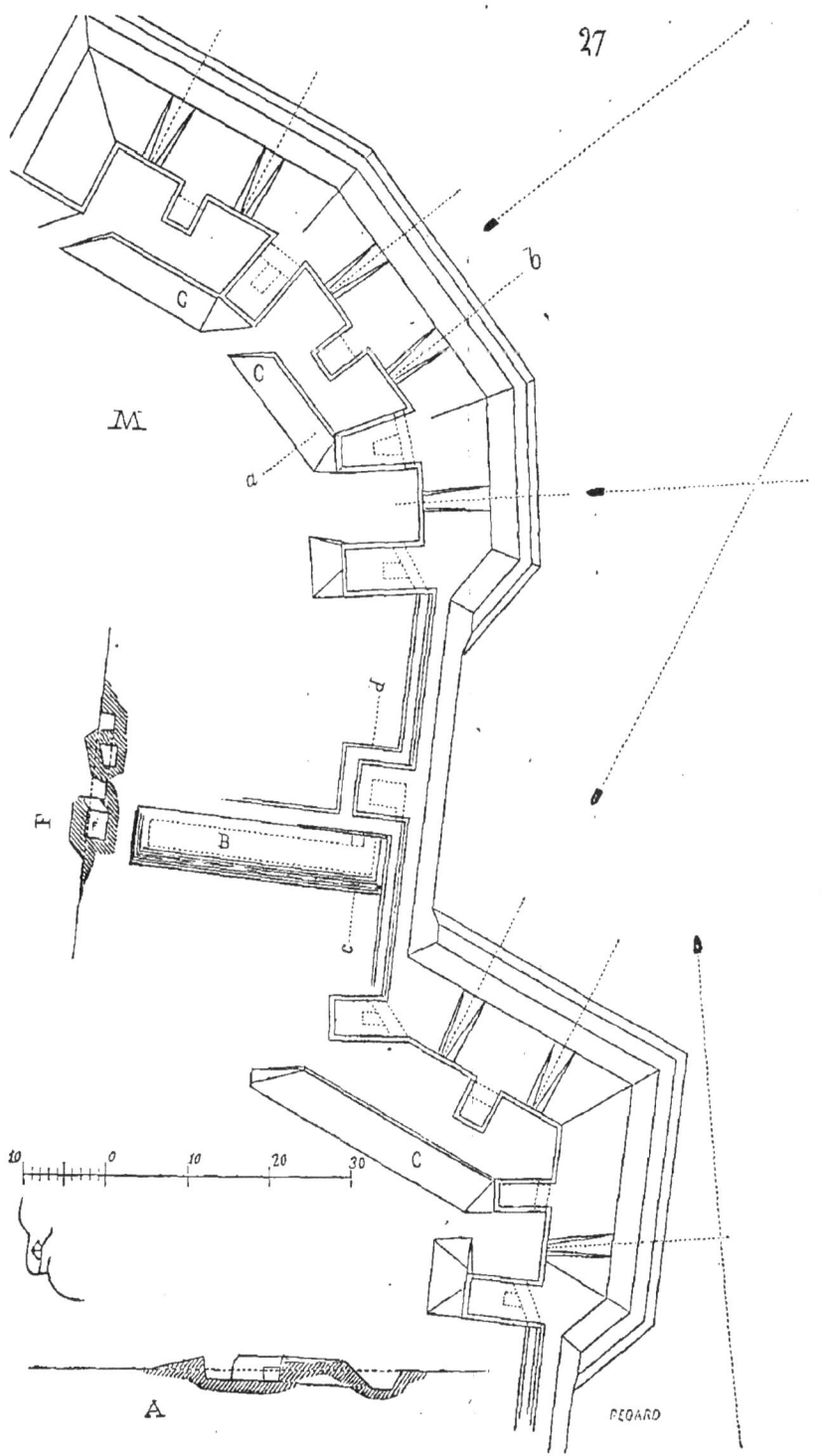

dirigeant leurs feux sur le Raincy et les hauteurs de Montfermeil ; en B, celle tirant sur Chelles ; en C, sur les hauteurs de Brie-sur-Marne ; en E, une série de galeries-abris formant traverses et reliées par des tranchées avec double épaulement ; en F, une double caponnière dont le profil est tracé en *f*, longeant le mur de Beauséjour pour permettre d'arriver à couvert à ces batteries, et communiquant par un chemin couvert G à la route de Villemonble à Rosny ; en H, des chemins couverts protégeant une route I pour le passage de l'artillerie à la droite du plateau ; en K, des tranchées avec abris pour défendre les pentes du plateau ; en L, une tranchée de retraite de même avec abris.

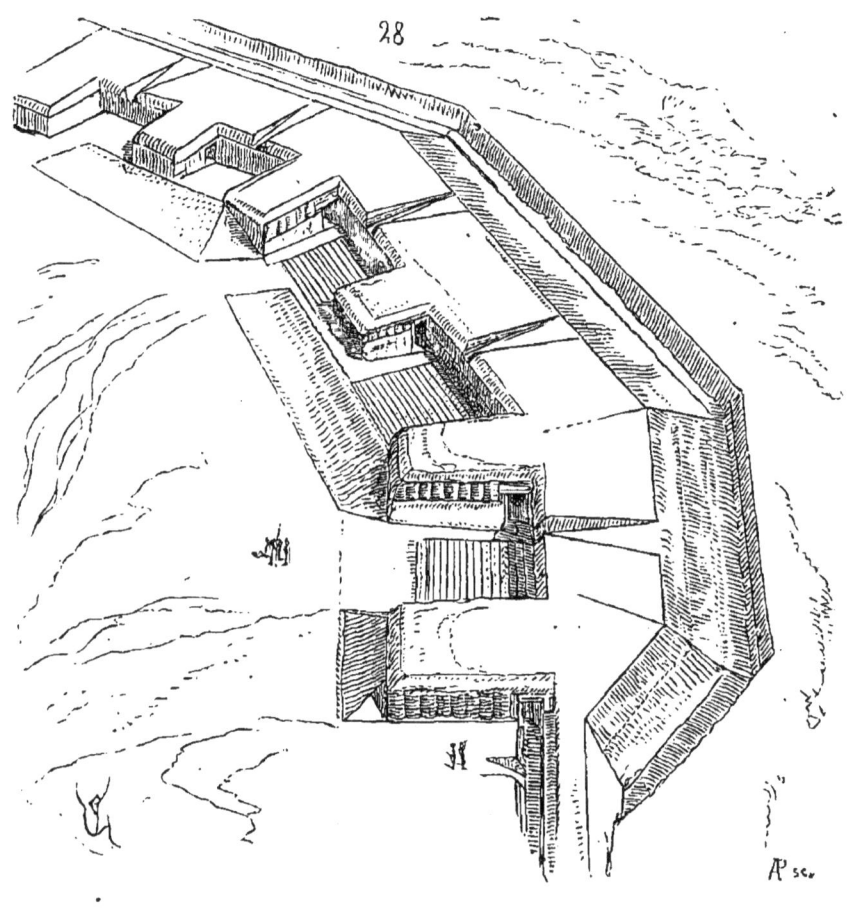

La figure 27 donne le tracé de l'extrémité nord des batteries A de la figure 26, à élever dans le parc muré de Beauséjour sans que l'ennemi eût pu soupçonner nos travaux. Ces batteries auraient dû posséder des traverses et pare-éclats entre chaque pièce, des parados C, et des galeries blindées B, formant grandes traverses. Cette longue crémaillère dirigeait ses feux à la fois sur le Raincy, sur les hauteurs de Montfermeil et sur Chelles. En A, est tracée la coupe de l'épaulement sur *ab*, et en F, de la traverse-galerie B sur *cd*.

La figure 28 présente l'aspect perspectif de l'extrémité M de ces batteries.

Ces ouvrages ont une grande étendue, mais on observera que leur relief au-dessus du sol ne dépasse pas $1^m,60$ au plus et est généralement au-dessous de cette cote, ce qui permettait de les achever très-rapidement; qu'au moyen de tuyaux de drainage ou de simples conduites de planches, on asséchait les plates-formes en renvoyant dans les fossés l'eau qui gênait tant les travailleurs et les artilleurs sur ce plateau.

La quantité d'ouvrages décousus entrepris successivement au plateau d'Avron, les fausses manœuvres, ont certes pris plus de temps qu'il n'en eût fallu pour se bien fortifier, si, dès l'abord, on eût agi avec méthode et d'après un plan étudié en prévision du rôle que cette position était appelée à remplir et du tir auquel elle servirait nécessairement de but. Ainsi se perdaient des efforts considérables, ainsi devenaient inutiles les dévouements, qui n'ont pas fait défaut de la part des travailleurs attachés à la défense de Paris.

Examinons en détail la question des traverses-abris. Nous avons vu celles que les ingénieurs allemands ont adoptées et qui sont généralement peu couvertes, ne pouvant offrir qu'un abri insuffisant, et qui ont dû être souvent bouleversées par nos gros projectiles. L'effet de ces projectiles — soit des nôtres, soit des Prussiens — est tel qu'il faut compter sur $1^m,50$ de terre au minimum pour amortir leur choc et les empêcher de pénétrer à travers les blindages. Il est fort rare que des tranchées ne soient pas prises en écharpe ou même enfilées sur quelques points de leur tracé, surtout si l'on forme coin au milieu de positions occupées par l'ennemi. La tranchée de fusiliers, telle qu'elle était tracée *réglementairement*, donnait le profil fig. 29.

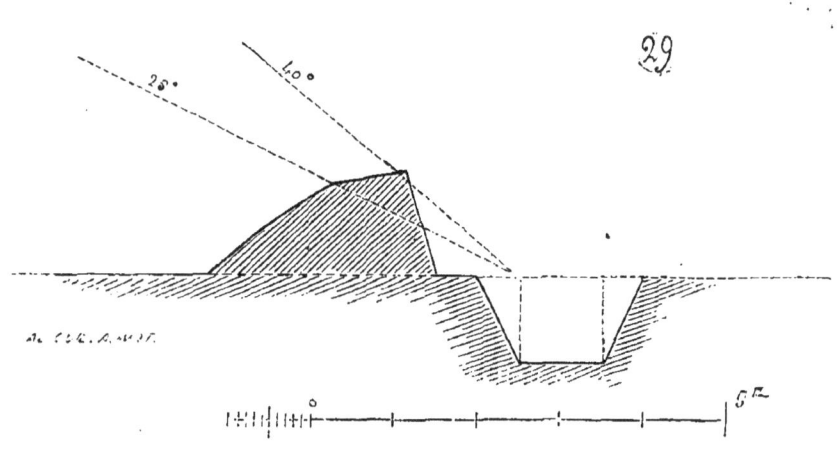

Même en admettant le tir de l'artillerie ennemie perpendiculaire au front, le projectile, arrivant suivant un angle de 25 à 40 degrés, ne peut manquer de passer par-dessus l'épaulement ou de l'écrêter et d'éclater dans la tranchée même. Si le tir est oblique, ses ravages sont beaucoup plus certains encore. On objectera que les tranchées sont plutôt faites pour garantir des troupes contre la mousqueterie que contre l'artillerie. Cela était vrai autrefois; mais aujourd'hui que les combats d'artillerie prennent une importance de plus en plus grande, il faut songer, bien plus qu'on ne le faisait, à se prémunir contre ses effets. Il est évident qu'une tranchée creusée devant l'ennemi, en quelques heures, pour protéger une ligne de tirailleurs, ne peut être munie d'abris; mais si l'on prétend donner à ces tranchées un caractère permanent, si elles doivent renforcer une position qu'il y a grand intérêt à conserver, toutes doivent être munies d'abris; autrement elles sont intenables et ne servent à rien, l'infanterie étant obligée de les évacuer à grande distance. Munies d'abris solides, les troupes qui les défendent se retirent dans ces postes tant que dure le feu d'artillerie; et si l'ennemi tente de lancer ses colonnes d'attaque, ces troupes sont prêtes à les recevoir, sans avoir subi de pertes sérieuses. Ainsi nous revenons à quelques-unes des méthodes employées dans la tactique du moyen âge.

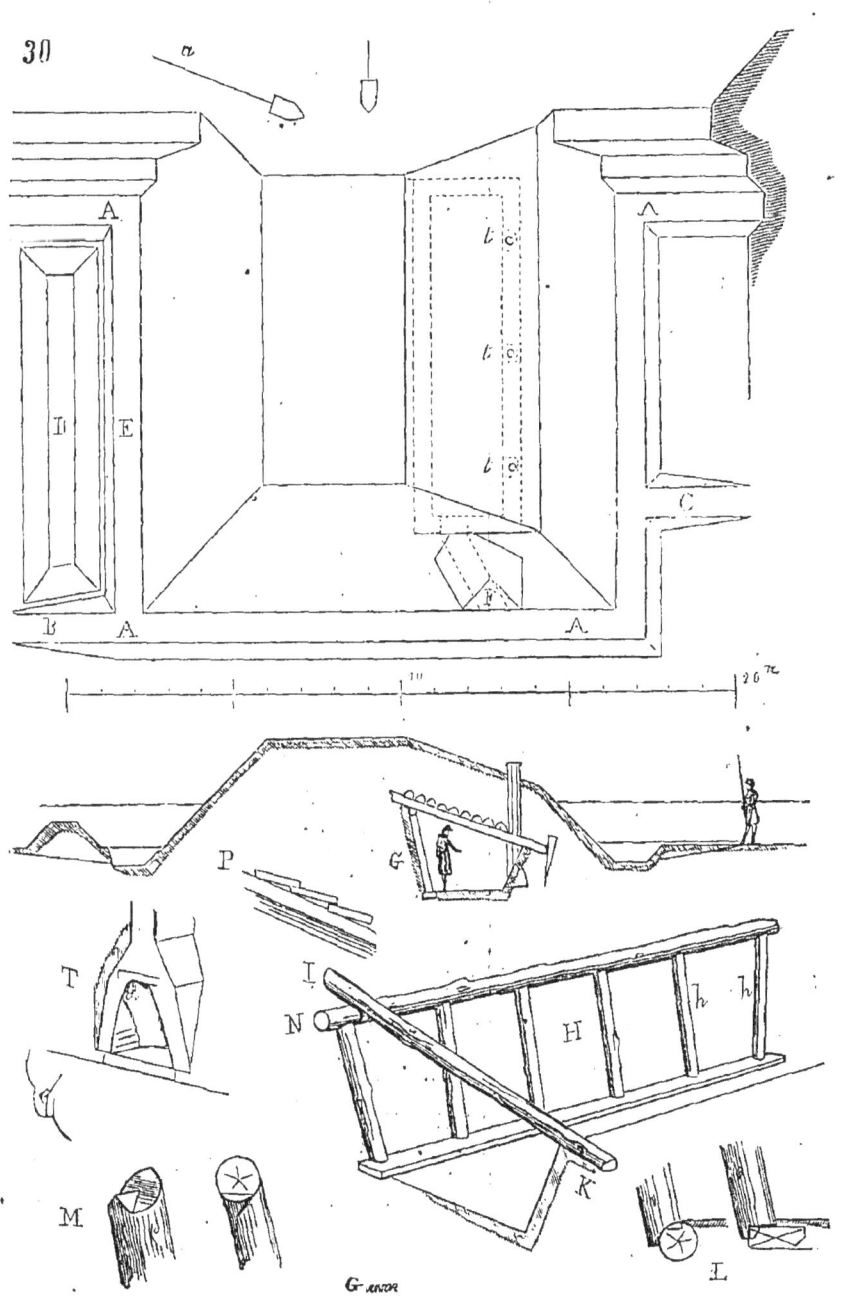

Plusieurs partis se présentent pour la construction des traverses-abris. Il y a la traverse-abri intérieure à la tranchée, et la traverse-abri formant saillant et flanquement sur son front.

La première (fig. 30) (1) défile la tranchée en dépassant sa plongée de 1^m,80. Le sol de la tranchée A pourtourne la traverse avec descentes en B et en C. Une contre-traverse D défile la branche de tranchée E des coups d'écharpe a. On entre dans l'abri par une ouverture ménagée en F. Cet abri, dont la largeur au sol est de 2 mètres et la longueur de 9^m,20, contient trois cheminées dont les tuyaux sont visibles en t et les foyers indiqués en T. Ces foyers sont faits simplement de terre ou de brique, si l'on peut s'en procurer, ainsi que les tuyaux. Contre l'épaulement G (voyez la coupe transversale) est appuyé le pan de bois H qui reçoit la tête des troncs ou bois de charpente inclinés I, lesquels, à l'autre bout, reposent sur le sol vierge en K. Les poteaux h sont embrevés sur les semelles traînantes, soit qu'elles consistent en des bois refendus ou en grume, ainsi qu'il est indiqué en L, et reçoivent le chapeau N sur le faux tenon tracé en M. Sur les bois I, jointifs, on pose de la planche à recouvrement P, ou des fascines, puis une couche de terre de 2 mètres environ.

Un abri ainsi disposé sur le plateau de Rosny, et qui n'était encore chargé que de 80 centimètres de terre grasse, a reçu un obus du calibre de 148 millimètres en plein. Un seul tronc a été brisé, mais sans laisser tomber l'obus à l'intérieur.

Quant à la traverse-abri formant flanquement sur le front de la tranchée, la figure 31 en donne le plan en A, la coupe transversale en B et la face latérale en D. Le sol et l'épaulement de la tranchée pourtournent en a la saillie de la traverse-abri. En b, la tranchée se défile derrière la traverse — les lignes du tir ennemi étant en E, E' — et, la pourtournant, donne entrée dans l'abri en c, lequel abri est disposé comme le précédent. Plusieurs de ces traverses-abris servirent d'épaulement à des pièces destinées, sur le plateau

---

(1) C'est d'après cette méthode qu'ont été faites les traverses-abris des tranchées sur le plateau entre les forts de Noisy et de Rosny.

de Noisy, à contre-battre les batteries ennemies du Raincy qui prenaient nos ouvrages en écharpe. Grâce à ces traverses-abris, les tranchées du plateau de Noisy furent toujours occupées sans qu'il y

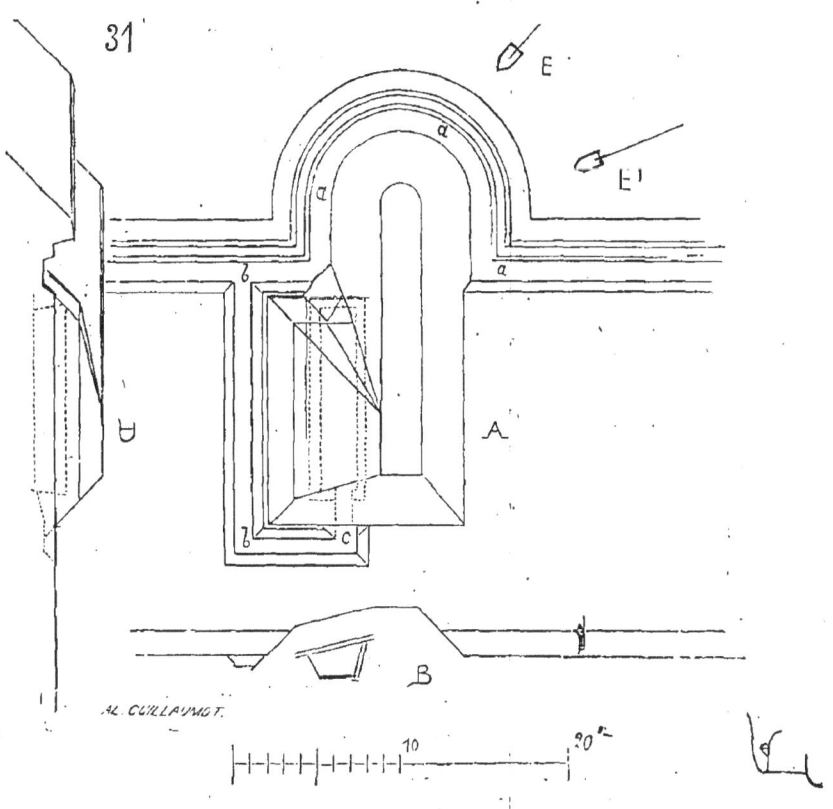

ait eu de nombreux accidents à déplorer. Les gardes de tranchées, leurs officiers, pouvaient du moins prendre du repos, faire la soupe et se préserver du froid. Ces abris étaient placés de 100 mètres en 100 mètres environ. Mais, dans des ouvrages de position, on ne saurait trop les multiplier. Ils donnent aux hommes beaucoup de sécurité et ne les obligent pas à se tenir pendant des journées et des nuits entières aux intempéries, possédés de cette inquiétude énervante que finit par causer aux plus déterminés l'arrivée périodique de projectiles auxquels on ne peut opposer que l'inaction et la patience.

Revenons aux ouvrages de la plaine de Drancy que nous avons

abandonnés pour nous occuper du plateau d'Avron et de ces détails de la fortification transitoire.

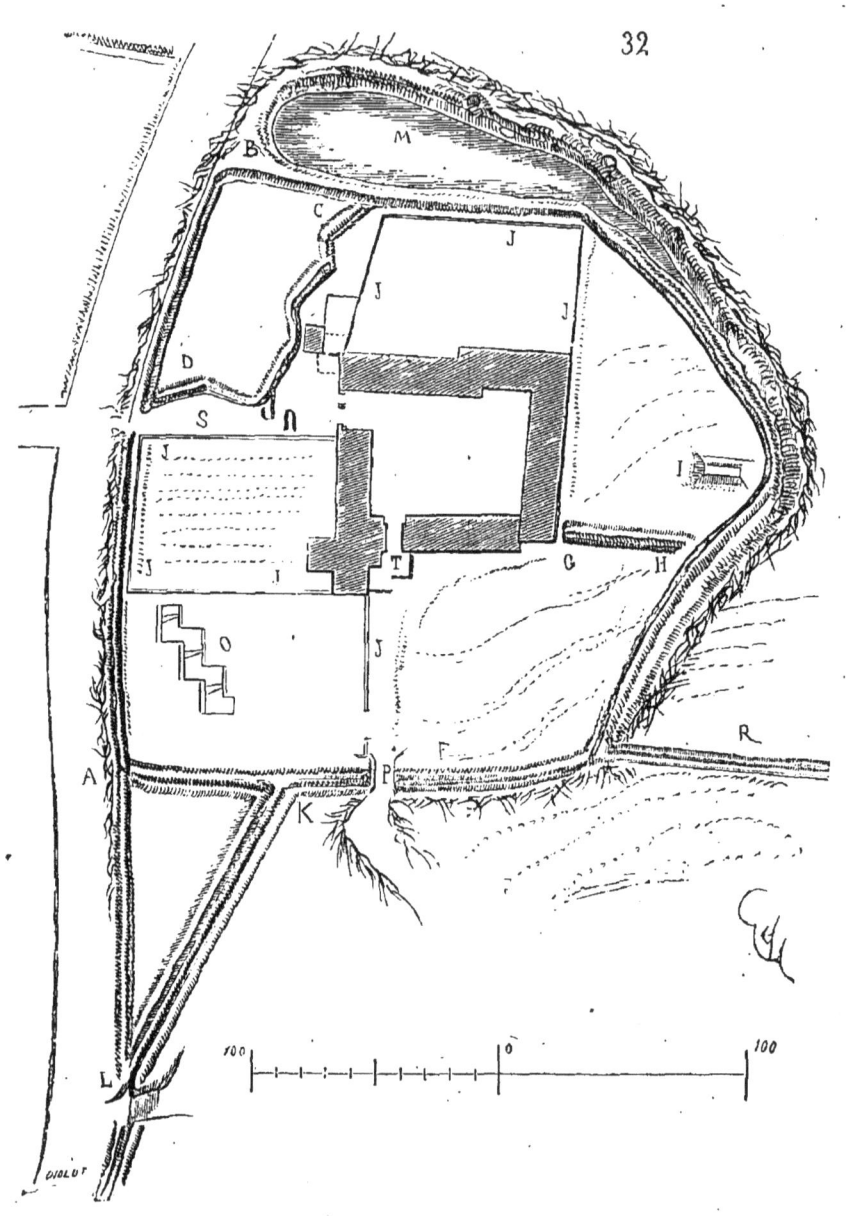

On a vu (pl. X) quelle était la position en flèche de la ferme de Graulai. Il était essentiel de donner à ce poste les moyens de tenir contre une attaque combinée par des troupes sortant simultanément du Bourget et des positions de la forêt de Bondy. La figure 32 présente l'ensemble des défenses de ce poste de Graulai. En M, existe une mare se terminant par un fossé assez profond qui pourtourne le terrain de la ferme jusqu'en F. Ce fossé fut nettoyé, débarrassé de ses passerelles, et les arbres qui l'entouraient furent abattus pour former sur sa contrescarpe une forte barricade, difficile à aborder, les branchages ayant été laissés et apointés. Une tranchée-abri, profonde, avec banquette de tirailleurs, fut creusée tout au pourtour du fossé sur le bord de l'escarpe, et fut prolongée le long de la route de B en A, avec abatis sur l'épaulement. Une autre tranchée défilée du chemin de fer, qui servait de ligne à l'ennemi, fut encore creusée de C en D en retraite. Le terrain s'élevant un peu vers le point F, une troisième tranchée fut ouverte de G en H, et une traverse établie en I. Une caponnière réunit la tranchée du point K au point L, où fut creusé un passage pour l'artillerie destinée à armer ce poste, dans lequel on la pouvait faire entrer par le pont P, couvert par des abatis. Une batterie à crémaillère s'éleva en O, dirigée contre le Bourget ; en R, une tranchée réunit cet ouvrage au petit bois situé à sa gauche vers Bondy. Bien entendu, tous les murs de jardins J et les bâtiments avaient été crénelés, l'entrée S masquée par des traverses, et celle T par des palanques.

Des troupes passablement solides pouvaient tenir longtemps dans un poste ainsi défendu. Il ne fut pas sérieusement attaqué et resta en notre possession jusqu'à la fin du siége. Il devait être soutenu par le poste de l'Alouette situé de même sur le bord de la route des Petits-Ponts. Mais l'ordre de cesser tous travaux sur ce point ayant été donné le 30 décembre, les ouvrages de l'Alouette restèrent inachevés.

Ils consistaient (fig. 33) en une série de blockhaus D reliés par une tranchée, et en une batterie double à crémaillère C, battant à la fois l'extérieur de Drancy et le Bourget, et l'extérieur de Bondy du côté du Raincy. Les ouvrages enveloppaient la maison A et le jardin B de l'Alouette. Ces tranchées eurent leur fossé extérieur large et profond. Quant aux blockhaus, voici (fig. 34) quelle était leur disposition (1). Le tracé T en donne le plan, le tracé *t* la coupe sur AB, et le tracé *t'* la coupe sur CD. L'intérieur du blockhaus de bois était composé d'un coffrage maintenu par quatre fermes,

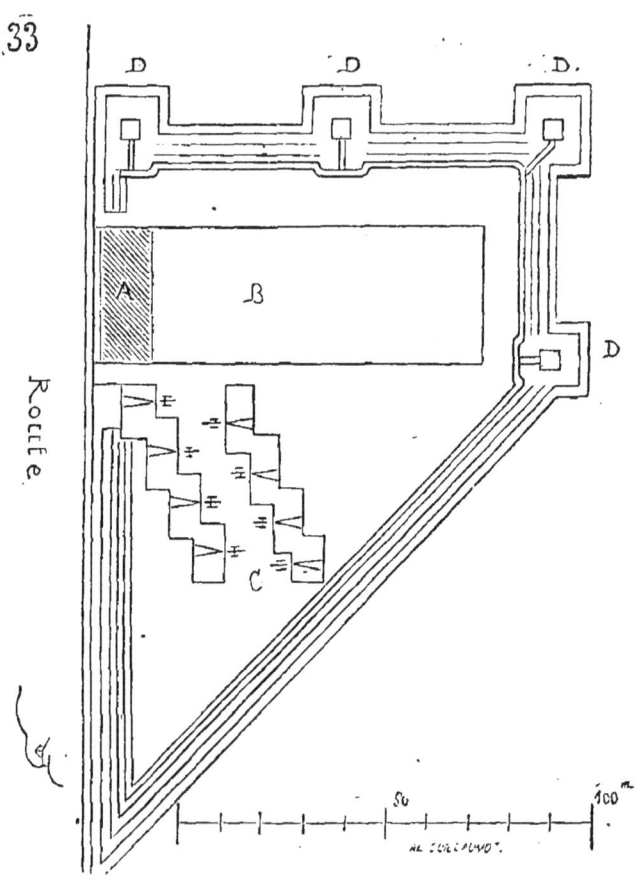

deux appuyées au terre-plein, deux intermédiaires. En G, on voit le détail perspectif d'une de ces fermes. Les créneaux pour des fusiliers, au nombre de neuf, trois sur la face et trois sur chacun des flancs, sont très-évasés sur plan horizontal, mais n'ont, du côté intérieur, que la hauteur d'un rondin. Le tracé perspectif H indique

---

(1) Cette figure donne un des blockhaus des fronts ; ceux d'angle sont disposés de même, mais devaient être percés d'un plus grand nombre de meurtrières.

comme sont rangés les rondins pour donner un évasement horizontal

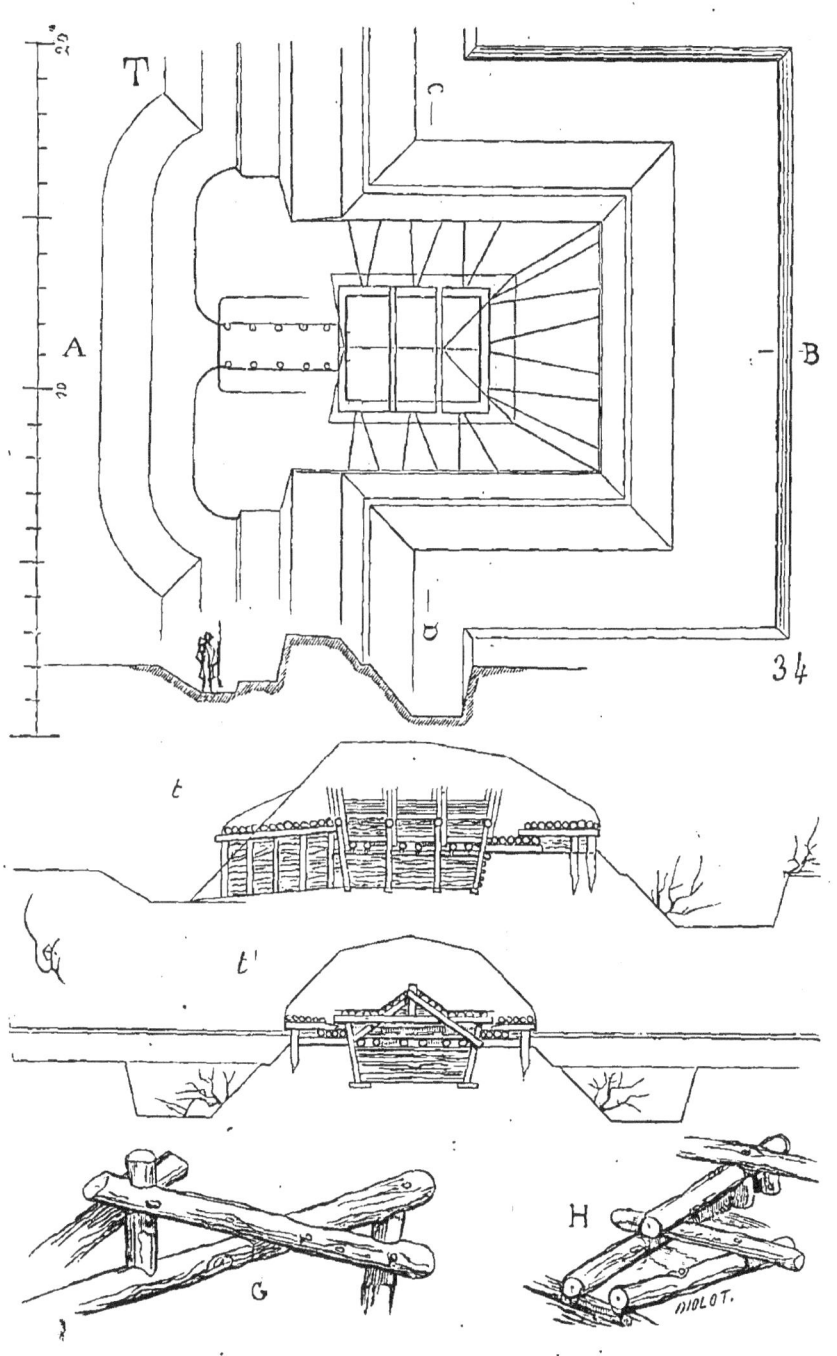

et le champ nécessaire en hauteur; 2 mètres de terre recouvrent le tout, et l'ennemi ne voit au milieu de cette masse qu'une zone de bois de 50 centimètres environ d'épaisseur qui est terrassée intérieurement. Ces ouvrages peuvent résister longtemps à l'artillerie de campagne, et donnent un abri très-sûr, même après que l'assaillant est parvenu à bouleverser leurs crénelages.

Le bois comme soutien, comme ossature et coffrage, la terre comme revêtement épais du côté battu, tel est aujourd'hui le mode de construction qui convient le mieux à toute fortification passagère, puisque l'artillerie est appelée à jouer un rôle de plus en plus

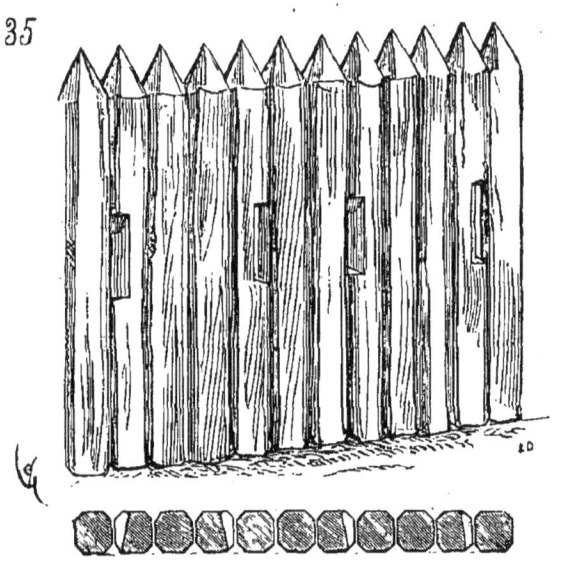

important à la guerre. Les palissades, les palanques, si fort employées jadis, ne valent plus rien que quand ces ouvrages sont placés de manière à être complétement défilés des feux de l'artillerie, comme, par exemple, au fond des fossés des redoutes (voyez pl. VI et VII). Pour défendre ces fossés et arrêter les terres coulantes des escarpes, le système adopté par les Autrichiens dans l'établissement des palanques semble préférable au système habituellement employé chez nous. Il est évidemment plus résistant. Les palanques françaises consistent en une série de poteaux d'un équarrissage de 20 à 30 centimètres, enterrés jointifs, et sur les côtés desquels de distance en distance un créneau est entaillé (fig. 35). L'autre système, qui permet d'employer les bois en grume, consiste à planter un rang de pieux (fig. 36) espacés l'un de l'autre de 10 centimètres environ ; à garnir de deux en deux ces intervalles par des poteaux plus maigres en arrière et atteignant à peu près la tête appointée des premiers; puis à remplir les inter-

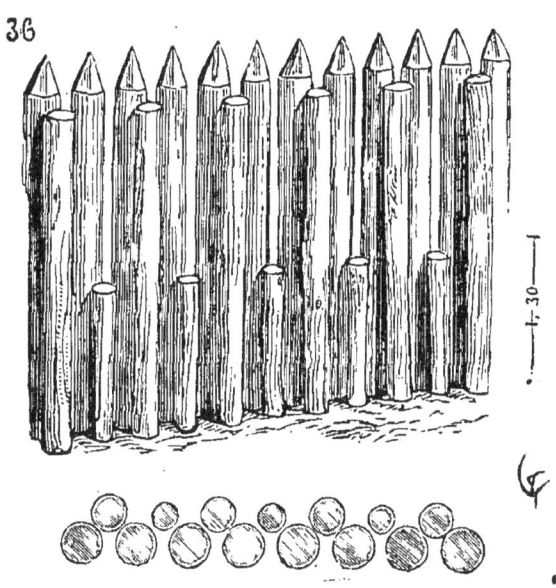

valles restants, jusqu'à une hauteur de 1^m,30, de pieux plus petits, lesquels forment l'appui des créneaux. Ce second moyen emploie un peu plus de bois que le premier, mais il garantit mieux les fusiliers et présente une résistance beaucoup plus forte, si les poteaux sont profondément calés et scellés dans une tranchée bien pilonnée de terre forte et de débris de pierres ou de gros cailloux.

Nous n'avons, pas plus que les Prussiens, blindé nos grosses pièces d'artillerie, de position (1), et c'est là une question qui mérite cependant une étude acquise par l'expérience. Les partisans de l'artillerie de place ou de siége casematée, nombreux autrefois, sont rares aujourd'hui ; et, en effet, la difficulté d'établir des case-

---

(1) Du côté de Meudon, cependant, l'ennemi avait des pièces couvertes par des blindages.

mates propres à recevoir des pièces est singulièrement accrue depuis que, pour obtenir un tir très-allongé, on est obligé d'incliner les pièces suivant un angle très-ouvert : des canons Krupp prennent jusqu'à 30 degrés d'inclinaison au-dessus de l'horizon pour envoyer leurs projectiles à 7000 et 8000 mètres. Dès lors les embrasures occupent en hauteur, sinon en largeur, une importance énorme, et forment de véritables *hottes à boulets*. Plus l'épaulement est épais, plus ces ouvertures s'élèvent sans qu'il soit possible de les couvrir. Quand le tir est réglé, on peut évidemment remplir la partie inférieure de l'embrasure de sacs à terre, mais il n'en reste pas moins une ouverture béante suivant l'angle sous lequel précisément arriveront les obus. Au lieu d'être préservée, la pièce est aussi bien disposée que possible pour recevoir les projectiles, qui la démonteront infailliblement, et les pointeurs ennemis ne manqueront pas de chercher plus que jamais les coups d'embrasure. Dans leurs batteries, les Allemands ont évité tout relief pouvant indiquer la position des pièces. Leurs traverses ne dépassent jamais le niveau de la crête de la plongée, et, comme on a pu le voir, celle-ci s'élève à peine d'un mètre au-dessus du sol extérieur de la batterie. A distance, le pointeur opposé ne peut donc connaître la position exacte d'une pièce en batterie que par la fumée qui s'échappe de sa gueule ; repère assez fugitif. Aussi ne paraît-il pas que nous ayons démonté beaucoup de leurs canons. Nous envoyions nos obus dans leurs batteries, nous leur blessions et tuions des hommes ; mais, ne voyant ni embrasures, ni traverses, ni rien qui permît de connaître très-exactement la position de leurs bouches à feu, il y avait cent chances contre une pour qu'on ne les touchât pas à des distances aussi grandes. Nous avions pensé que les Allemands, pour déconcerter notre tir, avaient adopté sur quelques points des batteries à doubles embrasures ; mais, sauf le croquis dont j'ai donné (fig. 9) une reproduction, rien n'a pu faire supposer jusqu'à présent qu'ils aient mis ce système en pratique devant Paris. Peut-être au Raincy, cependant, y a-t-il eu quelque ouvrage de ce genre ; du moins, sur ce point, on trouve les traces d'épaulements parallèles, bouleversés aujourd'hui, qui pouvaient présenter ce profil ; je n'oserais rien affirmer à cet égard. Partout, au contraire, les batteries de l'ennemi ne présentent que des dispositions très-simples, et, ce qui les distingue des nôtres, c'est l'étroitesse de l'espace laissé à chaque pièce, et le champ peu étendu que doit par conséquent parcourir leur direction. C'est encore l'horizontalité absolue des crêtes des épaulements et traverses, sans aucune saillie, leur petit relief au-dessus du sol, et, par conséquent, le niveau très-abaissé des plates-formes. D'ailleurs, nulle précaution pour couvrir les grosses pièces de position, que, du reste, un de nos projectiles de gros calibre ne démonterait pas.

Comme travail d'ingénieur militaire, il faut convenir que ces batteries prussiennes sont passablement barbares et manifestent un certain dédain pour l'effet de nos batteries, qui a dû souvent coûter cher aux artilleurs allemands. Les pièces sont profondément et étroitement terrées entre l'épaulement ; les traverses, pare-éclats et parados, et c'est tout ; malgré cela, nos obus ont dû faire d'assez nombreuses victimes parmi les artilleurs chargés de servir les pièces de gros calibre. On pourrait faire mieux, d'autant que la plupart de ces batteries, celles de Châtillon notamment, élevées par des Bavarois, sont façonnées très-grossièrement. C'est un mélange de bois, de gabions irréguliers, de fascines, de saucissons, de terre et de sacs à terre posés tant bien que mal par des hommes évidemment peu habitués à ces sortes de travaux.

Profitant toutefois de ce qu'il y a de vraiment pratique dans le dispositif des batteries allemandes, il semblerait qu'avec notre aptitude particulière, l'adresse dont nos ouvriers savent faire preuve en toutes circonstances, nous pouvons obtenir des résultats beaucoup meilleurs.

Ce ne serait pas la première fois que nous aurions pris aux Allemands des principes relatifs à la défense, et que nous les aurions perfectionnés. Des faits analogues se sont présentés pendant le cours du moyen âge, notamment en ce qui concerne les armures de corps et même l'art de la fortification.

Au moment de l'emploi des bouches à feu pour l'attaque et la défense des places, au xvᵉ siècle, quelque chose d'analogue à ce qui se voit aujourd'hui se manifesta. Nos barons se décidèrent difficilement à renoncer au système de l'ancienne fortification, — car nous sommes et nous serons toujours probablement un peuple routinier par périodes, pour, à un moment donné, et sous le coup d'une impérieuse nécessité, regagner au delà le temps perdu ; — ils affectaient de mépriser l'effet de la nouvelle artillerie, se fiant malgré tout à leur bravoure, jusqu'au moment où les ruines de leurs châteaux, détruits en quelques heures, durent les convaincre de leur infériorité. De l'autre côté du Rhin, on élevait déjà des défenses propres à contre-battre une artillerie de siége, que chez nous encore des seigneurs féodaux ne paraissaient pas se préoccuper des nouveaux engins; mais, quand l'expérience acquise à leurs dépens leur démontra d'une manière sommaire que ces engins étaient une nouvelle puissance avec laquelle il fallait absolument compter, ils se mirent à l'œuvre à leur tour et dépassèrent en peu de temps les progrès faits en Allemagne. Au commencement du xviᵉ siècle, tous les gentilshommes de guerre français étaient ingénieurs, et plusieurs, parmi eux, ont laissé des traces recommandables de leurs nouvelles études.

Avant le siége de Paris, nous en étions encore, ou peu s'en faut, restés au système de la fortification de Vauban. Il me paraît aujourd'hui qu'il faut le classer parmi les belles pages d'une histoire terminée.

Heureuses les nations qui ne s'identifient pas à leurs grands hommes, et les considèrent comme des échelons pour arriver plus haut, non comme des paliers où l'on s'arrête et se repose. Il n'y a pas un an que, me permettant quelques observations sur le système de fortification si bien appliqué par Vauban, eu égard à l'artillerie de son temps, mais contestable en face de l'artillerie actuelle, je m'attirai de la part d'un ancien officier général appartenant à l'arme du génie une sorte de semonce assez vive. Vauban avait été et demeurait le boulevard de l'intégrité du sol français, et il fallait s'en tenir là. Hélas ! la dure épreuve que nous venons de subir doit nous démontrer que le véritable boulevard de l'intégrité d'un territoire pour une nation, c'est la connaissance exacte que possèdent ses membres de l'état des progrès, des connaissances et des variations chez ses voisins. Les traditions laissées par deux grands hommes sur la valeur desquels nous nous sommes si bien reposés, Vauban et Napoléon Ier, n'ont pas arrêté les barbares d'outre-Rhin. Nos places prises, nos batailles perdues, nous démontrent que si l'étude du passé est bonne à quelque chose, c'est parce qu'elle démontre la nécessité incessante des transformations, du travail intellectuel en vue de l'avenir qui se prépare, et que les grands hommes n'ont été grands que parce qu'ils ont su, au milieu de la foule, comprendre ces lois et les appliquer.

CINQUIÈME PARTIE

DU ROLE DE LA FORTIFICATION AUTOUR DE PARIS

CONCLUSION

Si, de notre côté, pendant le siége de Paris, il y a beaucoup à reprendre, il ne faudrait pas croire que les armées entraînées sur notre territoire par la haine que la Prusse nous a vouée, aient, au point de vue militaire, déployé les ressources d'attaque qu'elles ont la prétention de posséder au suprême degré, comme elles prétendent être en possession des vertus civiles et guerrières par excellence.

En récapitulant les faits de ces quatre mois et demi du siége de Paris, il demeurera évident pour tout esprit impartial, que l'armée dont dispose la Prusse n'a fait autre chose qu'occuper les positions excellentes que nous avons eu le tort de lui abandonner sans coup férir, qu'elle s'y est retranchée, qu'elle y a soutenu nos attaques, frappées d'impuissance par notre incurie même; mais qu'elle n'a nulle part tenté une action offensive, sérieuse, sur nos lignes, dès qu'elles ont été fixées. Que la Prusse ait rendu effectif le blocus d'une ville de 1 800 000 habitants, c'est un mérite assurément, mais qu'elle ait assiégé Paris, c'est une autre question. Le fait d'organisation administrative est d'une valeur incontestable ; le fait de guerre — ainsi toutefois qu'on entendait la guerre — est médiocre.

Dans un siège, le rôle du génie militaire prend naturellement le premier rang. Les ingénieurs allemands ont-ils fait preuve de ces connaissances étendues, de cette rectitude dans l'exécution, qui sont l'honneur et la force de ces corps ? L'occasion, dira-t-on, ne leur en a pas été offerte ; soit. C'est un fait que je constate, rien de plus. Je ne juge que sur ce que nous avons vu, non sur ce qu'ils auraient pu faire.

Pourquoi l'armée assiégeante n'a-t-elle pas fait naître cette occasion ? Pourquoi s'est-elle bornée, en réalité, non point à attaquer Paris, mais à l'investir ? Quel avantage trouvait-elle à se morfondre pendant quatre mois et demi devant une ville qu'elle savait ne renfermer qu'une armée faible en nombre, des troupes sans discipline, médiocrement commandées, et parmi lesquelles il fallait compter des corps décidés à ne se servir de leurs armes que contre leurs propres concitoyens ? Pourquoi cette attitude inerte chez des armées qui ont la prétention de savoir pratiquer seules aujourd'hui en Europe le métier de la guerre, qui le disent hautement ; parmi lesquelles des succès éclatants ont développé la confiance et l'orgueil ? C'est que les armées allemandes sont commandées par un état-major dont la prudence égale au moins l'habileté, qui n'abandonne rien au hasard et ne joue la partie des batailles qu'avec toutes les chances favorables de son côté.

Y a-t-il dans les travaux laissés par les Allemands autour de Paris des idées neuves, d'une importance majeure ? Non point : d'heureux expédients, des dispositions ingénieuses parfois, une grande négligence dans l'exécution souvent. Tels quels, cependant, ces ouvrages ont suffi. Oui, pour arrêter nos attaques, puisque les Prussiens avaient eu l'habileté d'intervertir les rôles, et de nous obliger à prendre l'offensive contre leurs positions, tout à notre désavantage ; oui, pour bombarder sans résultat sérieux quelques-uns de nos forts et une partie de la ville ; non, comme ouvrages de siége, c'est-à-dire propres à permettre de s'emparer de Paris (1).

On peut donc admettre que, si à la tête de l'agglomération allemande est placée une administration excellente ; que si la direction et l'organisation militaires prussiennes sont supérieures de beaucoup à ce que nous possédions, les moyens d'exécution ne se tiennent pas toujours à ce niveau élevé ; qu'ils accusent, en bien des cas, une certaine barbarie, une instruction peu étendue, des côtés défectueux. Il fallait notre propre faiblesse, notre profonde désorganisation, pour n'avoir pu surmonter les obstacles et reconnaître l'insuffisance des moyens qu'on nous opposait.

Il est toujours bon de savoir le fort et le faible de son ennemi. Or, dans l'armée allemande, les armes spéciales, qui tendent de plus en plus à décider du sort des batailles, n'ont pas la supériorité sur les nôtres. L'artillerie française n'a dû son infériorité qu'à son petit nombre ; l'arme du génie a montré chez nous plus d'initiative, plus de puissance, plus de capacité que l'ennemi n'en a laissé voir.

Indépendamment des questions qui touchent à l'organisation militaire, notre attention doit donc se porter sur l'artillerie, qu'il s'agit, pour nous, de rendre plus nombreuse, plus légère, plus maniable ; et sur le système le plus convenable à la défense du territoire et à l'attaque, au point de vue de l'arme du génie. Je n'entamerai pas de nouveau les discussions élevées à propos des canons se chargeant par la gueule ou par la culasse. Si l'infériorité de la grosse artillerie de position se chargeant par la gueule est notoire, il ne me paraît pas qu'il en soit de même pour l'artillerie de campagne ; et, après ce que j'ai pu voir, je n'oserais trancher la

---

(1) Les événements de guerre civile ont démontré depuis que le bombardement des forts du sud par les Allemands pendant vingt-quatre jours ne leur a fait perdre que peu de leur valeur défensive, et que, pour s'emparer d'un de ces forts, défendu par des troupes sans expérience et sans instruction, il a fallu encore plus d'un mois de siége.

question. Ce qui paraît plus important, plus décisif, c'est la nécessité absolue de donner à l'artillerie attelée toute la légèreté possible. Beaucoup de nos mouvements n'ont pu produire le résultat attendu, parce qu'il était impossible de les appuyer promptement, sur des terrains difficiles, par de l'artillerie attelée. Il se présente encore, à propos de l'artillerie, une question d'une importance capitale. Cette artillerie consomme une masse de munitions dont on se fait difficilement une idée quand on n'a pas vu avec quelle rapidité les caissons se vident pendant une action. Plus l'artillerie deviendra maniable, plus le tir sera rapide, et plus cette difficulté prendra d'importance. Pour l'ennemi comme pour nous, cette consommation prodigieuse de munitions a été souvent un gros embarras.

Si l'on ménage le tir, on risque d'être inférieur à l'ennemi pendant l'action ; si on le prodigue pour écraser plus vite cet ennemi, on est hors d'état de répondre à une reprise du feu devant un nouveau mouvement offensif, à moins de recourir aux approvisionnements de réserve que la prudence conseille naturellement de tenir éloignés du champ de bataille. Cette question des approvisionnements des bouches à feu en campagne est donc une de celles qui doivent le plus vivement préoccuper les officiers d'artillerie. Celui qui la résoudra le premier aura, par cela même, une supériorité marquée sur son adversaire.

Quant au système de fortification qu'il convient d'adopter aujourd'hui pour la défense du territoire, il y a, semble-t-il, beaucoup à dire et surtout beaucoup à faire ou à refaire.

Le système de fortification permanente adopté autour de Paris paraît aujourd'hui jugé. Ces défenses n'ont pu empêcher l'ennemi de prendre possession des meilleures positions qui entourent la capitale, et à l'aide desquelles l'investissement était complet sans qu'il fût possible de le rompre. L'enceinte bastionnée a beaucoup plus gêné nos mouvements qu'elle n'a inquiété un ennemi qui, à aucun moment, n'a tenté de faire une pointe entre deux forts, et qui, décidé à ne pas exposer inutilement ses troupes, obtenait une capitulation par famine.

On prétendra peut-être que si cette enceinte n'eût pas existé, l'ennemi tentait de tourner les forts et de se placer entre eux et la ville, qui eût été ainsi forcée par un coup hardi. Des tranchées, dans ce cas, et quelques batteries, eussent suffi pour arrêter un pareil mouvement qui eût été très-risqué en présence d'une population nombreuse, armée et assez solide derrière des épaulements et barricades, pour mettre l'ennemi, ayant des forts à dos ou sur ses flancs, dans la plus fâcheuse position (1).

Les forts seuls ont été pour nous un appui, pour l'ennemi un obstacle ; mais cet obstacle eût été plus redoutable pour cet ennemi et plus efficace pour nous, s'il eût été élevé sur les positions mêmes qu'occupa l'armée d'investissement, et si ces positions avaient été reliées entre elles par des ouvrages de fortification passagère établis en raison des dispositions de l'attaque et profitant de la configuration du terrain.

Si l'enceinte bastionnée a été inutile à la défense contre l'armée allemande, elle offre un rempart efficace aux promoteurs de la guerre civile, sépare de fait la France de Paris, et permet à tous les agitateurs cosmopolites de s'établir dans la capitale française comme dans une citadelle sans nom, sans patrie, sans histoire, à la merci d'aventuriers.

Est-ce à dire qu'il faille, à cette heure, démolir nos forts, supprimer notre enceinte ? Peut-être ; mais, pour juger sainement, froidement les choses du présent, il est bon parfois de jeter un regard en arrière, et d'examiner ce que, en des circonstances analogues, la nécessité, la force des choses, ont dû imposer aux générations qui nous ont précédés dans la voie.

Quand l'artillerie à feu remplaça définitivement les anciens engins de guerre, ce fut une révolution dans l'art de défendre les places. Beaucoup d'hommes de guerre résistèrent à l'évidence, — car il est

---

(1) On observera, ainsi qu'il a été dit ailleurs, que les troupes allemandes n'ont tenté nulle part, avec succès, de s'emparer de nos positions, lorsque celles-ci étaient seulement défendues par des tranchées et des épaulements.

toujours des hommes peu disposés à admettre les changements qu'apporte un nouvel élément dans l'ordre établi; — mais enfin il fallut se rendre. Que fit-on? On ne supprima pas les commandements, qu'on regardait toujours comme un moyen puissant de défense; c'est-à-dire, on ne dérasa pas les tours des enceintes des châteaux et places, mais on les terrassa pour pouvoir mettre des pièces en batterie sur leurs crêtes; puis, en avant de ces anciennes défenses conservées et commandant le pays au loin, on éleva des *boulevards*, ouvrages de terre propres à recevoir des bouches à feu.

Le tir de l'artillerie à feu, fort court d'abord et qui ne dépassait guère le tir des anciens engins à bascule ou à contre-poids, s'allongeait. Peu à peu on dut étendre les ouvrages extérieurs de défense : aux boulevards on ajouta des demi-lunes, des avancées, puis des fortins détachés; si bien, qu'en moins d'un demi-siècle, le château ou la place forte ne fut plus qu'un réduit. Et cependant il n'y avait pas, entre la première artillerie à feu de siége et les anciens engins à contre-poids, l'écart qui existe entre l'artillerie sous Napoléon Ier et celle actuelle.

Il sera facile, en quelques mots, de prouver que ceci n'est pas un paradoxe. Les mangonneaux à bascule, les pierrières à contre-poids, envoyaient des boulets de pierre suivant une courbe parabolique, du poids de 200 livres et plus, à une distance de 200 mètres au moins, de 250 mètres au plus (1). Les bombardiers, vers le commencement du XVe siècle, ne demandèrent pas plus aux premiers canons. Ils envoyaient des boulets de pierre comme avec les mangonneaux, et ils n'atteignaient pas, à cause de la mauvaise qualité de la poudre et de l'imperfection des engins, à une distance plus grande. A l'origine, on ne vit dans la substitution des canons aux machines de jet qu'un avantage : facilité de transport et d'établissement, multiplicité des moyens d'attaque. Cent ans après,

---

(1) Au siége de Toulouse, Simon de Montfort fut tué par un projectile lancé de la place de Saint-Sernin. De cette place au point d'attaque il y a au moins 200 mètres.

c'est-à-dire au commencement du xvie siècle, les bombardes envoyant des boulets de pierre suivant une trajectoire très-courbe étaient encore en usage dans les siéges, et les pièces envoyant des boulets de fer de plein fouet étaient rares. Le tir des bombarbes ne dépassait pas 400 mètres, celui des pièces envoyant des boulets de fer de but en blanc n'atteignait pas 1000 mètres. Il n'y avait donc, entre le tir des engins à contre-poids et celui de l'artillerie à feu, qu'une fréquence plus grande et une trajectoire successivement un peu plus étendue. Ces modifications, importantes certes, mais moins considérables qu'on ne le suppose habituellement, avaient suffi pour achever une révolution dans l'art de la fortification. Au commencement du xvie siècle, la courtine terrassée, avec bastions flanquants, était trouvée.

N'est-il pas évident qu'entre les bouches à feu du premier empire, envoyant des boulets pleins à 1800 mètres, les obus à 1000 mètres, et l'artillerie actuelle, la différence est autrement considérable qu'elle ne l'était entre les engins à contre-poids et les premiers canons ? 1° Le tir s'est allongé de plus du double. 2° L'obus percutant a remplacé le boulet plein ou l'ancien obus sphérique à fusée. 3° Le tir est beaucoup plus rapide. 4° La mitrailleuse, avec une sûreté de tir absolue, annule l'ancienne mitraille, qui perdait les neuf dixièmes de ses projectiles. 5° Le nombre des pièces que traîne une armée est quatre fois plus grand que sous l'empire. 6° Enfin, les bouches à feu de très-gros calibre ne sont plus une exception, une rareté, et le chargement par la culasse a rendu leur tir rapide. La révolution s'impose plus que jamais à l'art de la fortification. Coupables seraient ceux, en ces temps d'épreuves, qui se refuseraient à reconnaître cette nécessité et à devancer ses conséquences.

On blâme les Prussiens sur leurs habitudes de bombardements, on trouve ce procédé barbare ; je partage cette opinion. Mais, lorsqu'on installa les premières bouches à feu, lorsqu'on mit l'arquebuse aux mains des soldats, tous les hommes de guerre qui tenaient à l'honneur des armes ne s'élevèrent pas avec moins d'aigreur et de juste indignation contre ceux qui inventaient et employaient ces engins, lesquels, disait-on alors, permettaient à un manant caché derrière une haie de tuer un brave gentilhomme. Le pape fulminait des sentences d'excommunication contre les inventeurs et porteurs d'arquebuses. Ces sentiments de réprobation et ces sentences n'empêchèrent pas de perfectionner les canons et les mousquets.

Quand un homme possède une arme, sa première pensée est de s'en servir; quand une armée possède une artillerie avec laquelle, au lieu de canonner, en perdant du monde, un village occupé par l'ennemi ou qui barricade ses rues, il le peut bombarder sans perdre un homme, il le bombarde. Ce village arrêtait jadis pendant huit jours un corps d'armée qui n'avait que des arbalétriers et deux ou trois machines qui ne causaient pas grand dommage ; il arrêtait une journée entière des régiments qui traînaient difficilement quelques bouches à feu envoyant des boulets pleins et des obus peu redoutables derrière des murs. Il n'arrête pas une heure une demi-brigade pressée de passer, et qui le couvre en vingt minutes de deux à trois cents obus percutants. Qu'y faire? Agir de même à l'occasion, sous peine d'être les dignes successeurs de la belle chevalerie d'Azincourt, brave comme l'épée, mais battue sans trêve, rançonnée, et laissant derrière sa renommée de bravoure le pays à la merci du vainqueur.

Les Allemands ont été de tout temps les promoteurs de l'aggravation des maux de la guerre ; c'est une race que les scrupules n'arrêtent pas : l'histoire ne date pas d'hier. Nous avons souvent, en France, protesté au nom des préceptes de l'honneur et de la bravoure loyale, mais il nous a fallu bientôt faire comme eux, pour ne pas être à la merci des premiers soudards venus. Le mieux est donc de laisser là des récriminations qui ne réparent rien, de nous mettre en mesure d'envoyer au besoin plus d'obus que les Allemands n'ont pu en lancer sur un point donné, et de faire surtout que personne ne puisse en couvrir nos villages, villes, fermes et châteaux. Or, il est constant que nos forts n'ont pas empêché ces Allemands d'envoyer sur Paris des projectiles jusque près des rives de la Seine; qu'à Soissons, et sans que la place ait pu répondre, ils ont fait une brèche à l'escarpe du côté de Saint-Jean, à une distance de plus de 2000 mètres, et qu'ils ont écrasé tout un quartier de cette malheureuse cité, notamment son Hôtel-Dieu, sous une pluie de projectiles ; que ni les fortifications de Strasbourg ni celles de Toul n'ont empêché l'ennemi de bombarder les monuments et habitations ; que ces mêmes Allemands s'acharnent à détruire les hospices, les asiles, les édifices publics, dont la destination est particulièrement respectable.

Ce que je leur reprocherais, ce ne sont pas ces façons d'agir, mais la prétention affichée par eux d'être venus en France pour détruire un foyer de corruption et hâter le développement de la civilisation. On peut pardonner à la barbarie sauvage et inconsciente, mais l'hypocrisie allume des haines qui ne s'éteignent pas (1).

L'ancien système de la fortification permanente est donc, en grande partie, frappé d'impuissance en face de l'artillerie actuelle. Entourer, à courte distance, des villes populeuses, riches, industrielles, d'ouvrages de défense, c'est les vouer à la destruction en présence d'un ennemi sans scrupules d'aucune sorte. Ce n'est plus par des enceintes, des citadelles et des couronnes de forts qu'il convient de défendre les cités, mais par l'occupation des positions qui en commandent les approches, et forcent les armées ennemies ou de s'arrêter pour les attaquer et les prendre, ou de laisser sur leurs flancs et leurs derrières des troupes qui couperont leurs communications et détruiront les corps isolés.

Certaines villes ont été élevées, dans l'origine, en vue de les soustraire à une attaque ; mais depuis longtemps ce n'est pas le motif qui a fait que la plupart de nos centres de population se sont

(1) Depuis la fin de la guerre, j'ai eu maintes occasions de voir de près les corps de troupes allemandes dans leurs cantonnements. Si les officiers sont polis et instruits, si les soldats observent une exacte discipline, les premiers sont loin de donner de bons exemples. Beaucoup passent les nuits à s'enivrer et affectent un profond mépris, dans leur conduite, pour l'austérité des mœurs. Je ne prétends pas que les militaires doivent vivre comme des demoiselles ; mais joindre l'hypocrisie à la dépravation, c'est du superflu.

étendus. Des cours d'eau, des campagnes fertiles et bien abritées, des croisements de voies naturelles ont commandé le développement de l'assiette de toutes les villes modernes ; les considérations stratégiques ne sont entrées que pour une faible part dans ce développement.

Paris est dans ce cas, et depuis que Lutèce s'est épanchée sur ses deux rives du nord et du sud, les enceintes qui l'ont enveloppée ont toujours été de médiocres défenses, bien que cette ville ait soutenu plusieurs siéges. Plus elle s'est étendue, plus les conditions de la défense se sont trouvées mauvaises ; car, en s'étendant, elle rapprochait ses murailles des hauteurs qui l'enveloppent. La plupart de nos grandes villes, sauf de très-rares exceptions, bâties sur des cours d'eau, sont exactement dans la même situation. Défendables quand elles n'avaient que peu d'étendue et que les armes de jet n'avaient qu'une faible portée, elles sont éminemment attaquables depuis qu'elles ont dépassé leurs anciennes limites et que les armes de jet ont acquis une portée de plusieurs kilomètres. Il est une autre considération, toute morale, qui doit faire renoncer aujourd'hui à fortifier des villes très-populeuses. La pression de la population civile qui craint pour ses foyers, qui redoute les dernières extrémités d'une défense, sur une garnison, amollit ou embarrasse au moins la résistance. Une armée enfermée dans une grande ville, en contact avec la population civile, sous l'impression même de la terrible responsabilité qui lui incombe, manque de la fermeté et de la décision nécessaires. La première question, à la guerre, est de ne pas mêler ceux qui se battent avec ceux qui ne se battent pas ; c'est pourquoi une armée opérant en pays ennemi possède tout d'abord une supériorité sur celle qui défend son propre territoire. La première acquiert par la défiance, par suite des sentiments de haine et de vengeance qui l'entourent, une cohésion, une discipline que ne peut jamais conserver la seconde, mue par des sentiments contraires et toujours disposée à se disloquer pour aller défendre ses propres foyers.

Les hommes de guerre de la première révolution ont bien vite reconnu le danger qu'il y avait à conserver les dénominations de régiments provinciaux : Picardie, Champagne, Normandie, etc. Ils ont fondu ces organisations ayant un caractère local, dans les demi-brigades, qui formaient, non plus des corps armés avec une attache provinciale, mais une armée du pays. Nos récents imitateurs de la révolution n'ont pas, paraît-il, compris combien cette mesure était sage et réellement patriotique, puisqu'ils ont maintenu les bataillons de mobiles avec leurs dénominations départementales.

Aussi, plusieurs de ces bataillons demandaient-ils à aller se défendre chez eux, si l'ennemi venait attaquer leurs foyers. C'est logique : « Puisque », disaient des mobiles de l'Indre, « nous sommes du département de l'Indre, on doit nous envoyer défendre notre département qui va être envahi. »

Comment répondre à cela sans de longs développements sur la solidarité nationale, sur ce qu'est le devoir envers la patrie, etc. ?

Quand des soldats sont incorporés dans le 19ᵉ ou le 31ᵉ, l'Indre pas plus que le Pas-de-Calais ne leur font jeter un regard en arrière ; ils vont où va le 19ᵉ, où va le 31ᵉ. Une armée enfermée dans une grande ville y prend bientôt des habitudes de citadins, — encore n'en prend-elle pas les meilleures, — et si elle consent à se défendre bravement, elle répugne à agir en dehors de ses lignes.

Donc, plutôt que de chercher à obtenir l'impossible en fortifiant des villes qui ne sont, en aucune manière, assises en vue d'être défendues, pourquoi ne pas fortifier les points indiqués par la constitution géologique du sol, et qui ne sont, en outre, ni les plus fertiles ni les plus occupés par conséquent ? A cela deux avantages à considérer : facilité de perfectionner ce que la nature donne déjà sans grandes dépenses ; moyen de soustraire les défenseurs du sol au contact des villes, de les discipliner plus aisément, d'attacher leur esprit aux choses de la guerre, de les exercer, de les fortifier et de les aguerrir. On oublie vite en campagne tout ce qui est en dehors des conditions imposées par la guerre, et c'est dans cet état de l'esprit qu'il est bon de maintenir le soldat.

De Paris à la frontière que nous possédions à l'est il y a quelques mois encore, les positions stratégiques facilement défendables ne manquaient pas, et, si elles eussent été protégées par quelques ouvrages, ainsi que la plus vulgaire prudence le commandait, nos premiers échecs n'eussent pas tourné en désastres accumulés. En arrière de la ligne des Vosges, nous avions une seconde ligne, celle qui s'appuie à Mézières au nord pour venir aboutir au massif de la Haute-Bourgogne au sud, près de Dijon. Cette seconde ligne, pas plus que la première, n'avait été l'objet d'une étude des localités et n'avait été munie d'ouvrages de campagne. Comme nous l'avons vu, les abords de Paris étaient restés sans défenses, et par conséquent sans défenseurs; et cependant, si l'armée qui a été se perdre à Sedan, en se jetant dans une impasse, se fût retirée sous Paris, en manœuvrant devant l'ennemi victorieux et retardant sa marche, elle eût pu occuper des positions assez fortes pour rendre l'investissement de la capitale impossible.

Mais il ne suffisait pas à cette armée, en pareille occurrence, de se tenir dans les lignes de nos forts; elle avait mieux à faire.

Il n'est pas de capitale en Europe qui présente une zone de défenses comparable à celle derrière laquelle Paris est assis, à la condition de l'occuper; car autrement cette zone est, contre la ville même, ainsi que nous en avons fait la triste expérience, une excellente ligne d'investissement pour l'assiégeant.

La Seine traverse Paris en descendant vers le nord-ouest, après avoir recueilli la Marne à deux kilomètres environ de ses remparts. En sortant de Paris, elle descend brusquement vers le sud-sud-ouest, se détourne vers le nord-est jusqu'à Saint-Denis, se dirige au sud-ouest pour faire un coude en longeant la forêt de Saint-Germain vers le nord-est, puis coule à l'ouest, redescend au sud-ouest jusqu'à Poissy, où elle remonte vers le nord. Ces détours successifs, à la sortie de Paris, donnent quatre presqu'îles: celle de Boulogne, qui est la plus voisine des remparts, défendue à sa gorge par Saint-Denis et Aubervilliers; celle de Gennevilliers, défendue à sa gorge par le Mont-Valérien; celle de Houilles, qui peut être facilement défendue à sa gorge par les hauteurs de Cormeil à Orgemont; celle de Saint-Germain, que des ouvrages élevés de Poissy à la ville de Saint-Germain peuvent rendre inabordable.

Si à ces excellentes positions on ajoute une ligne de défenses s'appuyant à Châtillon en profitant de la vallée de la Bièvre et des hauteurs qui la dominent jusqu'à Versailles, Marly et Saint-Germain, on occupe un immense camp retranché ou une série de camps protégés par des cours d'eau et des escarpements impossibles à forcer, pour peu qu'on les veuille munir de quelques ouvrages. De Saint-Denis, le canal, le fort d'Aubervilliers, les hauteurs de Romainville, celles du Raincy et du plateau d'Avron étant occupés, l'ennemi ne peut s'aventurer au delà de Dugny et du Blanc-Ménil vers le nord. Vers l'est, il ne peut posséder le cours de la Marne. L'assiégé occupant la presqu'île de Saint-Maur, Châtillon et la rive gauche de la Bièvre, l'ennemi ne peut davantage s'aventurer dans la plaine entre Créteil et Villejuif. Un croquis fera saisir l'ensemble de ces positions (fig. 37). De Poissy A, à Saint-Germain B, la forêt est bordée par un ravin, avec petit cours d'eau tombant dans la Seine en C. Le petit promontoire au-dessus de Chambourcy, en a, forme le saillant de cette position. La gorge bC peut donc être très-facilement défendue, et les hauteurs qui dominent Poissy présentent un magnifique front de défense. De E en F, s'élève la chaîne des coteaux qui couvrent la presqu'île de Houilles au-dessus de Franconville. Le Mont-Valérien est en G, Versailles en H, Marly en M. Des points très-solides peuvent réunir Chambourcy à l'étang de Saint-Quentin S. La forêt de Marly, en d, est une excellente position. Des hauteurs de Saint-Cyr en I, en suivant les escarpements JJ'J qui longent la Bièvre, on s'appuie au plateau de Châtillon en K. Si l'ennemi veut forcer la ligne SIJ, qui est la plus faible, il trouve devant lui, de l'autre côté de Versailles, les belles positions de Roquencourt et de Saint-Cucufa, en LL, et de Bellevue, en N. Il ne peut que difficilement forcer le rentrant A B M I. S'il s'empare du saillant S, il trouve en arrière les positions M, L, J'. Le saillant O est le plateau des bois de Verrières, excellente assiette militaire qui,

216   MÉMOIRE SUR LA DÉFENSE DE PARIS.

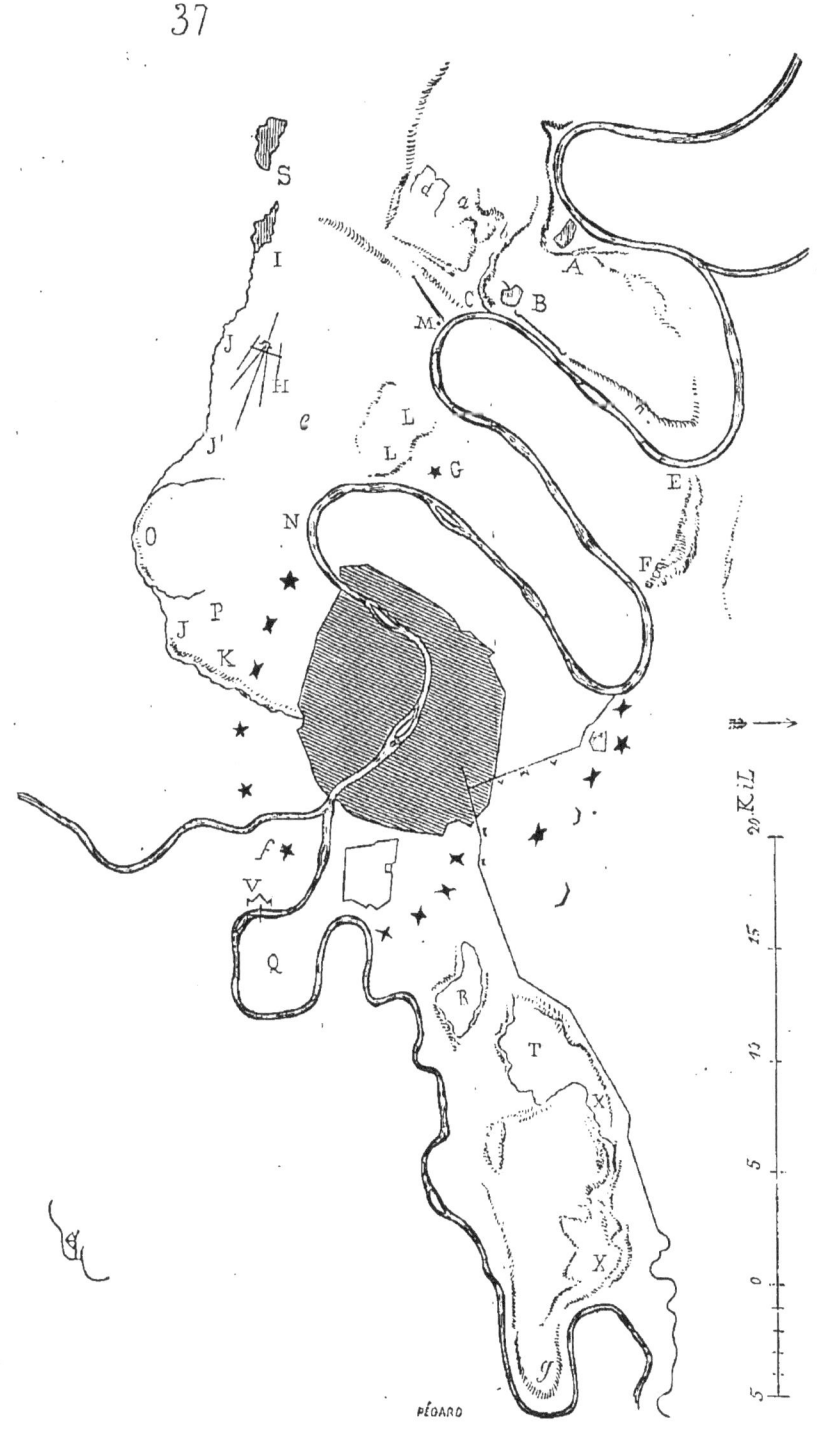

si elle était forcée, serait battue en écharpe par les hauteurs de Sceaux P et de Jouy c.

Occupant à l'est la boucle de Saint-Maur Q, le plateau d'Avron R, les hauteurs du Raincy T et les bords escarpés du canal de l'Ourcq XX, on est dans une position naturellement forte et parfaitement couverte par la Marne et le canal. Un pont derrière Créteil, en V, avec une bonne tête de pont, permet, sous le feu du fort de Charenton, de tenter des mouvements contre un ennemi qui voudrait occuper la plaine entre Choisy-le-Roi et Valenton. Du point g, extrémité des positions sur la Marne au point S, étang de Saint-Quentin, il y a 55 kilomètres. Ces positions occupées et fortifiées par des ouvrages de campagne bien tracés, l'investissement de Paris ne peut être efficace, car elles donnent une ligne défensive totale de 135 kilomètres de longueur. L'assiégeant devait se borner alors à attaquer un des fronts, celui des hauteurs de Verrières au sud, ou celui de Saint-Denis au nord. Mais, dans ces deux cas, l'assiégé, ayant conservé une grande liberté de mouvements, pouvait toujours opérer sur ses flancs.

Faudrait-il, pour garder ces positions, une armée très-nombreuse? Faisons le calcul :

Sur le plateau de Saint-Germain, un camp de............	20 000 hommes.
Dans la boucle de Houilles et sur les hauteurs FF......	5 000
Dans la boucle de Gennevilliers...................	5 000
Sur le cours de la Bièvre et de l'étang de Saint-Quentin à Marly.................................	40 000
Dans la boucle de Saint-Maur...................	5 000
Sur les hauteurs du Raincy et d'Avron.............	30 000
Deux camps de réserve { l'un à l'ouest, de	60 000
{ l'autre à l'est, de	40 000
Garnison de Saint-Denis, ligne du canal et postes avancés de la Courneuve à Drancy..............	25 000
Garnison des anciens forts et redoutes.............	20 000
Réserve dans Paris.............................	50 000
Total................	300 000 hommes.

Nous avions plus que cela à Paris pendant le siége. Il est vrai qu'une bonne partie de ces troupes n'avaient pas de solidité ; mais une des causes de leur faiblesse tenait à leur défaut d'exercice, à leur peu d'habitude de la vie des camps, qualités qu'elles eussent pu acquérir si, dès le mois de septembre, on les eût tenues dehors, on les eût occupées, instruites.

La population flottante de Paris, si nombreuse, si facile à entraîner dans le bien comme dans le mal, a prouvé depuis, pendant les journées de guerre civile, qu'elle pouvait, derrière des obstacles, opposer une résistance sérieuse à un assaillant, qu'elle est douée d'une certaine valeur militaire, et que, si l'on avait su l'occuper à temps hors des remparts, au lieu de la laisser parader et s'enivrer dans Paris, elle pouvait apporter un contingent respectable à la défense. Quant à la population parisienne, à celle qui tient au sol par ses foyers, son travail, son industrie, celle-là, pendant le siége même, et autant qu'on a su l'employer, a rendu des services considérables; elle pouvait en rendre plus encore, sous une direction moins incertaine et plus confiante dans les ressources que contient une ville comme Paris, plus décidée à triompher des obstacles et à se mettre résolûment à la tête de la partie patriotique et saine de la population.

Il eût été facile d'établir des lignes de chemins de fer en sus de celles qui existent déjà dans le périmètre à occuper, et de porter ainsi rapidement des renforts en hommes et en matériel sur les points attaqués.

Nous avions, à l'ouest, les deux chemins de fer de Versailles, le chemin de Saint-Germain et celui de Rouen ; au sud, le chemin d'Orsay ; à l'est, celui de Mulhouse, et au nord ceux de Saint-Denis et de Colombes.

Indépendamment des ponts existants et qui mettent en communication les quatre presqu'îles de l'ouest, il eût fallu en établir de nouveaux pour faciliter les mouvements.

Quant à l'armement de ces positions, nous avions à Paris largement de quoi y suffire au commencement du siége, puisque, dès lors, il eût été inutile de placer sur les remparts et dans les forts tant de pièces en batterie qui n'ont pas eu l'occasion de tirer.

D'ailleurs, comme l'ennemi n'eût jamais attaqué tout ce périmètre à la fois, ayant plusieurs parcs de réserve, il eût été facile d'amener de l'artillerie, sur les points attaqués, en quantité suffisante.

Nos débris de corps réguliers, nos mobiles, nos gardes nationaux mêmes, retranchés sur ces bonnes positions, occupant les villages dans lesquels on eût dû laisser les habitants et qui n'eussent pas alors été saccagés, vivaient sainement; s'organisaient et prenaient confiance. Admettant même qu'il eût fallu abandonner ces positions les unes après les autres, l'ennemi eût perdu beaucoup de monde pour s'en emparer. Nous l'obligions à attaquer et à faire ce que nous avons été forcés nous-mêmes de faire. Nous étendions tellement son investissement, qu'il n'eût pu, pendant longtemps, être effectif. Une attaque repoussée nous permettait de prendre l'offensive sur un point et de faire une trouée. Nous laissions, dans l'intérieur de nos lignes, des villages habités, des cultures, des bois qui nous eussent été d'un grand secours. Nous évitions cette dévastation des riches communes suburbaines, le pillage honteux, ignoble, toléré sous nos yeux par nos propres troupes. Toutes les chances de cette malheureuse guerre pouvaient être changées ou du moins nous être moins défavorables, et nous assurer, par suite, une paix acceptable et sincère.

Pour une longue défense, il faut nécessairement à une armée coupée, ne pouvant manœuvrer, un centre puissant de ravitaillement, de secours de toutes sortes. En cela, une grande ville comme Paris fournit un appui des plus précieux ; mais il faut que cet appui soit à l'abri de toutes les péripéties d'un siége, et que, par conséquent, le système de défense ne se borne pas à le préserver contre une insulte immédiate. Il faut, autour de ce centre, une certaine liberté de mouvements pour que des corps nombreux ne soient pas sans cesse contraints d'agir sous les yeux de l'ennemi. Pendant que celui-ci nous cachait si facilement tous ses mouvements, tous les nôtres lui étaient immanquablement dévoilés. Si nous voulions opérer en masses, nos troupes n'avaient matériellement pas l'espace nécessaire pour se mettre en ligne, un nombre de voies suffisantes pour se rendre à leur place de bataille. Elles ne pouvaient, ni se développer, ni tenter de faire de grandes manœuvres.

En face de l'artillerie moderne et des armées nombreuses qui, plus que jamais, sont appelées à décider du sort d'un pays, l'ancien système de fortification des villes paraît donc condamné. Les villes ne doivent plus être considérées que comme des points d'appui, des dépôts de ravitaillement, les refuges de la population civile. Pour leur conserver cette destination, si utile en temps d'invasion, ce qu'il convient de défendre, ce sont les lignes qui les entourent, les protégent à des distances assez éloignées. Les camps et positions retranchées sont, dans l'avenir, la véritable défense des territoires envahis. C'est donc à l'étude très-attentive de toutes ces positions que devrait s'attacher l'état-major. Il ne s'agit point de les garnir de défenses permanentes que l'ennemi, de son côté, a tout le loisir d'étudier et de connaître, mais de préparer des plans médités sur le terrain, et sur lesquels, à un moment donné et suivant les dispositions de l'ennemi, on trace les ouvrages nécessaires, lesquels, dans une contrée comme la France, peuvent être élevés en quelques semaines. Alors, l'envahisseur, ignorant ce qu'il trouvera devant lui, est contraint de ne s'avancer qu'avec la plus grande circonspection, de tâter le terrain et de se présenter en grandes forces partout. Ce système a en outre l'avantage de ne rien coûter au pays en temps de paix, et de ne pas occuper, la guerre terminée, des espaces de terrains qui, en admettant une fortification permanente, demeurent inutilisés pendant de longues années. Je n'ai pas la prétention d'exprimer à ce sujet une opinion entièrement neuve. Plusieurs fois déjà la suppression de la fortification permanente a été considérée comme une des conséquences du système des guerres modernes. Il y aurait imprudence à trancher la question d'une façon aussi absolue; et démolir nos places en renonçant à tout jamais à la fortification permanente, ce serait folie. Nous ne sommes que trop disposés en France aux entraînements, aux partis pris brusques, sans étude préalable. Après avoir prétendu maintenir et perfectionner les défenses de toutes les villes fortifiées à une époque où l'artillerie avait une portée beaucoup moins longue que celle actuelle, il ne faudrait pas aujourd'hui démanteler ces places sans une étude attentive de la défense de notre territoire entamé et découvert à l'est.

La fortification permanente est nécessaire pour assurer, notamment près des frontières ouvertes d'un État, la possession de dépôts, de magasins de ravitaillement des armées, de positions stratégiques d'une importance majeure. Mais ces fortifications permanentes devront être commandées par la valeur de positions naturelles plutôt que par l'existence de villes riches et populeuses.

Après cette guerre désastreuse pour la France, — et les guerres seront plus que jamais désastreuses, — la prudence ne conseillera-t-elle pas aux grands industriels, aux établissements commerciaux importants, de fuir les villes fermées dont les défenses ne font qu'attirer sur eux et à coup sûr la ruine et l'incendie.

Avec les moyens de destruction dont disposent les masses d'hommes appelées à se combattre, le champ doit être laissé libre, autant que possible, au terrible jeu de la guerre et distinct des intérêts de la paix. C'est à la suite de grands mouvements savamment préparés sur de vastes territoires que les armées en viendront aux mains. La fortification doit tenir compte de cette nouvelle tactique, s'étendre, et prendre un caractère mobile devant ces masses manœuvrant rapidement. Elle doit, pour ainsi dire, suivre les armées ou les précéder, et ne plus les contraindre à défendre quand même des positions reconnues d'avance et longuement étudiées par l'ennemi. Qu'il y ait, sur certains points stratégiques occupés par des villes et de grands établissements, des assiettes préparées et fortifiées d'une manière permanente, cela est nécessaire; mais il semblerait que ces ouvrages ne devraient être que l'ossature, le tracé en masse d'un système défensif à perfectionner et à étendre en temps de guerre, en raison des forces de l'ennemi et de celles dont on peut disposer.

L'arme du génie recevrait nécessairement ainsi une grande extension dans les armées en campagne, ou plutôt il faudrait que le soldat lui-même fût en état de prêter un concours efficace à ces travaux, ce à quoi on ne l'a pas habitué chez nous. Les modifications apportées dans l'arme de l'artillerie, à défaut d'autres considérations, tendent à donner au génie un caractère complétement nouveau.

Pour en revenir donc au système qui paraîtrait propre à mettre Paris à l'abri des conséquences d'un nouveau siége, il ne semble pas que la conservation de l'enceinte bastionnée puisse présenter d'utilité, puisque cette enceinte, — les vivres n'eussent-ils pas manqué à Paris, — ne pouvait empêcher l'ennemi de bombarder partiellement la ville par-dessus les forts, et de la couvrir de projectiles sur toute sa surface si l'un de ces forts eût été pris ; ce qui, dans un temps donné, ne pouvait manquer d'arriver.

Un simple épaulement de terre, sans flancs, avec contrescarpe revêtue pour empêcher le passage du fossé, eût rendu le même service pendant le siége. Quant aux forts, ils peuvent être utilisés comme dépôts, comme casernes ; mais on a montré ici, je crois, suffisamment, que leur assiette aussi bien que leur tracé sont aujourd'hui défectueux.

Ce qu'il faudrait, pour une défense future de Paris, c'est une bonne étude de tous les plateaux environnants, ce qui ne peut entraîner à des dépenses, et quelques gros travaux de terrassements sur certains points, qui n'empêcheraient pas la culture et ne feraient qu'améliorer, en prévision d'une éventualité de guerre, des positions naturellement bonnes et dont la possession, pour une armée destinée à défendre Paris, serait indispensable. De plus, un boisement intelligent de quelques-uns de ces plateaux et leur conservation par l'État comme bien national. Le bois manque sur certains de ces points, notamment sur les hauteurs de Châtillon ; et le bois est un des éléments essentiels à la défense. La bonne entente des plantations offrirait déjà aux assiégés un obstacle naturel en bien des cas et dont ils profiteraient. Les Prussiens savent tout le parti qu'une armée peut tirer des terrains boisés, et s'en trouvent bien. Ainsi masquent-ils leurs mouvements, leurs travaux, peuvent-ils dégarnir des postes sans que l'ennemi en ait le soupçon, et assurer les retraites en cas d'échec.

Les principes de l'attaque et de la défense en reviennent à certaines habitudes contractées chez les peuples conquérants primitifs, mais en prenant des proportions colossales. Ce ne sont plus des armées de 25 000 hommes, comme au temps de Turenne, ou de 50 000 hommes, comme sous la première république, qu'il s'agit de faire mouvoir, mais des masses de plusieurs centaines de mille hommes. Il est clair que des obstacles qui paraissaient autrefois suffisants sont d'une valeur insignifiante aujourd'hui, non-seulement à cause de l'emploi de ces masses, mais par suite de l'étendue du tir de l'artillerie et de la mousqueterie modernes.

Quand deux armées appelées à la lutte s'élevaient chacune à une centaine de mille hommes, les places fortes qui garnissaient une frontière avaient leur importance, puisqu'elles obligeaient l'armée des envahisseurs à laisser une bonne partie de son effectif pour les investir; si elle prétendait passer outre, elle affaiblissait d'autant ses moyens d'action offensive en campagne. Mais quel rôle ont joué ou pouvaient jouer des places fortes dans la dernière guerre? Nous vions 250 000 hommes au plus, non compris la réserve, à opposer à une armée de 800 000 hommes. Les Allemands, en laissant 200 000 hommes devant ces places fortes et neutralisant ainsi l'action de leurs garnisons, avaient encore 600 000 hommes disponibles pour manœuvrer devant notre armée, la trouer, la diviser et la tourner. Admettant même que nous eussions eu une armée égale en nombre à l'armée prussienne, et que nous fussions restés en dedans de nos frontières sur la défensive, après avoir déclaré la guerre; la plupart de ces places fortes, sinon toutes, étaient plutôt un embarras qu'un appui, en nous obligeant, pour les couvrir, à des manœuvres que l'ennemi eût dû prévoir, et chercher à déjouer par conséquent.

Les anciens systèmes de la fortification permanente ont fait leur temps, tout comme les châteaux du moyen âge avaient fait le leur au commencement du XVIᵉ siècle. Mais, je le répète, en France nous sommes routiniers, et il n'est pas certain que l'expérience faite à nos dépens en ces derniers temps suffise pour nous engager à entrer dans des voies nouvelles.

Ce qu'il faudra bien reconnaître tôt ou tard, cependant, c'est que la guerre n'est plus et ne peut plus être ce qu'elle était au commencement du siècle, et qu'on ne saurait la considérer aujourd'hui que comme une vaste entreprise dans laquelle l'entrepreneur qui possède la meilleure organisation administrative, qui sait le mieux s'approprier et employer les capitaux, qui dispose du plus grand nombre de bras et du matériel le plus complet, est certain d'écraser le concurrent moins bien muni, ou plus scrupuleux, ou moins actif.

Dans l'industrie, il n'est qu'un moyen de sauvegarder les intérêts mis en souffrance par cette suprématie d'une maison qui a su se rendre, comme on dit, maîtresse des opérations sur la place et tout monopoliser à son profit : c'est l'association, dans laquelle chacun apporte, qui ses capitaux, qui ses facultés administratives, qui son intelligence des affaires et son activité, qui son savoir, qui son travail manuel. Je dis association, c'est-à-dire intérêts de chacun à la prospérité générale de l'entreprise. J'ajoute que cette association, par la réunion même de tous ses intérêts, est assurée de supprimer à son tour l'entrepreneur et son monopole.

Mais il est entendu que dans une association, chaque associé, sous peine de déchéance et de perte de ses intérêts et profits, est obligé de remplir exactement les engagements qu'il a contractés, soit par l'apport de ses capitaux, soit par son travail, ce qui est tout un, puisque tout capital représente une somme de travail accumulé.

La Prusse a organisé une vaste entreprise de guerre au profit d'elle-même et au détriment des forces que, de gré ou par menaces, elle a su concentrer entre ses mains. Ç'a été pour elle une exploitation. Or, dans toute exploitation, dirigée même par un chef habile, il y a des côtés faibles et défectueux, si chacun de ceux qui concourent au résultat n'est pas directement intéressé et n'apporte son concours que pour recevoir un salaire ou par contrainte.

C'est le cas de la vaste entreprise dirigée par la Prusse, entreprise dont la liquidation ne peut manquer d'être épineuse.

Quel intérêt direct les Badois, Bavarois, Wurtembergeois, Hanovriens, et tant d'autres, ont-ils dans l'entreprise? Cet intérêt est mince évidemment, eu égard aux sacrifices que ces peuples ont dû s'imposer bien malgré eux. Quelques millions que l'entrepreneur général voudra bien leur partager, une entrée triomphale à Berlin, des pendules et des tapis envoyés chez eux par leurs officiers, sont peu de chose en comparaison des pertes qu'ils ont dû subir et des sentiments de haine qu'ils ont accumulés sur leurs têtes et celles de leurs enfants, de la part de voisins chez lesquels, avant la guerre, ils ne trouvaient que bienveillance, aide et profit. Si nous sommes saccagés, rançonnés, battus et volés ; si, par suite de ces désastres, la guerre civile s'est allumée chez nous, ces alliés sont exploités, ils le savaient déjà, ils le sauront bien mieux demain. La continuation de la grande entreprise pourra donc présenter des difficultés.

L'association est dans des conditions autres ; chacun y apporte tout ce qu'il peut fournir de forces afin de la rendre plus productive, et la liquidation, si liquidation il y a, ne présente aucune difficulté, puisque chacun se retire avec la somme des produits qui lui est dévolue. La France, grâce à l'esprit d'unité nationale qui la distingue en Europe, est préparée à cette association. Elle n'a qu'à vouloir. Non-seulement ses plaies seront vite fermées, mais elle pourra dès lors défier tous les grands entrepreneurs d'invasions, si habiles qu'ils soient, car voudront entrer dans l'association les exploités de la veille. L'association n'aura pas besoin de reconquérir les provinces qui ont été arrachées au sol français en dépit du sentiment des populations, ni d'en conquérir de nouvelles pour trouver de meilleures frontières; les unes et les autres viendront à elle.

Le Prussien a organisé et administré la guerre à l'instar d'une immense entreprise ; l'association appellera au profit de son exploitation toutes les forces des associés, quelles qu'elles soient.

Laissons les figures employées pour rendre la pensée plus facile à saisir.

La guerre dernière a démontré deux choses : 1° Que les armées organisées en corps distinct, séparé de l'ordre civil, dans l'État, ont fait leur temps, et laissent, après une journée désastreuse, un pays renfermant une population de 38 millions d'âmes à la merci d'une entreprise de rapine. 2° Qu'en dehors de ces armées chargées, disait-on, de sauvegarder l'intégrité d'une nation et son honneur, il y a des forces considérables qui, faute d'organisation, sont à peu près réduites à néant. Ce n'est donc pas la réorganisation de l'armée qui est à tenter, mais l'organisation de toutes les forces dont dispose un pays comme la France, en vue d'une lutte, la transformation possible, à un moment donné, de toutes les forces productrices pendant la paix en forces destructives de la guerre.

Le problème eût semblé irréalisable quand la guerre était un métier ; il est imposé et doit être résolu quand la guerre devient une question d'administration et d'emploi de toutes les forces dont dispose un pays.

En ces derniers et funestes temps, les hommes qui se prétendent à la tête du progrès, pour vaincre un ennemi qui fait la guerre — j'en reviens à ma comparaison — comme un entrepreneur très-habile sait diriger une vaste entreprise, n'ont rien trouvé de mieux que de recourir aux errements de 1792 ! N'est-ce pas à désespérer de voir jamais inaugurer le règne du bon sens chez nous ?

Ne désespérons pas encore, la leçon est assez rude pour ramener peut-être les cerveaux français à la réflexion et à l'appréciation exacte des choses, quand la première émotion passée laissera voir la réalité dans sa froide nudité. Ne désespérons pas ! Faisons appel à toutes les âmes qui ont souci, je ne dirai pas seulement de l'honneur et de la grandeur du pays, mais de la civilisation et du progrès humain. Ces âmes sont en nombre chez nous, et s'il leur manque encore l'énergie, fille des grandes épreuves, il est visible qu'il se fait en elles un travail d'épuration, qu'elles imposent silence, par leur union, aux partis, s'il en existe encore en présence de nos malheurs, pour ne voir que la société française. Qu'elles prennent la ferme résolution de vaincre la barbarie qui nous gagne, et que notre légèreté, notre faiblesse ont laissée s'installer dans nos foyers. A cette indulgence banale, à l'égoïsme qui ont favorisé le développement des plus redoutables maux chez nous, opposons le respect pour le travail et la saine intelligence. Cela ne peut dépendre de la volonté d'un chef, d'une assemblée, mais de tous les cœurs virils, si profondément humiliés par le spectacle de nos misères morales étalées devant l'ennemi installé dans nos provinces.

Nous avions le militarisme, qui tendait à faire de l'armée une caste exclusive dans l'État. La Prusse a trouvé le caporalisme, qui tend à assimiler des populations sans liens entre elles aux rouages d'une machine bien combinée et montée. C'est plus fort. Est-ce là la dernière expression de la civilisation ? Évidemment non ; trouvons mieux.

L'organisation administrative s'applique aussi bien à la guerre qu'à la paix ; c'est affaire de méthode, d'ordre, d'économie et de travail.

L'industrie — et elle l'a prouvé — produit tout aussi aisément des engins de guerre que des instruments de paix. Les connaissances spéciales de l'ingénieur, du géographe, du physicien, du chimiste, s'emploient également dans l'un et l'autre cas.

Reste la force active, la masse agissant sous une impulsion. Le nombre seul ne la constitue pas, il lui faut des cadres, le commandement et la discipline. Faites de bons cadres, vous obtiendrez la discipline ; donnez une instruction simple, saine et robuste aux masses, vous aurez le corps disciplinable.

C'est donc à l'enseignement à faire son œuvre, c'est par l'enseignement qu'il faut commencer.

Le principe qui régit nos écoles spéciales demande à subir de profondes modifications. Si nous prenons l'École polytechnique comme exemple, on verra que la pensée qui a présidé à l'établissement de cette institution n'est plus en harmonie avec les besoins modernes. Sur cent élèves qui entrent à l'École polytechnique, il n'y en a pas un tiers qui subissent les examens d'admission avec l'intention d'embrasser la carrière militaire, et cependant moins d'un tiers en peut sortir pour occuper des fonctions civiles ; plus des deux tiers sont jetés dans l'armée. Pour ceux-ci, c'est un pis-aller qu'ils acceptent, s'ils n'ont pas une position de fortune qui leur permette de chercher d'autres débouchés. C'est là un mal qui explique comment, dans l'armée, nous avons un grand nombre d'officiers supérieurs qui n'ont ni les aptitudes, ni les goûts qui conviennent à l'état qu'ils ont pour ainsi dire embrassé malgré eux. Et comme ces officiers appartiennent précisément aux armes spéciales, qui demandent des aptitudes particulières, il en résulte que ces corps sont remplis d'hommes ne suivant leur carrière qu'avec dégoût, nonchalance au moins, jusqu'au jour où sonne l'heure de la retraite.

L'enseignement, dans cette école condamnée à fournir des sujets à des carrières qui n'ont entre elles aucun rapport, embrasse un nombre de connaissances trop étendu et qu'il est impossible d'approfondir.

Cette école, comme l'Université elle-même, d'après la pensée qui l'a constituée, prétend donner à chaque élève une somme de connaissances reconnues nécessaires, quelle que soit la carrière à suivre ; quitte à ces élèves, après avoir reçu ce premier enseignement fondamental, à se livrer plus spécialement aux sciences que réclame leur état futur. Cela pouvait être bon alors que le nombre des connaissances nécessaires dans chaque spécialité était restreint et ne s'écartait pas sensiblement de la masse des connaissances fondamentales ; mais, aujourd'hui, c'est condamner la jeunesse à une série de travaux qui dépassent la force du cerveau humain. C'est lui enseigner beaucoup de choses qui seront inutiles, et ne lui permettre que d'effleurer celles dont elle a le plus besoin.

Ainsi est-il beaucoup de gens qui savent un peu de tout, qui se croient en état de porter sur toute chose un jugement, et qui, dans les cas spéciaux sur lesquels ils auraient à exercer leur esprit, à user de connaissances particulières, sont d'une faiblesse notoire et n'atteignent pas le niveau des intelligences qui n'ont eu pour enseignement que la pratique et l'observation.

De ce qu'une institution, à un moment donné, en certaines circonstances particulières, a rendu de grands services, il ne s'ensuit pas qu'elle soit toujours apte à rendre ces mêmes services, si les circonstances sont autres.

L'École polytechnique était une institution excellente au moment où elle fut établie, c'est-à-dire à la fin du dernier siècle, alors que le bagage des connaissances spéciales était relativement mince. On formait ainsi une pépinière de jeunes gens qui, ayant acquis les notions scientifiques générales admises alors, pouvaient embrasser les diverses carrières pour l'exercice desquelles ces notions scientifiques forment une base nécessaire. Mais il n'en est plus ainsi : les connaissances spéciales et pratiques ont acquis un tel développement, que ce n'est pas trop de consacrer à les acquérir toutes les années de la jeunesse, et qu'il est bon de ne prendre dans la somme des connaissances générales que le strict nécessaire.

Il semble que l'enseignement en France est fait pour les natures d'élite, les esprits les mieux doués. Dans les arts, la littérature, les sciences, l'enseignement est académique toujours et partout. Cependant une nation ne saurait être composée que de citoyens destinés à prendre les premières places dans les travaux de l'intelligence; la grande majorité doit occuper ces positions aussi modestes qu'utiles dont dépendent l'honneur et la richesse d'un pays. Il n'est pas besoin de se préoccuper de former des génies, ceux-là s'élèvent seuls.

L'enseignement doit être fait pour les masses. Simple, pratique, évitant tout bagage superflu, tout emploi inutile du temps, ne donnant que la nourriture intellectuelle nécessaire, et dans la mesure des forces et des besoins du plus grand nombre, il ne jetterait pas dans la société un flot incessant de *fruits secs*, inutiles à eux-mêmes et aux autres, et qui, mieux pourvus de vanité que de connaissances pratiques, prétendent à toutes les fonctions.

Sous ce rapport, l'enseignement serait, en France à constituer sur des principes nouveaux.

C'est en grande partie au vice de notre enseignement, à son manque de direction pratique, qu'il faut attribuer l'entraînement des masses dans les grandes villes vers ce qui est théâtral et faux, leur amour pour l'apparence et le mensonge; l'influence que prennent sur elles les esprits superficiels, gonflés de vanité, qui, n'ayant rien approfondi, sont incapables de rien produire, mais n'en manifestent pas moins les prétentions les plus étranges à se mêler à tout, à toucher à tout, à trancher les questions les plus ardues. Ainsi avons-nous vu une partie considérable de la population de Paris se livrer aveuglément à des meneurs n'employant, pour la séduire que les plus grossiers mensonges, pour l'entraîner dans la plus odieuse des guerres que des phrases creuses cachant les plus criminels desseins, et une mise en scène ridicule.

Ramener par le raisonnement des masses ainsi affolées est chose impossible; elles croient au rôle que ces *impresarii* leur font jouer. Dépourvues de sens pratique, se complaisant dans les illusions, elles ne sauraient faire retour vers la réalité des faits, vers le sens commun. Elles prennent pour de l'héroïsme des luttes sans raison, dans lesquelles s'engloutissent l'honneur et les intérêts du pays, qui compromettent la civilisation, et laissent à travers les âges de ces taches sombres que ni la prospérité ni la gloire ne parviennent à effacer.

Toute réforme de notre état social en lambeaux ne peut et ne doit être tentée que par l'enseignement; le pays ne se relèvera qu'en s'instruisant.

Dans l'armée active, que nos officiers ne soient pas soumis à une réglementation méticuleuse en temps de paix; qu'ils ne fassent pas, au sein d'un pays actif, un corps condamné à l'oisiveté; qu'ils concourent aux labeurs de la paix, mais qu'ils soient forcés de donner la somme de leurs aptitudes par des examens, sous peine de déchéance; et nous aurons, au moment d'une crise, des hommes capables, n'ayant pas vécu en dehors de la société civile, la connaissant, et sachant quelles sont les ressources dont elle dispose.

Ce qu'on doit demander, c'est que le pays soit également associé, sans exceptions, pour les travaux de la paix comme pour les travaux de la guerre ; que l'organisation civile puisse s'appliquer à l'organisation militaire, sans secousses, en vingt-quatre heures ; que l'administration française soit digne de ce nom, en ne se faisant plus l'*exécutif* d'une coterie ou d'un parti ; qu'elle soit libérale dans la véritable acception du mot, en attirant les intelligences au lieu de les éloigner par une soumission paresseuse à la routine et la crainte de l'esprit d'examen.

Plus qu'aucun autre pays, par la promptitude avec laquelle, au besoin, il change ses habitudes, le nôtre est apte à se prêter à cette grande et nécessaire réformation ; mais il faut que le militarisme, l'esprit de routine d'une part, les brouillons, les intrigants et les fous de l'autre, ne puissent pas se mettre en travers.

Le militarisme a montré sa faiblesse, la routine sa sénilité, les brouillons leur présomption, les intrigants leur incapacité, les fous leur folie ; c'est au pays, enfin, par l'organe de ses représentants, d'aviser.

———

L'armistice signé, j'envoyai relever la plupart des travaux faits par les Allemands autour de Paris ; j'allai en examiner les plus importants. Dans une de ces excursions, l'un de mes aides, Alsacien, parlant l'allemand, eut avec un officier prussien l'entretien que je rapporte ici fidèlement, essayant de lui conserver son caractère.

Pendant que notre jeune ingénieur prenait des notes, passe un capitaine suivi de plusieurs officiers et sous-officiers.

Le premier s'approche, et s'adressant en français à Z... (c'est ainsi que je désignerai mon aide) et le saluant :

« — Je ne veux pas être indiscret.... Pouvez-vous me montrer ce que vous faites? Ce n'est pas un droit que j'exerce en vous adressant cette question.

» Z... Je puis facilement vous satisfaire, monsieur, voyez : je fais ce que vous-mêmes avez fait depuis cinquante ans, j'étudie vos travaux militaires, comme vous avez étudié les nôtres. »

Le capitaine est un homme jeune, à la physionomie sérieuse et expressive; après avoir regardé les croquis :

« — Êtes-vous officier français? Parlez-vous l'allemand?

» Z... Non ; je suis ingénieur civil et ne sais pas la langue allemande.

» LE CAPITAINE. Ces notes intéressent le génie et l'artillerie. Notre discipline m'interdit de vous adresser des questions en dehors de ce qui touche le service; vous pouvez donc continuer votre travail... »

Il est évident que cet officier désire cependant ne pas rompre l'entretien et son regard interrogateur attend une réponse.

« Z... Les lois de la discipline vous interdisent, dites-vous, de m'interroger ; cependant vous attendez que je parle et je n'ai pas de raison pour me taire.

» LE CAPITAINE. Parlez, vous nous ferez plaisir... Permettez-vous que je traduise à ces messieurs, qui n'entendent pas bien la langue française, ce que vous direz?

» Z... Volontiers.... Mais je parlerai franchement, et peut-être trouverez-vous dans ce que je dirai des expressions qui offenseront vos sentiments. Vous êtes les maîtres ici, je ne le puis oublier, mais je ne sais pas cacher ma pensée aux gens d'honneur qui me la demandent. Vous portez une croix sur la poitrine, vous êtes officier et certainement instruit; si mes paroles vous déplaisent, vous avez le pouvoir de me le faire durement sentir. »

Après avoir traduit ces quelques mots, très-fidèlement, aux officiers groupés derrière lui, le capitaine ajoute :

« — Nous honorons le parler du cœur.

» Z... Votre gouvernement vient de nous faire une guerre odieuse, et exploite au profit de son ambition toutes les grandes qualités des races allemandes. Vous aimez l'étude, le travail, l'ordre, la méthode et la précision ; vous êtes industrieux et vigilants, toutes choses propres à rendre la paix prospère. Quels avantages trouverez-vous dans les résultats de cette guerre? Ce n'est pas le fanatisme religieux ou l'amour de la gloire qui vous poussent — l'Allemand n'était pas agressif par nature..... le respect de la famille est très-développé chez vous ; cela vous tient lieu de sentiments religieux — c'est l'accomplissement des devoirs envers les vôtres, envers le pays; c'est l'idée de domination à laquelle la race germanique s'est crue appelée tout à coup.... Depuis cinquante ans, votre gouvernement a favorisé à son profit le développement de ces principes et vous vous êtes identifiés avec ce gouvernement. La preuve, c'est que vous dites et écrivez : « Notre bon père le roi, la paternelle administration de notre roi. » Votre gouvernement reflète et résume vos secrètes pensées ; il est réellement la tête de la grande famille germanique.

» LE CAPITAINE. Vous nous connaissez bien. Continuez...

» Z... Pour favoriser le développement des facultés et du sentiment intime de l'Allemagne du Nord, votre gouvernement vous a envoyés compléter votre instruction chez les nations voisines ; vous êtes venus chez nous armés de vos méthodes scientifiques. Vous avez voulu l'enseignement obligatoire ; vous avez considéré l'armée, dans laquelle doivent entrer tous les citoyens, comme l'élément intellectuel de la nation, comme le stage nécessaire à toutes les carrières ; vous avez fait de l'avancement militaire des échelons pour les esprits distingués, travailleurs, réfléchis et hardis. Cette troupe d'élite a remis entre les mains de votre gouvernement, qui les a résumées, les études de toutes natures faites à l'étranger. Ainsi a-t-il possédé bientôt une sorte de statistique matérielle et intellectuelle de l'Europe, et particulièrement de la France, votre objectif. Ce travail était, pour beaucoup, fait dans une pensée de développement de la civilisation, une sorte d'inventaire platonique de toutes les richesses intellectuelles et matérielles dont disposait l'Europe.

» Le Capitaine. C'est vrai... Veuillez poursuivre.

» Z... Votre gouvernement cependant — qui n'est que l'expression vivante de la pensée germanique — a jeté, à un moment donné et savamment préparé, toute l'Allemagne sur la France. D'une guerre entreprise par une cour frivole et incapable, guerre qui pouvait être arrêtée lorsque les armées dont disposait cette cour eurent été écrasées, vous avez fait une guerre de races, une guerre à outrance, n'ignorant pas que la véritable nation française ne désirait ni conquêtes, ni nouvelles gloires militaires. Vous avez ainsi continué votre marche d'envahisseurs longuement préméditée ; vous nous avez écrasés, bafoués, ruinés. Je dis vous !... car si votre gouvernement a fait cela, c'est qu'il savait répondre aux vœux de l'Allemagne, à ses anciennes rancunes, à ses nouvelles convoitises, à sa pensée secrète, à quelque chose de peu avouable, mais qui n'est pas moins évident ; sa rapacité. A la guerre d'extermination vous avez ainsi ajouté la guerre lucrative, l'affaire d'argent et de pillage méthodique, fructueux, organisé... Eh bien ! quand vous retournerez dans votre pays, dites à vos compatriotes de renvoyer et renvoyez vous-même, monsieur, tous les Français que vous trouverez par delà le Rhin, car nous agirons ainsi chez nous envers les Allemands ; et vous qui êtes évidemment instruit, homme d'un esprit cultivé, ne voyagez pas en France, car si vous veniez chez l'un de nous rentrés dans la vie civile et la paix signée entre nos gouvernements, les portes vous seraient fermées. »

L'officier prussien pâlit un peu, son regard exprima plutôt la tristesse que la colère, et tirant un journal de sa poche :

« — Voici qui vous dira que les élections faites à Berlin ne sont pas favorables à notre gouvernement ; vous vous trompez quant aux sentiments de la nation allemande... je ne saurais en dire davantage...

» Z... Il n'est pas besoin de me répondre ou de chercher à me réfuter ; je sais votre pensée, j'y répondrai, au delà. D'ailleurs vous comprendrez à demi-mot.

» LE CAPITAINE. Que croyez-vous donc ?

» Z... Exactement ce que vous savez vous-mêmes. Les Allemands sentent le besoin de se ménager la possibilité de renouer les relations commerciales, scientifiques, industrielles, avec la France qui les a tant aidés, et ils donneront un désaveu apparent à leur gouvernement pour profiter de nouveau de nos idées, de notre facilité en toutes choses, de nos qualités enfin, si nécessaires au développement de la civilisation.

» LE CAPITAINE. Un de nos députés de Berlin aurait reçu le mandat impératif de demander la rétrocession de l'Alsace et de Metz... Que dites-vous de cela ?

» Z... Je dis ce que vous en pensez, — l'Allemagne ne céder jamais volontairement l'Alsace et Metz !

» LE CAPITAINE. Les intérêts du commerce peuvent cependant le commander... L'esprit des habitants...

» Z... Le gouvernement de l'Allemagne exilera les grands industriels du Haut-Rhin, anéantira leurs établissements, à moins toutefois que les Kœchlin, les Dollfus, ne détruisent eux-mêmes leurs manufactures. L'Allemagne est tout entière dévouée à votre gouvernement; la partie allemande de l'Autriche est à lui... et il le sait. »

Chacun des passages de ce discours est traduit scrupuleusement aux officiers par le capitaine, qui ne croit pas être compris de Z.... Après ces derniers mots, il le regarde attentivement et comme pour lui demander s'il a quelque chose à ajouter.

« Z... Vous voulez le fond de ma pensée? le voici... Le gouvernement impérial prussien, qui représente et résume si bien l'idée allemande, de la race allemande, ses convoitises et son arrogance longtemps contenue; ce gouvernement augmentera vos impôts, vous demandera tous les jours plus de sang, sous le prétexte de fonder la grande paix, la paix incontestée, inébranlable, appuyée sur la force. Nous connaissons cela; nous avons passé par ces épreuves. Un jour, las, exténués, entourés d'ennemis avoués et d'amis envieux, de rancunes et de haines, un jour de désastre militaire, de déchirements intérieurs, vous vous débarrasserez de ce gouvernement astucieux et fourbe... Alors seulement la nation française pourra vous tendre la main.

» La nation française oublierait que vous avez été les vainqueurs dans cette guerre, car elle oublie plus vite ses défaites que ses victoires. Nous comprenons la gloire militaire. Mais la nation française, pour des intérêts politiques qui ne la touchent que médiocrement, a été entraînée dans une guerre qui devait conserver un caractère politique et qui a pris un tout autre tour, parce que l'Allemagne a obéi à des sentiments mauvais, inavouables entre peuples civilisés, à un gouvernement qui avait depuis cinquante ans entretenu et cultivé ces sentiments avec une perfide habileté. Cela, la France ne le peut oublier ; car si elle s'est battue souvent, jamais dans ses guerres n'est entré un calcul de marchands, de spéculateurs sur le sang des hommes. »

Silence... Puis Z... ajoute :

« — Je vois ce qui vous embarrasse en ce moment, vous vous demandez comment nous allons nous quitter après cet entretien ? »

Signe de tête affirmatif de l'officier.

« Z... Nos devoirs sont tracés : se saluer et se séparer. »

15 mai 1871.

FIN

ERRATA

Page 4, ligne 33, *au lieu de* arasés sur leur pourtour *lisez* érosés sur leur pourtour.
Page 77, ligne 26, *au lieu de* mais qui sait, sans en rien retrancher... *lisez* mais qui suit, sans en rien retrancher....

www.ingramcontent.com/pod-product-compliance
Lightning Source LLC
Chambersburg PA
CBHW070740170426
43200CB00007B/594